智读汇

连接更多书与书，书与人，人与人。

双循环新商机

掘金万亿城乡新市场

孙文华　著

中华工商联合出版社

图书在版编目（CIP）数据

双循环新商机 / 孙文华著 . — 北京：中华工商联
合出版社，2021.5
ISBN 978-7-5158-2984-5

Ⅰ . ①双… Ⅱ . ①孙… Ⅲ . ①中国经济—经济发展—
研究 Ⅳ . ① F124

中国版本图书馆 CIP 数据核字（2021）第 042112 号

双循环新商机

作　　者：	孙文华
出 品 人：	李　梁
责任编辑：	付德华　关山美
装帧设计：	王桂花
责任审读：	于建廷
责任印制：	迈致红
出版发行：	中华工商联合出版社有限责任公司
印　　刷：	北京毅峰迅捷印刷有限公司
版　　次：	2021 年 6 月第 1 版
印　　次：	2021 年 6 月第 1 次印刷
开　　本：	710mm×1000mm　1/16
字　　数：	272 千字
印　　张：	19.75
书　　号：	ISBN 978-7-5158-2984-5
定　　价：	68.00 元

服务热线：010-58301130-0（前台）
销售热线：010-58301132（发行部）
　　　　　010-58302977（网络部）
　　　　　010-58302837（馆配部）
　　　　　010-58302813（团购部）
地址邮编：北京市西城区西环广场 A 座
　　　　　19-20 层，100044
http://www.chgslcbs.cn
投稿热线：010-58302907（总编室）
投稿邮箱：1621239583@qq.com

工商联版图书
版权所有　侵权必究

凡本社图书出现印装质量问题，
请与印务部联系。
联系电话：010-58302915

推荐序一

党的十九大报告提出了实施乡村振兴战略的总体要求："要坚持农业农村优先发展，按照产业兴旺、生态宜居、乡风文明、治理有效、生活富裕的总要求，建立健全城乡融合发展体制机制和政策体系，加快推进农业农村现代化"。对于这一总体要求的论述，有三个关键词是十分重要的，其深刻内涵需要加以把握。这就是：优先、融合和农村现代化。

一是坚持农业农村优先发展。这是一个新的重大提法，是实施乡村振兴战略的重要前提，也是把解决好"三农"问题作为全党工作的重中之重在政策制定和具体实施上的重要体现。我国最大的发展不平衡是城乡发展不平衡，最大的发展不充分是农村发展不充分。因此，必须坚持农业农村优先发展。2018 年中央一号文件提出，优先发展要重点体现在四个优先上："在干部配备上优先考虑，在要素配置上优先满足，在资金投入上优先保障，在公共服务上优先安排"。只有坚持农业农村优先发展，采取超常规振兴措施，才能补上农业农村发展短板。

二是坚持城乡融合发展。以前讲统筹城乡发展，强调更多的是政府作用；融合发展则强调更多的是市场作用。长期以来，城乡要素流动不顺畅、公共资源配置不合理，特别是农村各种资源要素只往城市流动，而农村的土地农民用不上、用不好，资本下乡、人才回乡还存在很多障碍。坚持城乡融合发展，重在建立健全城乡融合发展的体制机制和政策体系，坚决破除现行体制机制弊端，使市场在资源配置中起决定性作用，更好地发挥政府作用，推动城乡要素自由流动、平等交换，推动新型工业化、信息化、城镇化、农业现代化同步发展，加快形成工农互促、城乡互补、全面融合、共同繁荣的新型工农城乡关系。

三是农村现代化。这个提法首次见诸于党的文献，比农业现代化涵盖的领域和范围更加全面宽广，是乡村全面振兴的必然要求。提出和强调农村现代化，就是要统筹推进农村经济建设、政治建设、文化建设、社会建设、生态文明建设和党的建设，使农村的各项事业统筹发展、齐头并进，更好地满足农民群众对美好生活的期待和需要。

乡村振兴战略20字总要求，有着丰富内涵和明确要求。2005年党的十六届五中全会提出了社会主义新农村建设20字总要求，即"生产发展、生活宽裕、乡风文明、村容整洁、管理民主"。这一总要求，更多的是从农村的微观角度提出来的。此次提出的"乡村振兴战略"20字总要求，更侧重于乡村整体发展，内涵更丰富了，要求更高了，体现了时代进步，回应了群众期盼。

县域是实施乡村振兴战略的主战场。孙文华同志在本书中，从理论和实践的结合上论述了乡村振兴背景下县域经济发展的"势、道、术"，形成的思考意见、提出的工作建议很有见地，值得引起大家的重视和关注。

中国合作经济学会会长

原农业部总农艺师

2020 年 2 月 28 日

推荐序二

我读《双循环新商机》一书

孙文华先生近些年著述不断，在二年多的心耕笔耘之下，他的新作《双循环新商机》一书问世，我们期待这部直面中国区域开发与区域运营的著述。

书中凡举多种城乡发展案例，对部分案例的发展过程做了亲力亲为的详细表述，再辅之以作者自身的深刻认识与反思建议，读起来毫无一般理论著述的枯燥而易于走心，特别适宜目前想去乡村发展的投资者、开发者、管理者阅读。

书中开宗明义地提出在新型城镇化发展进程中，我国尚存的巨大的发展潜力就在城乡接合部，在城乡融合经济发展中。的确，这盘大棋局其经济规模将达至数十万亿之巨，其发展运作将在十数年间，其社会影响将贯穿整个城乡融合发展进程。我们如果把改革开发初期的开发区建设作为城市发展的新的产业空间，那在以质量提升为主线的中国城镇化后半场，新的产业空间毫无疑问是广袤的乡村地区，尤其是城市群地区的城乡结合部。城乡结合部的空间规划本质上是区域规划，作者对区域规划尤其是县域空间规划情有独钟，鲜明指出"县域开发是'乡村空间'功能和价值的再生，空间规划设定开发建设边界之后，规划不再是'画画'了，而是体系化的区域定位，产业政策、机制和路径的城镇整体解决方案。"

书中毫不留情地批评当前乡村规划的错误倾向，指出"很多地区聘请了城市设计师入驻乡村，期待以形态改变乡村面貌，以'颜值'担当替代乡村的内在'素质'，我个人以为是一个误区"。为此，作者给出了自己的规划建议。"乡村规划似如国家的发展规划一样，需要从县域经济发展的角度，综合考虑乡域空间的功能组合，以'发展轴和交通设施'为核心，以'集中'为导引，以'产业集群'为引领，以'产业链'错位布局为抓手，以'项目落地'为推手，形成县域经济的核心竞争力。""乡村规划不是一张图画，是一个画图的过程，是动态的实现未来愿景的过程思考。""乡村规划需要立足于产业，而不仅仅是建筑和空间，需要先产业后空间。""经济的实质是输入、输出，在规划设计中，更需要政策设计和动态数据的统计设计。"区域发展必须要引入社会资本，而"权力和规划是撬动社会资本的主要工具"。对于乡村规划的实施，作者通过大量的实践案例总结出，在政府政策层面要有社会化合作激活运营体制，要在县级层面建立县域联动机制，要有机设计规划落地的统一组织架构。在规划设计层面提出，乡村需要重新考虑"集约式"的空间布局，科学确定县域启动区及发展轴线，全面提升乡村特色的空间设计。这些建议在当前的乡村振兴工作中无疑极具针对性和实效性。

我在国家政府机关曾分管过区域规划和乡村建设，看到大量的区域开发模式探索与成功案例，但在区域运营方面鲜有总结和著述。本书在区域开发与区域运营两个方面做了很好的结合，读来很有启发。书中比较详细地介绍了"华夏幸福"这一著名房地产企业"四菜一汤"的区域滚动开发模式，提出要树立正确的区域开发理念并建立合理的区域开发机制，结合当前国内特色小镇的建设提出创新区域开发的新模式，即产业基金＋资产＋运营。新时期的新型城镇化和城乡一体化发展，基本扭转了地方政府靠土地财政、靠房地产、靠举债过日子的老路。区域发展依然是硬道理、硬任务，在相对落后的乡村地区发展采取什么模式呢？作者以华夏幸福的开发模式为例，分析了

PPP 模式和 TIF 模式之间的区别，亦可为地方政府和投资商提供借鉴。

特色小镇是新型城镇化发展的重要模式，也是县域万亿城乡经济的重要的核心空间载体，近些年国内的反复探索带来了作者的沉思；精准脱贫无疑是当代中国最值得书写的宏大诗篇，如何巩固这一伟大成果，让乡村振兴持续发展，作者同样有着积聚深情的建言；区块链这一高新技术在农村新产业发展中的应用，虽然当前还有着不少的困难，但作者也提出了自己的独到见解……

我读来最有趣味的是书中的第七章，新乡村新产业，以及散布在书中的故事。作者把历年来自己调研的、看到的、接触的、思考的国内外乡村发展的案例和人物娓娓道来，书中每一个活生生的人物和精彩案例都是平凡中的伟大，发展中的光彩，它提升了我们对新型城乡关系的深层次理解，对农村新产业发展的新认识，对农村生态景观的新感怀以及对农村教化作用的新期待。显然，乡村产业不但要依靠现有的农民，更需要有情怀、有知识、有技术、成长中的农民和返乡、下乡的"新农人"。中国的城乡空间正在发生着百年千年的巨变，一切都是那么的剧烈、一切都是那么的自然、一切又都是那么的出彩、一切都在铸就着中国的文化自觉与文化自信。

本书不是完整的理论体系著述，而是区域开发运营与乡村建设方法与路径的提炼。书中不少的案例都涉及到农村产业发展方向、农村集体经济组织形式、农村土地制度深化改革等重大领域。这也带来我们在乡村振兴事业中的进一步思考。引入社会资本实现乡村振兴是必须扎扎实实迈出的重大步骤，如何利用农村现有的资产存量，使其在社会资本介入时，发挥出有利于保护农民主体以及各方利益的作用。农村集体土地在市场经济体制下，在城乡区域一体化发展下，还有没有制度方面的优势，要如何处理单一的土地要素与村集体土地要素的市场关系，以及土地开发平台与土地开发者之间的关系。如何发展城乡融通的国家住房制度与建设农村住房制度，去实现城乡住房的社会保障与住房要素市场互换。如何更好地协调农村集体经济组织（如合作社）在发展进程中与地方区域发展利益以及地方政府管理的矛盾，等等。这些绝不仅仅是经济关系，它也集中反映当代政府现代社会治理体系的能力。所以，区域开发与运营还有更多的体制性的课题有待于我们在发展中继续破解，这也是中国发展的国情所需。

我很愿意推介孙文华先生的这部专著，因为这是作者在多年从事跨行业、跨区域、跨层级的开发建设管理过程中，从身先士卒的亲身实践管理到运筹帷幄的掌控大局谋变，对区域现实发展问题的思考总结与升华。我很欣赏作者严谨的态度，这本书是对我国区域开发运营研究与管理薄弱环节的补强。乡村规划和发展没有捷径。驻村规划师或设计师，以及乡村建设者、管理者，包括我们的地方领导和新农人，都可以从书中读到承载着新时期万亿城乡经济空间的区域开发运营与乡村建设的方法及路径。

中国城镇化促进会副主席
原住房城乡建设部村镇建设司司长
李岳第

2020 年 3 月 21 日

推荐序三

经济关乎国家，关乎民生。孙文华从城镇化的角度结合个人经历分析国家经济的走势，角度新颖，也具有一定的启发性。

原来的城市和农村在发展经济过程中是分开的，城市就是城市，农村就是农村，老百姓的眼里就只有城市，缺少对农村的认同。城乡经济，也是在城乡一体化发展大背景下的一个大课题，实现城乡融合，就需要将城市和农村一起抓。

一直以来，历任国家领导人都非常重视三农问题，中央一号文件年年都是三农问题。

随着城镇化的兴起，城市和农村的关系发生了巨变，城市与农村的关系越来越接近，十九大报告提出了乡村振兴作为国家战略，2019年一号文件首提乡村产业。

我们华夏幸福作为产城的先导者，一直在致力于县域经济的打造，也一直在研究和推动三农工作，城镇化离不开农业的发展。从县域经济的角度，先进制造业和高端制造业是地方经济的主导力量，但人类的生活离不开乡村的自然空间，乡村产业的生态价值在新的城镇化背景下已充分显现，以县域为空间载体的地域性产业体系也需要倡导"地域生命主义"，以生态系统和地域文化系统创造新的区域经济动力。孙文华博士以亲身实践经历和多年的研究提出的有关县域经济的思考有很多亮点。

区域功能和区域价值需要可持续运营，县域也是小城镇的空间组合，县域经济也是新型城镇化的一个推手。

华夏幸福产业研究院院长

华夏幸福基业股份有限公司副总裁

顾强

前　言

受新冠肺炎疫情的影响，全球经济呈明显下行趋势，外贸形势不容乐观。面对世界经济纷繁复杂的局面，习近平总书记明确指出，"要坚持用全面、辩证、长远的眼光分析当前经济形势，努力在危机中育新机、于变局中开新局""逐步形成以国内大循环为主体、国内国际双循环相互促进的新发展格局"。

我国拥有 14 亿人口的超大规模内需市场，拥有新型城镇化和乡村振兴的投资需求。过去四十年的城市化快速扩张造成了区域之间、城乡之间的巨大差异，而也正是这样的区域城乡差异带给我们国内大循环的主动性。

国家命运决定个人命运，我们需要站在时代背景的角度去思考双循环带给我们的机会，每个人的认知都有局限性，大部分人是用自己的过往经历和视野去理解这个世界。研究经济如同研究个人的命运，我以自己过去近 30 年的工作经历和理论研究来思考这次双循环背景下的时代特征，以及将给我们这个时代带来的商机。

我认为，城乡二元结构是城市化扩张时期的驱动引领，城乡融合发展时期，新型城镇化与乡村振兴带动以县域为引领的区域经济发展，双循环背景下，"特色"和"绿色"的城乡经济将为新一轮发展带来商机。

我拥有 28 年的工作经历，其中有近 20 年的区域开发工作经历。在这些不同的岗位上，我得以有机会接触到了接近 2000 家企业，通过多年的工作实践，我更能体会到区域经济才是企业发展的沃土。

2016 年我到华夏幸福基业股份公司北京总部担任高管，华夏幸福属于代政府开发区域的民营企业，民企与国企是两个不同的体制，完全不同的开发模式。民营企业都是先要求生存，后求发展，企业都缺资金。我后来进入金融集团公司，研究出来一些成果，即用金融工具解决民营企业区域开发的融资途径和区域开发模式等。

近几年，由于我在国家级学会和商会兼任相关职务，在全国到处演讲、给各地做策划和产业规划时，我更能结合实践，不断地假设和论证我的研究成果。我的硕士是工商管理专业的，博士是管理学专业的，管理学讲究运筹和系统思考，我在我的第一本著作《治理城市病的规划探讨》和后来的《特色小镇：田园综合体的政策、行动与方案》中已经融入了管理学的理念，即从区域经济的要素特征入手，系统性地研究城乡经济。

研究城乡经济，费孝通先生和周其仁先生两位是国内的权威，我学习了费孝通先生、周其仁先生的一些著作，国外的城镇相关文献我亦学习了数千篇，国外知名的城市学者有诺瑟姆、理查德·T·勒盖茨等，理查德先生的《城市读本》让我翻来尤为尽兴，特别是书中提到了城市学的研究方法，城市学是跨学科的，城市研究中，时间是很重要的维度，自然科学研究中有截面研究，但城市研究中需要用一段时间的变化来研究论证，称之为纵向研究。城市研究中广泛使用文献搜索、观察、访谈、深度访谈、互联网搜索、电话或通信调查、群体聚焦、案例研究及其他研究方法，多种方法可以让研究者实现多维度的认知[1]。周其仁先生在其《城乡中国》中的研究方法则使用了"观现象、猜原因"的思维方法[2]。

我特别同意理查德先生提到了时间维度的纵向研究。如果脱离了时代和国家的背景，任何一个人的经历都是苍白而没有意义的。

---

[1] 理查德·T·勒盖茨.城市读本【M】.张庭伟，田莉，主编.北京：中国建筑工业出版社，2013.

[2] 周其仁.城乡中国【M】.北京：中信出版社，2017.

2019 年，我国的城市化率已达到 60.6%，城市化的上半场城市是开发建设的主战场，城市化的后半场，小城镇是开发建设的主战场，特别是城乡融合发展的县域经济。2019 年的中央一号文件中提到，壮大乡村产业，要促进农村劳动力转移就业，其中就提到了发展壮大县域经济，推动城镇建设，增加农民就地就近就业岗位，实现农民转移人口市民化，推动城镇基本公共服务全覆盖。这也说明我国的城镇化进程并未止步，县域经济将是乡村振兴的主导。

本书的第一章和第二章，将着重论述我国双循环的背景和趋势。我国正从原来的城乡二元结构转向城乡一体化发展的趋势。而这一趋势的信号即是户籍的放开。

本书的第三章、第四章、第五章、第六章着重论述双循环背景下的城乡经济的机会，县域的运营、产业和开发，分析内在的机理，总结成功的方法等。

第七章、第八章着重论述城乡经济中出现的新产业，并提出一些城乡经济发展的思考。

人需要获得的智慧是他人用一生历练和心血去研究的知识和智慧，读书好比是和作者对话，读书更是一份机缘，好书可以让你百看不厌，期待与您共享人生重大机遇。

Contents 目录

∞

第1章

双循环的时代背景

2020 年 5 月 14 日，中共中央政治局常委会会议首次提出"构建国内国际双循环相互促进的新发展格局"[①]。构建基于"双循环"的新发展格局是党中央在国内外环境发生显著变化的大背景下，推动我国开放型经济向更高层次发展的重大战略部署。

过去四十年城市化快速扩张，房地产及汽车消费、全球化出口、城市建设是我国经济发展的重要引擎。如今城市化已经到了一个临界点，全球化进程因为全球疫情受到影响，国内大循环转向新的经济要素，央地财政划分改革、集体土地改革、户籍放开，乡村振兴、新型城镇化、新基建等成为近期媒体的热点词，这些都和城乡经济相关，城乡经济的背后是人和地的关系。

双循环大格局的背景下，仍然是城乡经济背后人和地的关系，我国正从城乡二元结构的城市化扩张时代转向城乡融合的新型城镇化时代。城乡二元结构时代最明显的特征是以"户籍"为代表的人口限制流动和以"集体变国有"为代表的单向土地交易，拉开了城乡之间的经济差距。十九大报告提出了乡村振兴战略，农村土地改革激活乡村活力，乡村即将改变原有的功能和价值。

---

① 光明网：http://epaper.gmw.cn/gmrb/html/2020-07/09/nw.D110000gmrb_20200709_1-02.htm

∞

城乡二元结构带来的城乡差异

城乡二元结构：户口 = 身份 = 待遇。土地 = 城市 = 财政。城市化期间，户籍代表区域差别的特征更为明显，人口落户放开之后，户籍则成为大城市与小城市之间的身份差别。

"户口"让城里人就是城里人，乡下人就是乡下人

我出生在上海浦东新区的原南汇区，记得 20 世纪 90 年代初坐黄浦江摆渡轮从浦东过江到浦西时，听到的印象最深的一个词是上海老太太对外地人或浦东人的称呼"乡下人"。虽然是一个很普通的叫法，但听到的人就知道人家对农村人的歧视。那时候，浦西人就有一种天生的优越感，而上海人都说"宁要浦西一张床，不要浦东一幢房"。事实上，真正的上海人是浦东人，是原住民，而那时候浦西人贬低浦东人的地方是"身份"。因为城乡二元结构时代，城镇户口和农村户口的差异非常大，我在初中毕业时，父母老师都要求我们考师范学校，毕竟读个中专就可以将农村户口转变成城镇户口，取得城镇户口，不仅可以享受到计划经济的"粮票""油票"，还可以有养老保险、医疗保险等城里人的福利。考入师范学校，同时入校的还有其他区的同学，和他们一比，我们的录取分数比他们要高出一大截，同一所学校的录取分数线市区孩子要比农村孩子的分数线低很多。那时候年轻的我们哪懂得

很多，直到我开始研究城镇化经济，我才恍然大悟，原来，户口代表"身份"，而"身份"代表着"待遇"。我们错过了很多是因为那时候我们没有好好去理解和研究"城乡二元结构"背后的深层次原理。

在城乡居民之间，户口代表着身份差异。而在地区之间，地区户籍的差别开始明显，户籍代表了户口所在区域的经济差异。在改革开放初期，北、上、广是全国人民心目中的经济中心城市，那时候，"上海制造"还是全国人民心目中的"奢侈品"，更多的，是因为收入差异。随着城市化发展，这种大城市一枝独秀的格局已经改变，渐渐形成了东西部地区的经济差异、南北地区的经济差异。

可惜的是，上海人曾经引以为傲的"户籍"越来越不值钱。如今看看上海市中心的人口分布，在市中心内环生活的大部分是说"英语"的，在中环生活的大部分是说"普通话"的，在外环外生活的大部分是说"上海话"的。众所周知，上海市中心的房子很贵，一般内环、中环、外环的房价是呈阶梯形分布的，如果市中心的房价是每平方米9万元，那么，中环的房价是每平方米6万元，外环的房价是每平方米3万元。论有钱，"老上海人"在上海市的空间分布里已经退化到边缘了，"新上海人"成为上海经济发展的主力，而且，基本也已经听不到"乡下人"的称呼了（如图1-1所示）。

我们必须承认"风水轮流转"的现实，以"户口"为特征的城乡二元结构推动了农村人口大量涌往城市，城市化让我们国家整体变得更为强大，让我们国家成为世界第二大经济体，同时，社会的财富也在同一时期实现了重新分配，很多让我们"看不懂"的造富故事和破产故事不断地在我们的身边演绎。

2019年12月，中办、国办印发《关于促进劳动力和人才社会性流动体制机制改革的意见》，全面取消城区常住人口300万以下的城市落户限制，全面放宽城区常住人口300万至500万的大城市落户条件。

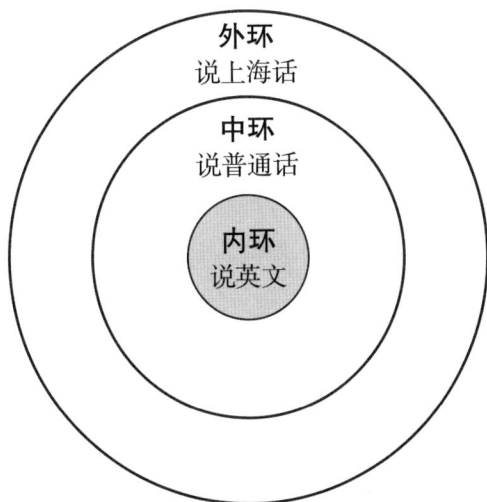

图 1-1　上海城市的单中心形态

　　如果说，计划经济时代，户口代表了身份，代表了待遇，"户口"作为城乡二元结构的差异特征促使农村人口流向城市，那么，在城市化快速扩张时期，区域经济的差异则使得城市居民的户籍成为地区差异的特征。而人口落户放开后，户籍差别的特征开始转向大城市与小城市之间的差别（如图 1-2 所示）。

"土地"财政，让经济要素只能从农村流向城市

　　城乡差距背后的原理是什么呢？当我驱车行驶在"南浦大桥"遍览黄浦江两岸灯火通明的高楼林立后，当我扶贫走在云南高山的泥泞的山路后，当我跨过重洋游历欧美国家的城市与乡村后，当我翻阅群书，收集数据进行分析研究后，我渐渐理解，这一切背后的推手，是土地和人口，是经济要素从农村向城市的单向流动（如图 1-3 所示）。

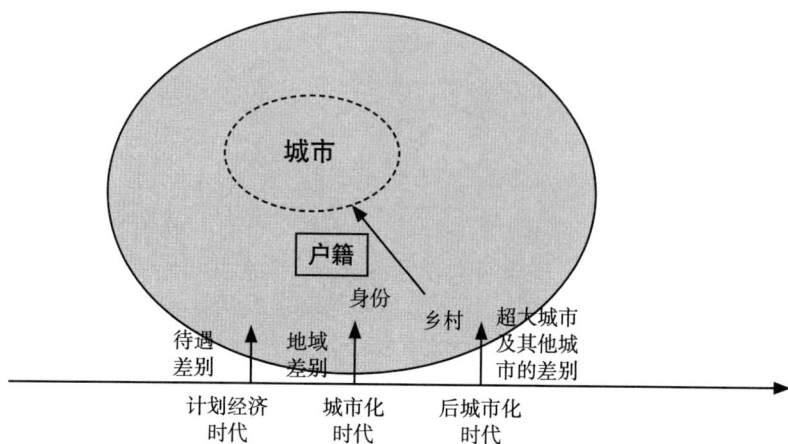

图 1-2　户籍差别的演变

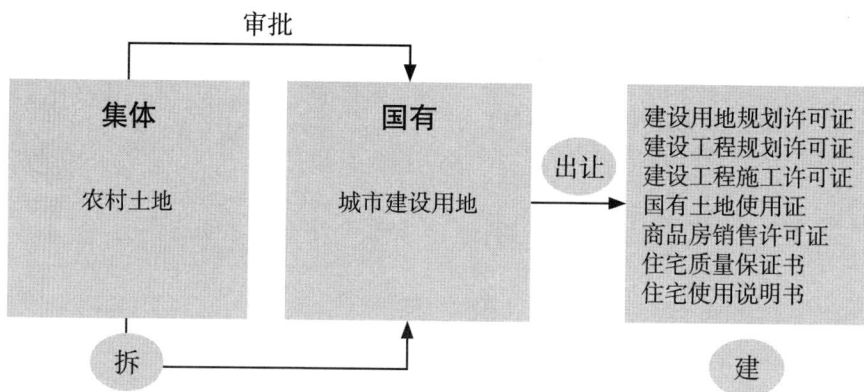

图 1-3　土地交易流程图

　　说到土地和城市化，我想再说一个故事。2017 年，我从一所美国的著名大学引进了一位博士，他在美国待了 15 年，在实验室工作每年的收入在人民币 30 万元左右，孩子在美国学习，由于长年待在美国，不了解国内的变化，当他回国了解到，他留在国内的同学有的从政当了领导，有的当了教授，而且个个都买了房，房价上涨后，个个都成了千万富翁。和他的同学相比，他竟然成了一个穷人。原以为在美国的科研岗位上他可以成功，但这么多年了，美国的绿卡还没有拿到，实验室里的成果让他发表了很多论文并没有给他带来多少的财富。作为单位领导，我帮助他申报了"千人计划"、浦江人才计划等，原先在美国实验室里他的研究并不显眼，回国后，他在这个领域反而非常抢手，成功申报了很多研究课题，获得了很多研发经费。

对于我这个老同事来说，他离开中国到美国的15年，正是我国城市化发展最快的15年，也是我国房地产行业飞速发展的15年，而美国的城市化率早在20世纪70年代就已达到70%以上，城市化稳定而房价也稳定，美国制度的完善也很难有暴富的机会。

所以说，15年前离开中国前往美国淘金的中国人错过了致富的黄金年代，也是就把种农产品的农田"种上"房子的年代。

∞

城市建设是靠外来人口投资的

人口流向城市，城市扩张带动房地产业，城市化是靠钱砸出来的，一拆一建，城市化造成城乡差异，国家正努力推动缩小城乡居民收入的差距。

城乡差距不是中国仅有的问题，美、日等国也曾有过

每个国家都需要经历城市化。美国的"种房子"时代早在我们国内的抗战时期就已经达到了相当的程度了，1945 年，美国的城市化率达 58.5%，相当于我国 2018 年的城镇化率，美国到 2000 年之后城市化率就稳定在 80%。英国的城市化率在 1931 年就已经达到了 80%。[①]

第二次世界大战之后，那时候美国成为城市化的后起之秀，英美两国争霸是显而易见的。

我们按美国 3.2 亿人口计，他们花了 140 多年（1860-2000）完成了城市化 80%，也就是他们花了 140 多年把 2.56 亿人口从农村迁移到城市，而我们国家仅仅花了 40 年（1978-2018）把 8 亿多人口从农村迁移到城市，并且造就了世界第二大经济体。

但是城乡之间的差距却是一个无形的屏障。这其中，城乡居民的收入差

---

① 理查德·T·勒盖茨.城市读本【M】.张庭伟，田莉，主编.北京：中国建筑工业出版社，2013.

距较为显著，2010 年的时候，我国的城乡居民收入差距比是 3.23∶1 [1]，居住在农村的居民不仅收入比城市居民的收入低，生活各项条件也比城市居民差。

城乡收入差距不仅是发生在我们国家，日本在 1930 年的城乡居民收入差距高达 3.13∶1，但到了 1972 年以后一直稳定在 0.97∶1。美国在 1939 年时城乡居民收入差距达 2.49∶1，但到了 1971 年之后降至 1.32∶1。显然，城乡居民收入差距是有周期性的 [2]。

随着国家对农业、农村的重视，我国城乡居民收入差距也在日益缩小，2017 年，我国的城乡居民收入差距已经缩小至 2.71∶1 [3]（如表 1-1 所示）。

表 1-1　人均城乡居民收入差距的国际比较

	扩大期	最高期	下降期	稳定期
日本	1885 年 1.32；1900 年 1.92；1910 年 2.13；1930 年 3.13	1950 年城乡居民人均可支配收入差距比达 1.44 倍	1961 年达 1.44；1969 年降至 1.07；1972 年降至 0.97；1970 年城市化率达 72.1%	1972 年以后，一直在 0.97
美国	1935-1939 年达 2.49 注：1945 年城市化率达 58.5% 1945-1949 年达 1.66 1955-1959 年达 2.0	1955-1959 年达 2.0	1965-1969 年降至 1.36 注：1970 年城市化率达 73.6% 1970 年降至 1.31 1971 年降至 1.28	1990 年后，保持在 1.28-1.33，城市化率 82%
中国	1985 年 1.86；1995 年 2.71；2000 年 2.79	2010 年达 3.23	2017 年下降至 2.71 注：2017 年城市化率达 58.52%	

资源来源：曾国安.城乡居民收入差距的国际比较.山东社会科学，2008 年第 10 期

回顾城市化历程，大都经历农耕时期、工业化时期和城市化时期三个阶段。日本经济学家邱永汉在他的著作《附加值论》中提到战后的日本没有资源，

---

[1] 央广网：http://finance.cnr.cn/gundong/201401/t20140104_514567238.shtml

[2] 曾国安.城乡居民收入差距的国际比较【J】.2008，10（1）.济南：山东社会科学，2008—.

[3] 央广网：http://news.cnr.cn/native/gd/20180927/t20180927_524372152.shtml

当时农村社会几百亩的农田只能养活一家人，而两亩土地的工厂可以养活一个村的人。日本政府鼓励企业从事制造加工业，没有资源靠贸易进口原材料，靠工厂加工再做出口贸易，由此，工业化逐步引导了区域的形态分布，大量人口向工业区域集中，并慢慢带动了城市化[1]。

我国也经历了类似的过程，改革开放后，我国从农业社会迅速成为世界加工厂，也得益于大力发展工业。我在《环球资源》英文杂志的"计算机栏目"当编辑时，曾经到东莞考察采访，那时候的东莞就是计算机周边设备的世界加工中心，大量的工厂集结在那里，人口也大量集聚，工业化带动了城市化。而我国曾经推动的"集体工厂"激活了城镇经济，位于浙江温州的龙港镇从1984年建镇以来，因工业发展推动了人口集聚，从建镇初的5.2平方公里扩大至183.99平方公里，人口从建镇初的5000多人增长至38.2万人，龙港新城产业集聚区已落地企业103家，竣工投产企业33家。2019年，龙港镇撤镇改市，变成了龙港市[2]。

城市创造了财富，其根本原因是农村人口流入城市，带动了房地产业的发展。城市规模随着人口的不断流入而不断向外扩张，"汽车出行"更加速了城市扩张，例如，美国汽车工业的飞速增长让人们可以自由出行，老城区占满后，人们会选择在城区边上的高速公路附近选择居住。一般会有一个大型购物中心，然后很多居民就会集中居住。于是城市越来越大，后来美国学者称之为"城市蔓延"。这种状况在日本也一样，日本的大量人口涌往日本首都东京市，以至于东京市向外扩张至埼玉县、千叶县、神奈川县，总面积近1.36万平方公里，形成了东京都市圈，至2016年东京都市圈的总人口就已接近4000万，日本总人口也就1.2亿多，也就是说3个日本人里就有1个生活在东京都市圈。至于GDP，东京都市圈突破2万亿美元，占日本全国的约

① 邱永汉.附加价值论【M】.海南：海南出版社，1999.

② 人民网：http://politics.people.com.cn/n1/2019/0901/c1001-31329654.html

40%。据《日本经济新闻》报道，前首相安倍晋三主持会议决定，从 2019 年开始，政府将补贴那些搬离东京的人群，每人最高可以获得 300 万日元的补贴（约合 18 万人民币），条件就是必须真的要从东京搬走，到日本其他地方去居住 ①。显然，城市人口规模也有峰值，城市（城市圈）也有承载力的限制。

外来人口是城市购房主力

在城市高速发展时期，人口迁移是很难控制的，人往高处走，全国各地的农村人口为了寻找"机会"纷纷涌向大城市。

我们国家是以"户籍"来限制人口迁移的，户籍将人口限制在某个城市，虽然不同城市之间有经济差异，但户籍涉及医疗保险等问题，一般到另一个城市买了房，但不一定就能享受到这个城市的福利。在房地产刚开始或房价低迷的时候，买房可以送"户口"。

我国城市化刚开始的时候，大量人口涌向了"北上广"这三个大城市，那时候，"北漂""蜗居"等影视剧热播，也是讲的这些新移民在大城市奋斗拼搏的故事，而能够在大城市买房的，往往就是社会精英、实业家或是某些讲不清收入来源的"金主"。

在城市快速扩张时期，外来人口到一个新的城市购房，就类似投资购买了这个城市的股票，城市人口增加，房价快速增加，人们购买住房后就会增值。而本地城市的居民本身就拥有房产，来投资的人越多，资产价值就越高。

政府将土地卖给开发商，开发商利用土地造住房，再将住房卖给迁移到城市的居民，而这其中，银行贷款给开发商造房，银行贷款给居民购房，类似于地方政府对外发基金，城市是每个居民购买他的"住房基金"造起来的。

有很多外地人将"在大上海买房"作为个人人生的终极目标。他们或因

---

① 世界人口网：https://www.renkou.org.cn/countries/riben/2019/78118.html

为刚出生的孩子享受大上海的教育资源攒钱买房，或因为自己的孩子毕业后想留在上海要结婚给孩子买房，一辈子就是为了买"上海的房子"而不是为了住在上海。

如果你有幸站在上海的最高处鸟瞰上海的城市，你会发现那么多的城市建筑，其实都是金钱堆砌出来的，按每平方米10万元计算，上海的GDP总量如今超过了3万亿元，也就是相当于3000万平方米的建筑体量。上海这座城市本身不产生财富，是来自全国各地的人供养着"上海"这座城市（如图1-4所示）。

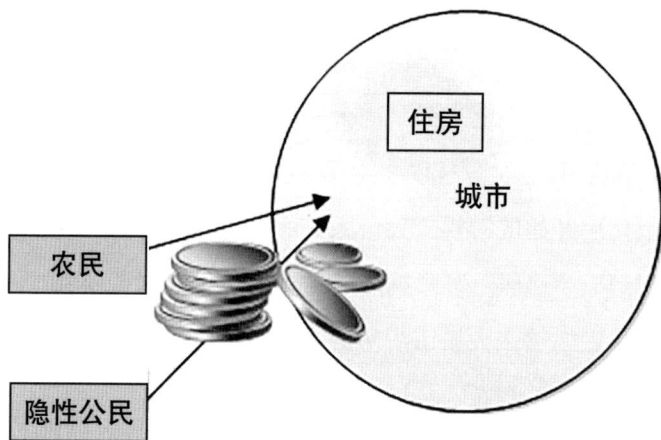

图1-4　城市和外来人口的关系

这个道理和美国一样，我有个朋友，他的妻子和儿子都在美国。七年前，他的小姨子带着孩子去了美国，目的是争取一个美国的绿卡，在那边和国内一比，就劝她姐姐，也就是我朋友的妻子带着孩子去美国读书。那时候朋友口袋里还有些钱，年收入百万的工作让他积累了不少财富，就决定让孩子去美国读初中，每年的费用（包括学费和生活费）是人民币90万元左右。至今孩子和妻子在美国已经有七年，他供养美国人的费用也就高达 630 万元，他孩子现在上大学，还有三年毕业，如果读硕士再加两年，如此，他一共要给美国贡献 1080 万元。试想他一个人要给美国 1080 万元，像我朋友这样的人全世界有多少个？他们就像美国的隐身公民一样，都在为美国奋斗。

他们看上去富有，但他们这辈子不是为自己而活，是为了妻子和孩子而活着。他们过着很忙碌的日子，从未享受过生活，到最后，也只是满足妻子和孩子对美好生活的向往。当然，我非常敬重我的朋友，他们夫妻一年见两次面，他从未想过离婚，还能做好赡养双方父母的责任，是一个值得尊敬的好丈夫、好父亲。

美国真的值得一个人付出一生为之奋斗吗？很多时候，是人们在自己内心中形成的一种错觉造成的，就如有些衣服穿在别人的身上好看，但穿在自己身上不适合一样。美国很懂得宣传他们的国家，"英雄片"是贩卖美国精神的一种最直接最有效的宣传方式，去美国有时候是潜移默化形成的一种思想，我之前访问过美国，或许是我去过了很多国家，至今对美国的印象也不是很深刻。但我觉得，是区域差异让很多人错误地将自己的人生捆绑在另一国的利益基础上了。

因为，美国和中国有一个外汇比率，美元兑人民币一般是在 1:7，也就是 1 美元兑换人民币 7 元。所以，这就造成了差异，一般老百姓到美国买瓶水，瓶装水上的数字看上去是显得小，例如 US1（1 美元），实际上是要人民币 7 元，所以，我们在心理上会造成差异，觉得他们的收入很高，实际上，他们的年收入和国内的年收入差不多，但他们的物价低。

当然，我们中国人去印度尼西亚旅游的话，心理优势就会大增，因为这时候的人民币兑印尼盾，接近 1:2000，也就是说，我们的 5 元人民币到印尼花的话可以兑换成印着"1 万"面值的印尼盾花。你看着印上"万"计的印尼盾，心里想象成人民币的话，这种心理状态是完全不一样的。

　　国与国的差异也可以引申到地区"差异"。各个城市的城市化进程有快有慢，在我国，第一批快速发展的城市是北京、上海、广州，接下来是省会城市如武汉、成都、西安、南京、杭州等，之后是其他的地级市及县级市。

　　这些城市中，有的城市化率已经超过了80%。有些还在扩张中，但唯一不变的是，城市是可以"靠钱砸出来的"。现在我们到全国各地的城市看看，都是焕然一新的面貌，由于扩张有序，有些三四线城市的城市面貌并不比一线的城市面貌差，当然，城市之间的差距可能是"教育""医疗"等公共资源的能级差异。

　　城市与城市之间形成差异的是GDP和公共资源，但GDP差异倒是不会造成生活压力，毕竟赚得多，花得多，大城市的生活成本比小城市的生活成本要高得多，相比来说，生活在小城市的幸福指数要比大城市高得多。

∞

农村大量人口流向城市拉大城乡差距

农田规模小，收益低，种地赚不了钱，挣不了"快"钱，所以农民流入城市，城市化造成城市间存在地区经济的差异，大城市的农民有资产性收入。

造成农村人口流向城市的主要原因有两个：一是"农田"的土地产出率太低，造成收入低；二是城乡收入差距。

传统种地不赚钱

城乡居民收入的差距必须缩小，这事关国家稳定，我们国家提出了两个一百年的奋斗目标，并要求2020年全面脱贫。

我曾作为院士专家团队的成员前往河北、新疆、云南、河南等地扶贫，也曾去全国各地的村镇实地考察项目，对农村的困境也是有一定了解的。加之我过去曾在孙桥农业科技园区的工作经历，以及在中国农学会园区分会和全国工商联农业商会的工作联系，我对农业的理解也是很深刻的。

毫不避讳地说，农业相对其他行业来说是最辛苦的，也是行业收入最低的，毕竟农业是靠天吃饭的行业，受大自然的影响很大，有时一个自然灾害就把一年的收成消灭了。

而且，农业是将"农田"作为生产工具的行业，农民离不开"农田"，每亩的产出也很有限，所以，农田只有规模化才能有效益。

为了研究农村问题，我经常和在城里的保安、黑摩的（指没有营业执照的载客行为）聊天，他们生活在城市的底层，离开农村到城市生活，他们的选择必然是有依据的。

有次我和一位值守在地铁边上看管自行车的保安交流，我问他，每个月多少工资。他说大概一千多元。我脑子里想想现在上海的房租，很难想象他在上海是怎么生活的。不过他也说，他其实还有其他兼职，白天在工厂上班，晚上到地铁边上看自行车。我问他老家哪儿的。他说是某省农村的。我问他，家里种田不是蛮好的吗？在这里不是太累了吗？他回答我说，他在老家种田不赚钱。在上海做得虽然辛苦，但来钱"快"。

这位保安大概二十多岁，年轻人跑到大城市是为了赚钱"快"，对于闯荡大城市的老人家呢？我坐上一个"黑摩的"时，开黑摩的正是一个年近60岁左右的老人家了。我问他，老家哪里。他说江苏某地的农村人，他骑"黑摩的"载客已经被抓到好多次了，关了几天放出来，但年纪大了找工作没人要，没办法，只能做这个行当，而现在政府对"黑摩的"已经开始实施严格管理，对于他们这种载客的也有便衣执法，所以，他们只能够"躲猫猫"了。我问他为何不回老家种地去。他回答说，家里种地粮食价格太低了，才一元一斤，赚不了钱。

显然，两位来自农村的老百姓都透露了一个信息，种地不赚钱。

城乡收入差距造成农民大量流入城市

当然，我想每个不远千里来到大城市的农村人，他们内心都有着一个"淘金梦"，试问谁愿意背井离乡到一个陌生的城市去承受孤独陌生的煎熬呢？

他们都尝试着改变自己命运，然而，未来在哪儿呢？

由于很多年轻人离开农村去了城市，很多农村地区的村落变得"空心化"，曾不止一次看到新闻报道，"空心村"似乎已经成了农村的代名词。

我也曾体验过回乡的感觉，我老婆是安徽人，每次我也要跟着去她安徽老家过年，平时，这个小镇的街上没多少人，但到了过年，这景象就和上海截然不同，只见各种豪车驶在马路上，平日冷清的街道上面站着交警忙碌地指挥着。我了解到，从村里出去打工的，回来都要面子，都要长个脸，所以开回家过年的车越高级越显摆，有的可能是租来的也说不准，但豪车开在街上、回到村里都是有面子的。过年时，街上的小百货店生意最好，大家纷纷采购年货，过年各种走亲戚，吃吃喝喝的一个新年就过去了。

当然，每年的农民工"回家"景象在电视里看得多了，这已经成为一种常态，但当你体验那种乡情时，你会觉得和城市不一样，农村的乡情味更浓。

造成农民流入城市的原因是什么呢？

工业化时代，农民和工人的收入差距本身就很大。解放初，我国的农村是分田到户的，人均 1.4 亩耕地，是为了解决温饱问题的。在 1978 年我国开始现代化建设阶段，农民 1.4 亩地一年的收入，可能只是做一个工人一个月的收入。随着城市化的推进，农民纷纷赶往城市，成为"农民工"兄弟，他们为城市的建设做出了贡献，而由此，出现了一个新的族群"流动人口"，数据显示，我国流动人口总量自 2015 年连续三年下降，2016 年下降到 2.45 亿人，2017 年为 2.44 亿，我国人口流动以跨省为主，但比例开始缓慢下降，省内跨市流动的比例缓慢上升，市内跨县流动则变动较小，这说明人口流动的稳定性增强[1]。

显然，造成农民流入城市的原因主要还是收入低，而随着省会城市及其他地级市、县级市开发建设的进程加快，农民也能够在本省的城市里寻找到

---

[1] 央广网：http://gongyi.cnr.cn/news/20180625/t20180625_524281458.shtml

机会，他们也就不一定非得到北、上、广的特大型城市寻找机会了。

地区经济差异造成了人口在区域内的流动，同样是农民，在北、上、广超大型城市的和一些小城市的农民收入来源也不同。例如，在大城市的农民，他们一遇到拆迁就分得几套住房，还有几十万甚至上百万的现金补偿，甚至可以出租自己的房屋获得其他收入，也就是资产性收入。

同样做一个农民，不同地区的差异就显现出来了。农民的收入来源主要有"打工收入""种田收入"以及"资产性收入"，不同地区的农民收入来源的差异都和"城市化"有关。

∞

新时代发出强烈信号

城市形态基本定型，农村还有大变化。区、县竞争转向区域合作。城乡制度红利
转向集体土地红利。

虽然城乡差距客观存在，但我们总不能停留在问题上，而忽略了正在面临的时代变化。

经济变化与职能部门的变化息息相关，2018 年，国家有关职能部门的名称作了很大的改变，原来的"农业部"变成"农业农村部"，原来的"国土资源部"变成"自然资源部"，原来的"文化部"和"旅游部"合并为"文化与旅游部"。国家职能部门的变化会带来经济与产业结构的变化。

空间规划出台，城市扩张变成控制，建设重点转向乡村

2019 年 5 月，中共中央国务院颁布了《关于建立国土空间规划体系并监督实施的若干意见》①，并提出了将主体功能区规划、土地利用规划、城乡规划等空间规划融合为统一的国土空间规划，实现"多规合一"。

作为老百姓，从字面看"空间规划"四个字或许会觉得很专业，如果简

---

① 中国政府网：http://www.gov.cn/zhengce/2019-05-23/content_5394187.htm

单地去理解的话，就可以这么理解，以前城市是可以"无序扩张"的，现在城市规模要"控制"了。以前城市建设不用考虑土地的多少，想在土地上建多少房子都没有限制，是可以拥有无限想象空间的，所以，土地就像一张白纸，所有人的思维都是二维的平面模式，都是按"亩"来计算的，房子都可以推倒重来，以至于不断地"拆""建"。但现在房子建得差不多了，该建的已经建了，而且都是新建的，再拆就难了，所以，得从房子的"高度"入手，都需要用"平方米"为单位来计算，也就是三维的立体模式，所以称"空间"规划。

空间规划不仅是针对某个城市，更是整个国家，原有的建设是"奔效率"，先是超级城市"北上广"，之后是一线城市，再是二线城市，然后是三四线城市。城市建设不难，很多新建的三四线城市风貌堪比一线城市，现在挑战的是"城市管理"和"均衡化"。很多城市建设形态固化之后，需要区分"城市功能"，如北京率先提出的"首都功能"，"非首都功能"外迁至雄安新区。近两年来先后颁布的"粤港澳大湾区规划""长三角一体化"规划等以"城市群"为载体，以"区域功能"为特征的国家顶层设计。

十九大报告中提到了三个红线，"生态红线""耕地红线""城镇开发建设边界红线"，城镇开发建设边界红线首次被提及，说明了"城市蔓延"、城市扩张的时代即将终止。而此时乡村振兴的提出，更是为新时代的发展方向提供了新的商机。

户籍放开，各大城市抢"人"大战

2019 年年底，我们迎来了"户籍自由流动"的时代。2019 年 12 月 25 日，中共中央办公厅国务院办公厅颁布了《关于促进劳动力和人才社会性流动体

央地财政收入划分改革，消费税激发乡村产业活力

2019 年 10 月，国务院下发关于印发《实施更大规模减税降费后调整中央和地方收入划分改革推进方案》的通知[①]。文件提出了中央和地方的增值税各半，消费税增量部分 100% 归地方。这是自新中国建国以来的第四次财政收入改革。我国的财政收入改革分四个阶段：第一阶段为 1950-1979 年，属于统收统支阶段；第二阶段为 1980-1993 年，属于财政包干阶段；第三阶段为 1994-2018 年，属于分税制阶段；第四阶段从 2019 年开始，央地关系重构阶段[②]。

1994 年分税制后，住宅商品化带动经济迅猛发展。1994 年至 2018 年正是我国城市化快速扩张的阶段，也是房地产行业飞速发展的历史阶段，每年直接和间接拉动的 GDP 达 2.5~3 个百分点，房地产对经济增长的贡献体现在三个方面：一是房地产投资，这是直接的贡献。房地产投资构成固定资产投资的一部分，而固定资产投资是长期驱动经济增长的主体；二是住房消费。2010 年，全国商品房销售额为 5.25 万亿元，超过当年全社会消费品零售总额 15.5 万亿元的 1/3；三是带动效应。这是间接贡献，譬如拉动了钢材、水泥、家电、装修等增长[③]。

房地产价格的飞涨造成了社会的贫富悬殊，购房者投资的房子多于自己居住的房子，但房地产行业之于国民经济和地方财政收入非常重要，以至于历年来中央反复调控，但依然未能压制住房地产的涨势。

直到 2017 年十九大报告提出"坚持房子是用来住的、不是用来炒的定位，加快建立多主体供给、多渠道保障、租购并举的住房制度，让全体人民住有所居"[④]，各类调控政策加码，因城施策，限购、限售、限商、限贷、限价等

---

① 中国政府网：http://www.gov.cn/gongbao/content/2019/content_5442267.htm

② 刘志广．我国地方政府财政收入来源及其规模【J】.2010，4（1）—．沈阳：地方财政研究，2010—．

③ 袁一泓．从沸腾到癫狂——泡沫背后的中国房地产真相【M】.太原：山西经济出版社，2011.

④ 人民网：http://house.people.com.cn/n1/2017/1229/c164220-29736270.html

措施频频上演，终于在 2018 年、2019 年将房地产上涨的凶猛势头遏制住了。

房地产调控稳定后，中央地方财政收入划分比例的改革在此背景下产生，显得极为特别，也就是说，中央知道大部分地方政府依赖于"土地财政"，房地产对于财政收入的贡献减少后，中央也在给地方寻找新的财政收入来源，而央地关系重构最明显之处就是将消费税增量部分给到地方，这明显是中央希望促进地方发展消费产业的信号。

所有的中国人都知道，我们的城市发达，农村落后，但是，2019 年中央 1 号文件《关于坚持农业农村优先发展做好"三农"工作的若干意见》中，首次提出了"乡村产业"①，城乡城乡，"城与乡"不分家，国家促进农村发展，推动地方消费能级提升的意愿加强。

其次，2019 年 8 月，《中华人民共和国土地管理法》经全国人大做了重大修改，其中，集体建设用地直接入市备受瞩目②，土地是一切的根本，未来农村土地会释放哪些红利？

2018 年 7 月，中央政策研究室原副主任、中国国际经济交流中心副理事长郑新立在出席公开论坛时曾表示，农村现有宅基地有 17 万平方公里，合约 2.55 亿亩，根据农村宅基地改革经验，在全省范围内进行交易 1 亩宅基地可以卖到 50 万元。2.55 亿亩就是 125 万亿元。但现在这些资产没有变现。在郑新立看来，如果农村现代产权制度建立起来，把部分土地按照价值抵押担保转让，撬动城市资本流到农村，那么 5-10 年的时间就可以迅速缩小城乡发展差距，为国民经济提供强大的动力支持③。

此次《土地管理法》将第六十二条修改为：国家允许进城落户的农村村民依法自愿有偿退出宅基地，鼓励农村集体经济组织及其成员盘活利用闲置

① 清流县人民政府网：http://www.fjql.gov.cn/zwgk/zcjd/sjczjd/201904/t20190416_1282268.htm
② 中国政府网：http://www.gov.cn/gongbao/content/2005/content_63273.htm
③ 新华网：http://jjckb.xinhuanet.com/2018-07/11/c_137315699.htm

宅基地和闲置住宅。将第六十三条修改为：土地利用总体规划、城乡规划确定为工业、商业等经营性用途，并经依法登记的集体经营性建设用地，土地所有权人可以通过出让、出租等方式交由单位或者个人使用，并应当签订书面合同，载明土地界址、面积、动工期限、使用期限、土地用途、规划条件和双方其他权利义务。

以上两条修改意味着社会资本可以进入乡村，而且，都需要借助农村集体经济组织共同实施。

2020 年中央一号文件下发《中共中央、国务院关于抓好"三农"领域重点工作确保如期实现全面小康的意见》，文件明确 2020 年聚焦脱贫攻坚和"补短板"建设[1]。

2020 年 9 月 24 日，中共中央办公厅、国务院办公厅印发了《关于调整完善土地出让收入使用范围优先支持乡村振兴的意见》，要求到"十四五"期末，以省（自治区、直辖市）为单位核算，土地出让收益用于农业农村比例达到 50% 以上。各省（自治区、直辖市）可结合本地实际，从以下两种方式中选择一种组织实施：一是按照当年土地出让收益用于农业农村的资金占比逐步达到 50% 以上计提，若计提数小于土地出让收入 8% 的，则按不低于土地出让收入 8% 计提；二是按照当年土地出让收入用于农业农村的资金占比逐步达到 10% 以上计提[2]。长期以来土地出让收益一般都是用于城市建设的，这次明确土地出让收益转向乡村振兴，足以说明党中央、国务院对乡村振兴的重视程度。

乡村振兴正在倒逼农村改革。未来，城市化还将继续，农村人口还将减少，但城市不会再野蛮生长，高质量发展是主旋律，农村人口逐步就近转移到城镇是方向。

---

① 国家农业农村部网：http://www.moa.gov.cn/ztzl/jj2020zyyhwj/

② 人民网：http://qh.people.com.cn/n2/2020/0924/c182753-34313984.html

👉 **本章小结**

本章通过分析"户籍"阐述了以人口的"身份"为城乡二元结构时期的特征，户口代表了身份，代表了待遇。通过城市化的分析说明了工业化带动了城市化，城市化造成了城乡收入差距。

然而，人口流动的变化因城市格局变化而定，随着城市群的城市空间格局基本定型，人口落户的限制进一步放开，中央和地方财政收入的划分改革，农村集体土地改革将城乡之间的制度红利转向集体土地红利。

随着我国双循环经济大格局的提出，城市化的重心正悄悄由城区向农村转移，新型"城镇化"正在开演，万亿城乡经济即将释放。

商机解读

返乡创业带头人

乡村振兴刚起步，虽然目前在大部分人的印象中，留在农村的留守人员只有老、妇、幼等弱势群体，但"乡村"正日益成为"健康、生态"的代名词，一方面是城市对美好生活的向往；一方面是缺乏健康产品和美好乡村生活的服务供应。返乡创业带头人，是那些在城市里做生意或打工有些积蓄的回老家创业的群体。

乡村不缺资源，缺的是人才去整合这些资源。就如改革开放初期，集体工业经济成为时代潮流，出现了江苏"华西村"吴仁宝这样的时代典型。如今，乡村振兴再次将村集体经济组织推向了经济发展的时代主流，时代不同，如今的乡村集体经济需要由工业市场转向消费市场。

∞ 案例：贫困村变身亿元村

江苏省张家港市善港村位于张家港经济技术开发区（杨舍镇）西大门，由原善港村、五新村、杨港村、严家埭村四村合一，村区总面积9.07平方公里，辖36个自然村庄，59个村民小组，常住人口8000多人，外来流动人口2万多人。该村以传统产业为基础，以发展现代农业为支撑，经济社会协调发展。2016年实现开票销售收入20.1亿元，村级可用财力2406万元，如今，善港村每家每户都住着两层别墅，人均年收入在3.5万元以上。

但在十年前，这个村还是"晴天一身土，雨天一身泥，全村只有煤渣路""泥堵围墙茅草房，树皮草根拌青糠"……村里的人对这些画面记忆犹新，都说这里算得上是穷困的死角，小伙子们找媳妇都难，外地姑娘不愿意嫁过来受苦。

但是，这一切都因为有了善港村的返乡创业带头人而有了改变。今年41

岁的葛剑锋回到善港村担任党支部书记已有9年。

葛剑锋上岗后就把家搬到了村委办公室。首先，他理清了村里集体资产的账目，他邀请了专业的经济师和法务人员，清理账目，规范合同；其次，他做通了村里骨干的思想工作，并身先士卒带头领着村干部在田间劳作，赢得了村里人的信任和支持。在这样超负荷的工作下，他只用了一年就把善港村拉上了发展正轨，村里的糊涂账理清了，集体账上也有钱了。

2012年，善港村与同为"难兄难弟"的杨港、五新、严家垱"四村合一"，凭借企业家独有的经营理念，葛剑锋为"长大"的善港村确定了"宜工则工、宜农则农、宜副则副、宜商则商"的发展道路，并全身心地投入到村子的建设中去。

2013年，葛剑锋研究决定在村里开设有机农场，但当时没有技术也没有资金，为此，他拖着积劳成疾的病躯请来了著名的农业专家赵亚夫到村里指导，为筹集资金，最终争取到了国家财政项目，获得补助600万元，建成冬暖式大棚160余个。经过几年的苦心经营，如今的善港村已累计集聚各类企业147家，建成9个特色农业基地。2017年，善港村实现了全年开票收入超20亿元，村级可用财力达到了2500万元，村民人均年纯收入突破3.6万元，成了脱贫致富的典型。

商机点评

1. 乡村需要市场思维

如今的乡村已不再是十年前的农村，大量政策都支持到了农村，但村集体经济组织缺少市场人才，善港村的葛剑锋书记到岗后先是理清一本账，使村集体组织具备市场经营的规范；其次，再用市场思维打造有机农场的建设之路，使善港村在十年内打造成为20多亿元收入的村集体组织。

由此，集体经济不难做，难的是市场思维，大多数离开农村到外面创业过的都有市场思维，返乡到村里当个书记，基本都能做到市场思维。

2. 正能量的人生意义

善港村的葛剑锋不是个例，从葛剑锋的人生故事中，我们看到了他带领贫困村走向群体致富的道路，虽然艰辛，但他收获的是丰收的精神食粮，他的爱是大爱，个人创业赚钱是为了自己，他的创业是为了贫困村脱贫，他收获的是社会对他的尊重，是用钱买不来的荣誉。

在我接触过的村级党支部书记中，有很多是做过企业的返乡创业带头人，例如，福州市仙高村党支部书记李建荣原来是在江苏开矿的企业家，偶然机会回老家办事，当了领导的老同学邀请他回来返乡当老家村里的书记。看着日渐颓废的村落，他决定回到家乡，仙高村是侨乡，在他的领导下，村里建成了祠堂，村文化中心等，适逢乡村振兴，他也在不断奔波中寻找合作伙伴，共同推动他的乡村建设。上海奉贤区拓林镇迎龙村的李天书书记也是返乡创业带头人，在他的带领下，迎龙村的乡村旅游人气渐旺，村民们收入提高了，生态环境变好了。

∞

第 2 章

双循环的大商机——县域经济

国内大循环需要有差异驱动，城乡差距为大循环带来了大商机。在全球疫情尚未得到有效控制的背景下，我国经济复苏得很快，消费逐步回升，国外疫情尚未恢复生产，我国的出口需求仍然存在，而以"县域"为空间范畴的新型城镇化大建设则为"投资"带来经济发展的持续动力。

我国的城乡差距不仅包括城乡收入差距，还包括区域经济差异，如，长三角地区 2019 年的 GDP 占全国 GDP 总量的 23.6%，而该区域仅占全国 3.8% 的国土面积[①]。

城乡二元结构时代，所有的经济要素无一例外地都从农村涌向了城市，而十九大以后，城市户籍的放开、农村集体土地改革、央地财政改革等一系列顶层设计都在推动"城""乡"之间的融合发展。

十九大报告提出了"区域协同战略和乡村振兴战略"，城市群的兴起和乡村之间构成新的城乡格局，原有的城乡二元结构藩篱已经被打破，省内跨市的人口流动成为一种新的选择，区域性的城乡一体化也正成为新的城镇化建设目标。

[①] 人民网：http://paper.people.com.cn/zgjjzk/html/2020-01/15/content_1972011.htm

∞

GDP 还能靠城市化吗

城市化减缓后，GDP 增速趋缓，房产市场和股票市场之间会有转换；城乡二元结构向城乡一体化转换迎来新的城市化周期，围绕小城镇发展的县域经济正成为主战场；完善的交通缩小了城乡之间的距离，转变"重工轻农、重城轻乡"的定势思维，缩小城乡之间的差距。

2019 年，很多经济学家对我国 GDP 增速的下降表示了担忧，尤其在是否"破 6"这一节点上提出了不同的担心，甚至很多教授一再提及对"金融风险"的担忧。经济学家对数据是敏感的，但经济数据是静态的，经济并不是他们创造的，创造经济的是企业家们。

我们不能仅仅盯着 GDP 增速这个数字，还需要参考"城市化"这个改变世界进程的历史周期。

国内大循环靠的是房市和股市

美国人也曾对 GDP 增速的下降迷惑过。1978 年，美国福布斯排行榜上的都是房地产大亨，1978 年之前的那几年，美国的房地产和汽车业挤走了其他行业的利润，大量的实体企业在倒闭，1978 年，GDP 增速下滑至 5.54%，美国经济学家也开始了悲观的言论①。

美国那时的 GDP 增速是多少？查了一下，美国 1978 年的 GDP 是 5.54%，而 1982 年的增速则是 –1.8%，到了 1983 年，美国的 GDP 增速又达到了 4.58%。

改变 1978 年美国经济增速下滑的，不是房地产，而是股权投资，1978 年，美国出台了降低资本收益税的政策，同时鼓励企业上市，1978 年底，新的资本投资几乎翻了 14 倍，从 1977 年的 3900 万美元上升至 1978 年的 5.7 亿美元，至 1981 年，风险投资增加了 2 倍，达 14 亿美元。而美国的股市价格从 1978 年开始了长时间的攀升，1978–1981 年，美国的 100 个股票指数增加了 2 倍以上②。

GDP 增速有高有低，美国 GDP 增速更有过负增长的年代，GDP 增速下降不能过度的悲观，而需要我们在新的时代背景下寻找新的经济增长点。

房市和股市始终是两个巨大的资金蓄水池，美国 1978 年开始房价企稳，GDP 下降，而股市开始长期上涨。我国的股市从 2009 年 10 月 16 日 2976 点至 2019 年 10 月 16 日 2977 点，十年来还没有长期的上涨。如今 GDP 增速下降，是否也可以期待新一轮的股市上涨？

除了 GDP 增速，我们还可以关注到城市化的历史周期。根据相关研究，世界城市化的周期始于工业化，英国工业化最早，1850 年即达到了 50% 的城市化率；其次是德国，于 1900 年达到了 50% 的城市化率，而美国则于 1920 年左右达到 50% 的城市化率③，从世界经济更替的周期来看，英国早在第二次世界大战（以下简称二战）前，一直是世界霸主，而德国在二战期间战败，二战后，美国成为世界霸主，城市化在某种程度上是人口迁移大潮的驱动力，也是 GDP 经济增长的重要手段（如图 2-1 所示）。

---

① 吉尔德.重获企业家精神【M】.林民旺，李翠英，译.北京：机械工业出版社，2007.

② 吉尔德.重获企业家精神【M】.林民旺，李翠英，译.北京：机械工业出版社，2007.

③ 李璐颖.城市化率 50% 的拐点迷局——典型国家快速城市化阶段发展特征的比研究【J】，2013, 3（1）—.上海：城市规划学刊，2013—.

城市化率50% 节点

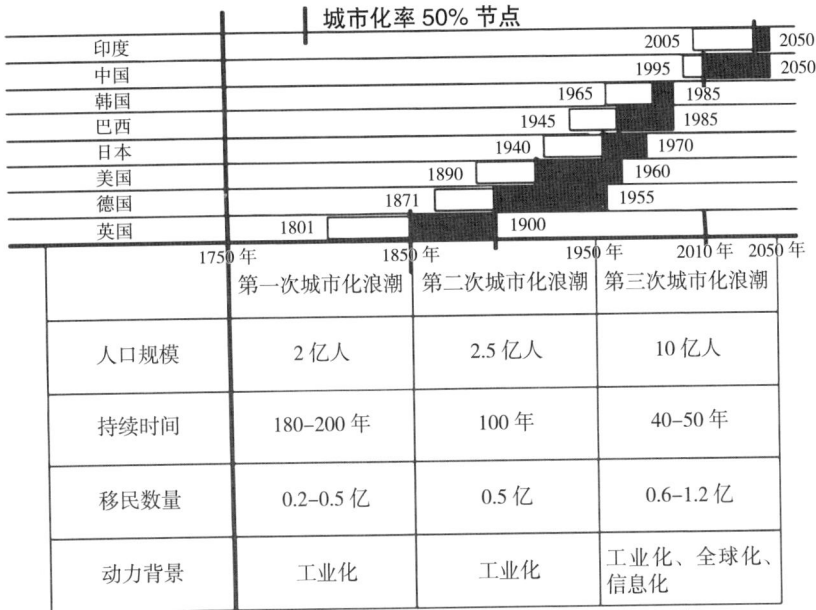

	第一次城市化浪潮	第二次城市化浪潮	第三次城市化浪潮
人口规模	2 亿人	2.5 亿人	10 亿人
持续时间	180–200 年	100 年	40–50 年
移民数量	0.2–0.5 亿	0.5 亿	0.6–1.2 亿
动力背景	工业化	工业化	工业化、全球化、信息化

资料来源：李璐颖，城市化率50％的拐点迷局——典型国家快速城市化阶段发展特征的比较研究，《城市规划学刊》，2013（3）

图 2-1　部分国家城市化拐点（50％）

从城市化的人口规模来看，我国的城市化效率是世界瞩目的，我国的城市化从 1978 年开始花了 40 年时间将 83137 万人口从农村迁移到城镇区域内，还有 56401 万人口居住在农村（国家统计局网站）。回顾日本和美国的城市化历程，日本总人口 1.27 亿，美国总人口 3.27 亿。即便他们的城市化率达到 100%，也比不上我们国家人口的城市化规模。

同时，我们也需要看到，城市化是一个周期，并非我们国家独有，我们目前所面临的问题，其他国家也曾面临过。

二战以后，一些发达国家也经历了一段城镇化快速增长时期，法国 1954–1970 年城镇化率年均提高近 1 个百分点，GDP 年均增长 5.3%，远高于此后 40 年的增速（2.33%）。日本 1950–1975 年城镇化率平均提高 1.56 个百分点，

GDP 年均增长 8.6%，此后 15 年增速下降一半。在城镇化进入成熟阶段以后，经济增长与城镇化率之间的关系并不明显，如，英国 1950 年的城镇化率为 79%，2005 年的城镇化率为 79.9%，仅增长 0.9%，然而，这段时间的 GDP 平均增速为 2.51%。[①]

2018 年末，我国的常住人口城镇化率达 59.58%[②]，距离城镇化率成熟阶段还有一段时间，反观过去我国城镇化的历程，房地产业的发展对于城镇化有着重要的意义。我国城镇住房总量接近 300 亿平方米，城镇人均居住建筑面积 37 平方米，基本达到小康社会住房标准，根据国际比较，我国的住房面积还有增长空间[③]。我国的城镇化率正好介于美国 1950 年至 1978 年的城镇化阶段，这一阶段正是美国大郊区时代。

县域经济正成为国家建设的重点领域

习近平总书记在中央政治局第 22 次集体学习提出城乡一体化的新"五化"目标，即实现城乡居民基本权益平等化，城乡公共服务均等化，城乡居民收入均衡化，城乡要素配置合理化，城乡产业发展融合化[④]。

上一章我们分析过城乡二元化结构助推城市化，但同时城市化也造成了地区差异和城乡收入的差距，2019 年年末，我国的城镇化率已达到 60.6%[⑤]。2017 年十九大报告明确"房住不炒"让楼市刹车，2019 年中央与地方财政收入划分改革，由此，我国的城镇化建设亦进入一个新的周期。

长期以来，我国地方政府在城市化快速扩张时期已经形成了"重工轻农、

① 徐绍史，胡祖才.国家新型城镇化报告【M】.北京：中国计划出版社，2015.
② 人民网：http://yuqing.people.com.cn/n1/2019/0916/c405625-31355696.html
③ 澎湃网：https://www.thepaper.cn/newsDetail_forward_2515393
④ 人民网：http://theory.people.com.cn/n1/2016/1215/c49154-28951308.html
⑤ 中华网：https://news.china.com/domesticgd/10000159/20191224/37566705.html

重城轻乡"的思维定式，这种思维定式容易导致地区间的恶性竞争，招商围着大企业转，经济光想着卖土地，缺乏可持续发展的思考。在新周期下，需要转变思想，要坚持工业、农业一起抓，城市和乡村一起抓，通过工业促进农业，城市带动乡村。

这也是促进建设重点从城市建设往下沉到小城镇建设的历史要求，我国一直以来长期重视小镇的建设，1978 年至 80 年代，是小城镇建设的黄金时期，农村经济、乡村企业兴起，小城镇成为农村乃至整个国家经济的重要支柱。1983 年著名的社会学家费孝通先生发表了《小城镇大问题》及继后的《小城镇大战略》，更推动了小城镇发展热潮，大大提高了小城镇的地位。而 1984 年建制镇标准的调整，使小城镇数量大幅度增加（1982–1990 年建制镇数量从 2678 个剧增至 14539 个），是全国发展最快的城镇类型。

小城镇发展长期以来受到中央的重视，1978 年国务院召开的城市工作会议就确立了"控制大城市规模，多搞小城镇"的方针。1980 年全国城市规划工作会议提出"控制大城市规模、合理发展中等城市，积极发展小城市（包含县城和建制镇）"的方针，之后的六五、七五及 1989 年《城市规划法》均延续了这个精神，只是在"控制大城市规模"前增加了"严格"两字，但是，由于乡镇企业存在规模小、产业层次低、产品质量差、效益少，且占地多、污染重、布局散乱、基础建设浪费大等问题，因而广受诟病。相应地，小城镇发展也进入低潮[1]。

但小城镇的发展潜力不容小觑，2016 年中期，曾再次掀起"特色小镇"的建设高潮，但由于小镇被"房地产妖魔化""地方变相举债"等，导致特色小镇一再由热变冷。

而围绕特色小镇的县域经济即将崛起，成为新周期城乡建设的重要载体。

要致富，先修路，我国的高速公路建设、高铁建设、机场建设、村村通

---

[1] 崔功豪.中国小城镇发展之路求索【J】，2018，9（1）—.北京：小城镇建设，2018—.

建设等路网建设已经相当完备，完备的交通设施缩小了城市与城市间的时空距离，缩短了城市与小城镇之间的距离，更缩短了山区与县城之间的距离。

例如，改革开放初期，浙江的很多山区被称之为"穷山恶水"，山区的地形是"七山二水一分田"也就是说，山区的70%是山地，20%是水源地，10%是耕地。在农业社会，"务农"没有空间，出行更是困难，人们出山，就需要翻山越岭难于登天。

但现在的浙江是绿水青山，是金山银山。现在驱车去浙江，到山区已经有了"山体隧道"，以往翻山越岭要几天，现在穿过隧道几分钟。如今的绿水青山成了城里人稀缺的"生态资源""自然资源"。

时代不同了，城市与城镇之间的格局也经过城市化进程后的演绎形成了新的城乡格局。城市化初期全国各地的人口向往北上广的生活，农村人口大量往大城市拥挤，后期，中小城市崛起，全国已经形成了19个城市群[1]。

2020年9月，《国务院办公厅转发国家发展改革委关于促进特色小镇规范健康发展的若干意见》[2]，从2016年年中提出打造1000个特色小镇以来，特色小镇经历了反复的实践和摸索，国家发展改革委的最新文件再次将正确引导特色小镇的规范化发展。

目前形成的城市群区域空间格局已经稳定，而乡村的空间格局需要在新一轮城镇化建设中再次重整。城市因人的"集中"而产生社会分工，乡村的形态目前离散，集中是否值得乡村借鉴？

---

[1] 新浪网：https://finance.sina.com.cn/roll/2019-09-10/doc-iicezueu4684822.shtml
[2] 人民网：http://finance.people.com.cn/n1/2020/0927/c1004-31876453.html

∞

理解城乡的本质区别

分散是造成农村落后的主要原因，集中或相对集中，可以促进资源集中，生产要
素集中，服务集中，形成社会分工，并促成区域经济发展的内生动力。

城市和乡村之间的区别有很多，其中，从空间形态来讲，最大的本质区
别是城市集中，农村分散。

集中有利于社会分工，分散不利于社会分工

城市集中，是指人口居住集中，人口集中后就会产生社会分工的可能，
各种需求随着人口集中后产生，随之产生的各种商机创立了很多的企业。而
乡村分散，是指人口居住分散，缺少市场、缺少需求。

容易让我们理解这种差别的是这种现象：现在城市一个住宅小区内的居
民数量往往等于一个偏远农村的行政乡的人口数量。

城市人口居住集中，社会分工就越细化，例如，月嫂、保安、快递等这
些职业在城市很普遍，月嫂就帮着过月子的家庭照顾产妇和新生的孩子，这
种在农村根本不需要请外人帮忙，而在城市就是吃香的行业，月嫂的薪资很
高，需要培训上岗。保安也是，只是站着上班，不用干体力活就可以赚钱，

每个月少说也有一两千元的收入，但在农村，每亩地收成每年也只有一千元。快递就是跑跑腿，把货物送到客人的家里，据称，快递员的月收入过万元。

西方城市理论学者认为，城市的吸引力在"就业的机会和活动"。给苹果手机的代加工的"昌硕"有一家分厂位于浦东新区的康桥镇，在工厂的附近开了很多劳务中介的店，这里的临时工每天工资在190元左右，我在做社会调研时，到这些店里交流，了解到，这里的劳务中介，不仅是给"昌硕"工厂提供劳务，而且还提供临时用工市场。当然，劳务工的文化程度低，但他们在这里找到的工作比老家的收入高得多。

乡村的分散增加了公共资源的投入

城市化是世界进程，乡村的问题也是一个世界问题，我在研究美国城市化的时候发现，美国在20世纪90年代开始实施精明增长规划，即限定城市边界，城区和农村的边界分明。实施精明增长的目的是保护农田，限制"城市蔓延"。美国的精明增长要求提高城区的人口密度，倡导混合用地，填充式建设、交通换乘式发展，以及绿色出行（如图2-2所示）。

城市扩张在我国也很明显，上海由内环扩大到外环，北京由一环扩大至七环，武汉由一环扩大至三环，城区越扩越大，与此同时，是一路的堵车，出现了所谓的"城市病"，现在城里的人，想要睡个好觉也成了病，想要吸口新鲜的空气也成了奢侈品。十九大报告中提出的城镇建设边界红线，也类似美国的精明增长开始限制"城市蔓延"，限定城市边界。

城市人多为患，而农村的空心化越来越严重，一方面是城乡收入差距造成了农村人口往城市的迁移，另一方面是城市和农村的空间形态差异。

从人口密度的角度去思考，城市人口密度越高社会分工就越细，而农村人口密度越低社会分工就粗放。例如，现在这个时代"滴滴叫车"很普遍了，

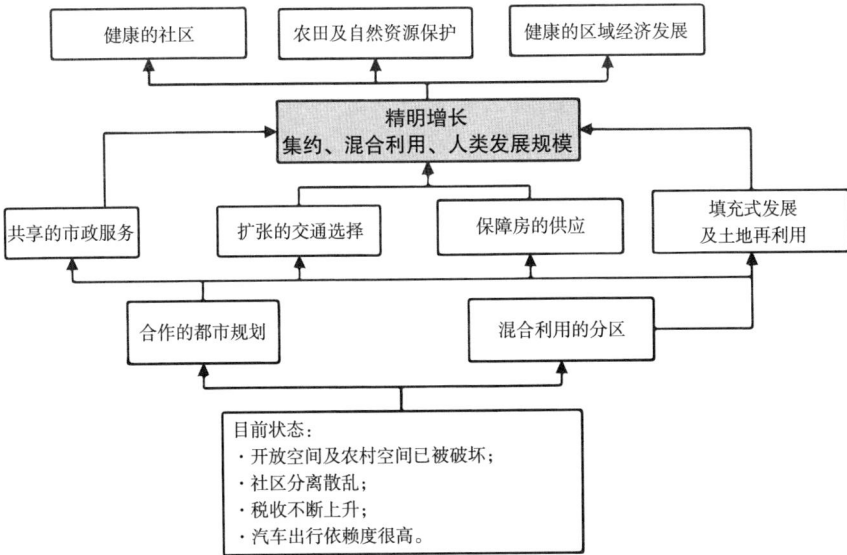

图 2-2　精明增长的概念模型

在城市，随便哪里都可以叫到滴滴快车，而在农村，有很多地方还没有滴滴快车的服务。造成这一切的就是"集中"与"分散"的区别，现在的建筑越造越大，越造越高，这也是"集中"的表现，由于集中，也分不清功能用途了，这些建筑就被称之为"城市综合体"。

　　集中的优势是可以将资源集中在一起、将要素集中在一起、将服务集中在一起，集中可形成规模效应，可以降低成本。城市能将人口集中，是因为可以造高楼，原来一楼一户，现在是一楼一千户，而农村的现状是分散的。农民居住分散，各类基础设施无法提供服务；农田种植分散，一块地种了好几种农产品，都得依赖于人工劳动力，无法提高农业的生产力。由于农村分散，则社会资源分散，生产要素分散，服务分散，农村的落后是由"分散"造成的。

合村并居不是造城，是造社区

城市过于集中，农村过于分散，十九大报告提出了城镇建设边界红线，原有的"城市扩张"转向了"控制"，"相对集中"则是未来城乡发展的重要方向。

相对集中的指标可以是人口密度，相对地提高人口密度，既可以达到城市集中的理想状态，又可以解决农村分散的问题。相对集中，类似于农村的合村并居，这不是造城，而是造社区，是乡村社区，以"人口居住"为核心理念的空间形态。

我去云南剑川的象图乡扶贫，一个坐落在海拔 1000~3000 米高度的山区的美丽乡村。象图，就如他的名字一样，像图画一样美丽，但却是云南剑川县最贫困的行政乡。象图乡占地面积 250 平方公里，5 个村落，1396 户 5737 人。250 平方公里在上海的话是四个杨浦区的面积了，但我们将这两个地方做个类比，发现，这完全是两个不同的世界。杨浦区占地 60 平方公里，拥有 130 万的人口，而象图乡不到 6000 人口。如果计算一下行政区的人口密度，则象图乡的人口密度是 24 人 / 平方公里，而杨浦区的人口密度是 21000 人 / 平方公里。当然，两者的经济总量更是无法比拟的。

我随象图乡党委书记张善真一起到了象图的江头村，这个村把原来居住在山上的少数民族居民集中到一块平地上，使得三个少数民族的村民居住在了一个村，张书记告诉我，原来这些少数民族的村民居住在山上的各个角落，居住条件非常恶劣，一个茅草屋就如一个破棚，没有水、电供应，后来张书记选中了江头村这块乡里少有的平地，将散落在山间的村民们集中安置到了江头村这块平整的土地上，村民们集中了，公共设施提供也就方便了，张书记在村头建设了一个旅游集散中心，一个公共广场，一个污水处理站，一个小学。由于村民有三个少数民族，就把整个村落划分为三个小组群，一个小组群一个少数民族。

象图乡还保存有一个很完整的古村落，古时候称为核桃村，现在称为象图村。这个古村落的建筑依山而建，旁侧有梯田，登高远望，有如"世外桃源"，我称之为"云游仙境"，站在高山的草甸上，会感受到"人在云中走，云走我也走"的意境。

大自然的色彩是最美的色彩，这里的山杜鹃、梯田、高原草甸等已经赋予了象图无与伦比的自然美景。而且深山中的古村落更是充满了神秘的色彩。

我在给象图乡策划旅游时，提出了"相对集中"的概念，也就是将分散在象图乡的要素集中在有限的场地空间中，提高效率，提升旅游价值。

"相对集中"是我在《治理城市病的规划探讨》中提出的，我在研究上海郊区人口密度的问题时，感觉如果简单地按照行政区域来计算人口密度的话，会受到行政区划的影响，如果将人口密度单元化，即就按照上海地区的单平方公里来提高人口密度到一个标准水平，建设单平方公里社区，同时，这单平方公里社区围绕地铁站建设，这就可以降低郊区的公共设施投入，形成相对集中。

目前上海已经在农村实施集中居住，我也期待农村的集中居住不是为了集中而集中，更多的是通过集中，形成社会分工的动能，达成区域经济发展的内动力。

∞

县域经济靠特色产业

乡村产业，是围绕县域经济发展的产业体系，在集体土地改革，户籍管理放宽的当下，城乡融合发展也正是县域经济发展的大好时机。吸引人们迁移的要素已经改变，原有的全国范围的人口迁移因为向往"城市"生活，在城市群空间格局既定的时代，每个省都拥有了足够现代化的城市，吸引人们迁移的更多的是自己熟悉的地域文化，城市所缺少的是"自然、生态和健康"的地域文化。

城市群建设基本稳定，城镇化建设的主战场也由原来的"城区"转向"乡村"。2017年10月18日，十九大报告提出了乡村振兴战略作为国家战略并写入党章，这是国家首次提出了乡村振兴，以前是三农问题，现在变成了乡村振兴，这背后蕴藏着大量的信息。乡村振兴战略提出了农业农村的发展总要求，要实现产业兴旺、生态宜居、乡风文明、治理有效、生活富裕的五大目标[①]。

我注意到，十九大报告之后，有关于乡村振兴的相关政策不断下发，环环相扣，特别是相关文件不仅包括了法规，制定了规划，更有行动方案（如图2-3所示）。

2018年1月2日中共中央国务院颁布《中共中央国务院关于实施乡村振兴战略的意见》，该文件是为了实施乡村振兴战略而制定的相关法规。

---

① 新华网：http://www.xinhuanet.com/finance/2019-01/12/c_1210036727.htm

2017.10.18	2018.01.02	2018.09.26	2018.09.26
党的十九大报告中提出乡村振兴战略，并写入党章，农业农村农民问题是关系国计民生的根本性问题，必须始终把解决好"三农"问题作为全党工作的重中之重，实施乡村振兴战略。	《中共中央国务院关于实施乡村振兴战略的意见》由中共中央、国务院发布，自2018年1月2日起实施，该文件是为了实施乡村振兴战略而制定的法规。	中共中央国务院印发《乡村振兴规划2018~2022》。从产业兴旺、生态宜居、乡风文明、治理有效、生活富裕等五方面确立了22项指标。	发改委、财政部等十三个部门联合发布了《促进乡村旅游发展提质升级行动方案》（2018年~2020年），《方案》称，乡村旅游市场需求旺盛是新时代促进居民消费扩大升级、实施乡村振兴战略的重要途径。

图 2-3　乡村振兴政策文件梳理

乡村产业不同于传统农业，是新兴产业

2019年2月，中央一号文件首次提出了乡村产业，乡村产业没有概念诠释，但从乡村产业相关的政策导向来看，地域特征倾向十分明显。根据文件内容，乡村产业主要包括乡村特色产业、现代农产品加工业、乡村新型服务业、数字乡村、劳动力转移就业和乡村创新创业六方面的内容。

其中，乡村特色产业提到了多样性特色农业、乡村手工业和质量标准体系建设三个方面。在多样性特色农业中，包括一村一品、一县一业，和建立一批特色农产品优势区。乡村手工业，则包括家庭工场，手工作坊和乡村车间，而质量标准体系建设则包括了地理标志、商标保护，以及一批土字号、乡字号的产品品牌。现代农产品加工业则包括在县域建立加工产业集群，一批农产品专业村镇和加工强县，建设农产品物流体系，推动现代农业产业示范园、农业产业示范强镇等载体，以及一产、二产、三产联结机制。

乡村新型服务业以发展适应城乡居民需要的休闲旅游、餐饮民宿、文化体验、健康养生、养老服务等产业。数字农村战略推动互联网＋农业，农产品产业链大数据，互联网＋农产品出村进城等。

劳动力就业转移要求发展壮大县域经济，引导产业有序梯度转移，支持适宜产业向小城镇集聚发展，扶持发展吸纳就业能力强的乡村企业，支持企业在乡村兴办生产车间、就业基地，增加农民就地就近就业岗位，加快农业转移人口市民化，推进城镇基本公共服务常住人口全覆盖。

乡村创新创业鼓励外出农民工、高校毕业生、退伍军人、城市各类人才返乡下乡创新创业。鼓励地方设立乡村就业创业引导基金。

以上内容同以往的传统农业相比，整个产业链的逻辑不再是针对耕种养殖，而是针对地域经济的逻辑，强调一产、二产、三产的融合（如图2-4所示）。

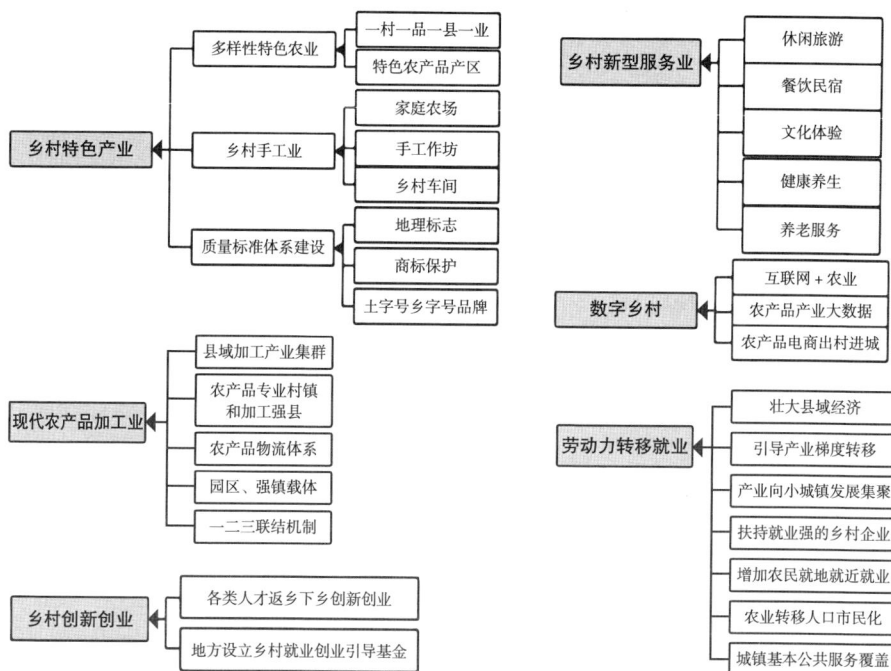

图2-4 乡村产业分类示意图

乡村特色产业强调当地特色，要求区域农产品种植要单品化（一村一品、一县一业），特别是地域的土字号、乡字号品牌，强调了农村地域文化与农业相结合。现代农产品加工业强调县域加工集群，强调供应链和空间载体的建设。乡村新型服务业则强调了吸引"城里人"由城市向往"乡村"的服务定位。数字农村则强调了农产品通过电商出村进城。劳动力就业转移，更加明确了县域经济的定位，产业向城镇集聚，劳动力就业围绕乡村企业就地就近，且农村人口市民化要依赖于城镇化公共服务，显然是针对农村人口迁移明确要向县域集聚。而乡村创新创业更表达了乡村产业属于新兴产业，乡村产业与传统农业不同，通过创新创业来实现乡村振兴。

综合以上分析，从国家层面，从官方的角度，乡村产业的主战场已经明确是在以小城镇为主体的"县域"，乡村产业不同于传统的生计农业。

传统的生计农业是一亩三分地，是为了解决温饱问题。乡村产业则不同，不仅是为了解决吃得好，还要"生态、自然、健康"。

根据以上文件精神，我们可以看到，乡村产业不是就农业而农业的概念，乡村产业是一个体系化的概念，尤其在文件中提到的发展壮大县域经济。2019 年的中央一号文件也是一个顶层设计的文件，认真读来，你会发现和以往的一号文件有所不同，这次的一号文件不仅提到了乡村产业，同时也提到了集体土地改革，产业没有土地的落位等于是空谈，土地改革将为乡村产业的发展铺平道路。

县域经济将是乡村建设的主战场

根据 2020 年 1 月国家统计局发布的公告，我国总人口首超 14 亿 [1]。其中，乡村常住人口为 55162 万人。一方面我国的总人口在增长，人口自然增长率

---

[1] 央视网：http://news.cctv.com/2020/01/17/ARTIcfUKrgvarC84iryqConh200117.shtml

为 3.34%；另一方面，我国的城镇化率没有止步，2019 年我国的城镇化率由 2018 年的 59.58% 增加到 60.60%。城镇建设边界已经划定，很多城市的建设指标已经倒挂，未来，乡村常住人口将往哪里去？

我认为，2019 年中央一号文件提出的"县域经济"将是未来我国新一轮"城镇化"的主战场。

世界各地的城市化都有一定的规律。之前我国经历了农村人口、小城镇人口大规模向大城市迁移的过程，也就是小地方向往大都市的"淘金梦"，区域差异是人口迁移的主要动力。而且，也是我们的土地制度决定的，我们农村的土地无法交易，城里人无法购买农村的房屋。然而，当城市建设到一定程度，城市病出现，"堵车、雾霾"等严重阻碍了人们对美好生活的向往，人们开始向往自然，也就是逆城市化的开始。

去过很多发达国家的城市，我们会发现在英国、德国、美国等发达国家的人们更多的喜欢居住在乡村，甚至大部分有钱人喜欢住在农村。相对于我国目前大部分有钱人住在城市，没钱的住在农村的状态，这种现象和目前其他发达国家是倒过来的。表面上有些矛盾，但我们从城市化的历史进程来看就能理解，毕竟，这些发达国家的城市化进程比中国要早得多，而且这些发达国家的城市化率都已超过 70%。

发达国家的城市化历程我们也会经历，这是历史规律，不是以人的意志为转移的历史进程，2019 年我国"土地管理法"的修改，户籍管理制度的放开，绝对已经打破了城市与乡村的藩篱。乡村不是人间的"失乐园"，城市也不是人间的"乐园"。城里人开始向往乡村，农村的"自然""健康""慢生活"，是城里人无法触及的，如果农民可以赚到足够生活的钱，还有什么理由背井离乡在异乡漂泊？

县域经济，正是在这样一个背景下由 2019 年的中央一号文件提出的。

∞

县域经济需要地域文化的支撑

县域是小城镇和乡村的组合空间，县域的资源需要统筹考量、统一布局、协同发展。县域经济是城乡融合发展的空间载体。

工业时代满足了城市居民的日常生活需求，商品物质往往供过于求，在城市化扩张时代，商品竞争激烈，人们更多地开始关注"个性化需求"。虽然互联网改变了人们日常购物的消费习惯，网上购物和线下购物二分天下，但人们对"品牌"的需求不变。品牌是历史的沉淀，是文化的消费，地域的人文历史则是快速打造"品牌"的基础。

2019 年我受邀前往新疆和田地区的洛浦县。去之前，很多朋友和我说去南疆要注意安全，我不以为意，只身前往洛浦县为他们的发展献计献策。

出发前，我查了一下新疆的概况，新疆占地面积 160 多万平方公里，是我国国土面积的六分之一。南疆少数民族集中，人文特色鲜明；北疆自然景观集聚，风光秀丽。洛浦县位于南疆，占地面积 1.42 万平方公里，人口约 30 万人，是贫困县。

我从上海坐了四个多小时的飞机到了乌鲁木齐，再转机由乌鲁木齐飞了两个小时到了洛浦县的和田机场。下飞机，坐了半小时的车就到洛浦县城。

到了洛浦县城已经很晚，当地领导安排我到了洛浦夜市去体验一番当地的美食，到了洛浦夜市，当地人络绎不绝，牛羊肉、烤鸡蛋等美食端放在我面前时，我也禁不住诱惑，听着悠扬的新疆乐曲，不自主地喝了点酒，吃饱了肚子，美美地回酒店睡觉去了。

洛浦县说大不大，开个车几天时间就可以把一些主要的区域兜一个遍，最主要的还是要在这里体验这里的风俗民情，更需要通过一些座谈会，以及和地方领导面谈交流的方式将地方的特色充分挖掘出来。

到洛浦县留给我印象最深的是阔恰尔艾日克村的第一书记韩建平，韩建平书记原是自治区政研室的一名处级干部，目前被派驻到阔恰尔艾日克村作为驻村干部，他之前是一名军人，和他一起进入阔恰尔艾日克村时，我惊讶于他在这个村的亲和力，村民们只要看到他，都会在脸上露出温暖的笑容，有些村民看到他会拥抱他，孩子们看到他则围在他身边称他为"爷爷"，此时此景，我看到的是一位受村民们爱戴的驻村干部。能受到少数民族村民们爱戴的干部必然有他不一样的付出，韩书记陪着我们考察村落时，村里的每一寸土地都有着他付出的情感与思考。村里的人的着装和人居环境代表了一个村的整体精神面貌，他说，他在村里抓的第一件大事就是"干净"，村里的田地看上去都是经过劳动整理的，村里人的衣服也要求着装干净整洁，村里人住的房屋也都打扫得干干净净。

其次，韩书记也在重抓农业，他通过各种朋友和渠道引进了一些农产品的种子，他不希望村里的田地里撂荒，村民们踏踏实实地在田里干起了活，有了收入，大家心里就安宁了。

再次，韩书记也想抓旅游，他招商引资引入了一个农贸市场，想建一个酒店、一个停车场，做一个"玉湖"休闲项目。

为了发展旅游，他也组织村民建设舞蹈队、音乐队，让新疆特色的舞蹈和音乐带给游客欢乐。

经过充分考察，个人觉得洛浦县的基础条件很好，但总体缺少一个明确的定位和实施整体推进的目标和途径。

在考察阔恰尔艾日克村时，我仔细地查阅了当地的区位和地理特色，发现阔恰尔艾日克村边上的玉龙喀什河竟然属于昆仑山脉的支流，昆仑山脉是和田玉的主产地，和田玉分为山料、山流水料和籽料。而阔恰尔艾日克村的玉龙喀什河正是和田玉籽料的原产地。在走访村民家里时，我也注意到这里每户村民的家里都有"和田玉"，村民们展示他们家的宝物时，眼里都在放光。很难想象，他们拥有的玉矿不能变成收入，这里竟然是贫困村，这里是贫困县。

在考察洛浦县期间，我突然感受到一个地区的名声有多重要，之前有很多报道，说新疆如何不安全，一旦一个地方让人觉得不安全了，这地方的名声就坏了。而这次到洛浦县，完全颠覆了外界对南疆不安全的传闻，这里相当安全，只是很多人不知道而已，感觉也该到了大力发展新疆旅游经济的时候了。

和洛浦县的领导交流时，我又发现县领导都很年轻，大都来自其他各省市的优秀干部。他们有思想，有魄力。这让我对洛浦县的发展更拥有了信心。

县域经济成为我整个产业策划的核心。任何一个地区，都需要找到唯一，这里的唯一是什么呢？

我和韩书记及相关领导做了交流，和田玉在新疆有交易市场，我问，如果和田玉市场建在新疆和建在北京、上海、河南、云南等地区，那这些交易市场有什么区别吗？大家都觉得没区别，确实，如果和田玉仅仅是作为一种商品，他的价值就会降低，而且，在利益驱动下，劣币驱逐良币，世界各地的玉都来冒充"和田玉"，让新疆当地人也难辨真伪。而且，当所有人把和田玉当作是一种商品的时候，他们不会珍惜，沿路看到很多地方的河流被寻宝的人们开挖成了废墟，很难想象，他们不知道他们在拿子孙后代的宝藏换一时的浅薄，在断自己的财路。

所以，我认为，要让当地的和田玉籽料拥有唯一的身份证，让和田玉不仅仅具有"商品"功能，更要有"文化"功能、"娱乐"功能。在真假难辨的市场背景下，将有政府背书的"和田玉"变成全国游客到洛浦县一游的"吸引力"。

县城是人口密度最高的地方，围绕县城，将洛浦县的夜市10多万平方米的空间打造成集特色小吃、购物、表演、住宿为一体的综合体项目，将县城周边的沙漠、阔恰尔艾日克村作为旅游路线，逐步开发周边其他线路，带动县域经济的阶段性发展，先求有，再求优。

同时，将阔恰艾尔艾日克村作为"和田玉文化第一村"来打造，作为核心吸引力，对外推广和田玉文化，作为洛浦县旅游发展的启动区。

在这方面，我一再推崇新西兰的做法，新西兰拥有丰富的矿产资源，但他们从来不是用挖取矿资源来换取经济的发展，他们用生态保护提升环境，通过植草养羊发展生态，用"生活"和"生态"来吸引各地的游客。

县域经济是以整个行政县域境内的资源作整体思考和整合，需要树立"战略思维、体系思维和平台思维"，需要树立"滚动开发"的理念，集中精力打造启动区，提升区域产业能级，整合县城与县域内的有限资源，统筹发展，统一布局。

县城是城，是人口集中的区域，乡村中的小城镇是人口相对集中的区域，城乡融合，是县域的全域发展，是县域经济的运筹，需要不断地根据现有的资源条件和限制，树立发展目标进行动态优化。

　　本章通过分析双循环背后蕴含着的新商机，认为城市化正在进入一个新的周期，城乡一体化发展目标将围绕着以特色小镇为核心的县域经济发展展开。

　　我国的城市群格局已基本稳定，人口流向从以往的跨省流动转向省内的跨市流动；分散是农村落后的原因，乡村可以推动相对集中，建设"乡村社区"，实现资源、要素、服务的集中。城市建设逐步转向乡村，2019 年中央一号文件首次提出了"乡村产业"，提及县域经济，新周期，城镇化建设将转向以小城镇为主体的县域经济，县域是城镇和村落的空间组合，是乡村振兴的主战场。需要统筹发展、滚动开发。

　　理念是生产力，城乡统筹需要地方领导重视；分散是乡村弊病，居住集中需要生活配套，要素集中需要产业体系，土地集中需要提升农业产业功能和生产力；交通是发展前提，县域、乡域交通需要考虑客流和物流的通畅。

🗨 商机解读

自然资源如何变现

原本处于熟视无睹的"山水田林湖草"成为自然资源，很多当地人都想不到，"要致富，先修路"，特别以前是处于"穷山恶水"的山区，现在成了城里人蜂拥而至的旅游度假胜地，这已经不是新鲜事，从"莫干山"的民宿兴起后，各地都在效仿"莫干山"的民宿，期待以"民宿"带动乡村旅游，殊不知，是"山水田林湖草"吸引着众多的"游客"和"住客"，"民宿"是配套，不是核心吸引力。

山水田林湖草是自然的元素，它们构成的美丽自然空间组合，是密不可分的，具有人文艺术气息的美好消费场所。

∞ 案例：五年内民宅价格上涨 300 倍的空心村

浙江温岭的石塘镇三面环海，背靠石塘山作为天然屏障，山崖突出海中，民宅多石屋，原始古朴，依山傍水，错落有致。随手拍照，都是美景，惊叹如此美景，竟然是在"工业重镇"温岭。

2015 年之前，这里还是"烂头山"，2014 年夏天，回乡散心的温岭松门镇人陈斌来到石塘金沙滩游泳，无意中发现了岸边山上的"石屋"，这里的石屋很有特色，所有的房子都是用石头建造，就连屋顶也是石片构筑的，而且这里的"石屋"爬满了山隅，犹如欧洲知名的旅游胜地一般，依山傍海，一隅独好。可当陈斌爬上山走进村落时，他发现这里的村落已经被荒弃，无人居住，很多石屋已经破落不堪，俨然是一个空心村。心怀"面朝大海、春暖花开"的田园梦，陈斌决心改变这一切。2014 年下半年起，他找到石屋主人，一家一家谈。以每月 300 元的价格租下了五六十间老房子，并请来设计师团队，全身心投入整修。

时任温岭市的副市长李海兵了解到陈斌的想法后，极为支持，并找到同济大学规划院对整个金沙湾区进行整体规划，决定打造国际度假区。政府每年投入近亿元修复道路，推动管线落地等公共基础设施的建设，至今投入约 5 亿元，民宿业主投资建设民宿。

很快，本地人、外地人蜂拥而入，石屋的月租金一涨再涨，从最初的 300 元飙升至 3000 元。截至目前，石塘有 500 多间废弃石屋得以修复，引入民间资金 4.5 亿元。据当地人介绍，原来 3000 元都愿意转让的破旧"石屋"，现在出 100 万元也没有人愿意转让了。短短五年间，这里的石头屋价格竟然翻了 300 倍，这种投资回报，可能在房地产行业也难以实现。

过去是"烂头山"，现在是"兰花山"，旅游业已经成为石塘产业转型升级的新支点。2018 年，石塘半岛旅游度假区共接待游客约 180 万人次，旅游总收入 2.2 亿元。其中，33 家民宿的 450 间客房，共接待游客 20 余万人次，营业收入 7000 万元。

商机点评

1. 社会与政府的合作共赢

地方政府的土地出让金收益部分一般都投向城市建设，除非是领导开明，当年李海兵副市长分管温岭市的文化旅游事业，李市长非常重视"石头屋"的保护和利用，如果没有政府的持续性公共投入，"石头屋"的建设没有那么容易。

当年温岭市政府仅仅是累计投入了 5 亿元，这笔投入在城市建设中算起来简直是凤毛麟角，但这五个亿撬动了社会资本投入 4.5 亿，并带动了每年 2.2 亿的旅游收入。试想一下，2020 年 9 月中办国办共同发文要求地方土地出让收益 50% 用于乡村振兴，会带动多大的地区经济效应。

在自然资源变现过程中，有很多事是民间资本无法做到的。

（1）公共设施投入。如，在金沙滩的山头，温岭市政府投入建设了一条沿海的观光"绿道"，这条绿道串起了山头的几个村庄，并成为游客休闲观光的景观道。又如，石塘镇建设了旅游集散中心，外来的游客将车辆停在集散中心，再有"短驳车"接到金沙滩，或由民宿的管家开车接送。

（2）环境整治。如，金沙滩山上的村里的基础设施管线已经下地，这些都是由政府投资并实施推动的，民间资本根本没有能力去完成。又如，原先海滩边上的水产加工厂时常有异味产生，特别是天热时，水产加工产生的异味根本无法让游客置身海边，而政府在近几年加强环境整治的力度，要求各个加工厂提升水产加工工艺水平，避免水产加工异味传出厂外，这才保证了金沙滩的旅游环境。

（3）风貌管控。如，石头屋的建筑设计和风貌设计需要整体控制，建筑设计涉及安全，更涉及以石头屋传统建筑文化的传承和创新，石头屋的建筑材料全部是当地渔民就地取材，用的都是山上的原石料，由于靠海，经常有台风侵袭，所以屋顶的黑瓦上都用当地的山石料压住，这种石头屋的建筑特色鲜明，风貌更是极具特色。当地政府要求每户民宅的建设都需要经过审批后才能动工，确保建筑文化的保护和风貌的统一协调。

（4）交通管控。如，近期金沙滩名声在外，且温岭有了高铁站，外地游客增多，节假日期间，地方政府实施了旅游景区交通管制，开车进景区必须申请通行证，游客的车辆必须停在旅游集散中心，乘坐"短驳车"抵达景区。这样，才能使整个景区看上去秩序井然。

2. 小交通是打开金沙滩度假区对外旅游的必经之路

通往金沙滩景区有一条人工隧道格外引人注目，这条隧道是当地石塘镇人投资兴建的，没有这条隧道，人们要去金沙滩必须翻过一座大山才能抵达，而现在过这座大山只需要 3–5 分钟。

温岭已开通了高铁，距上海约 3.5 小时，据当地领导介绍，温岭即将开通另一条高铁线，未来只需要 2 个小时。上海市场是温岭金沙滩度假区的最大客流市场，一旦缩短两地的交通时程距离，游客数量必然会进一步增加。

通过这个案例的分析，我们可以看到，乡村还有很多资源值得有眼光的投资人挖掘，那些资源具有洼地价值，他们需要自然资源与乡村院子的空间组合，需要政企合作共赢。我们需要领悟到，让金沙滩民居五年内升值 300 倍的不是因为民居本身的价值，构成民居价值提升的是五年内累计投入到金沙滩的公共资金，还有独具吸引力的"石头屋"建筑群和美丽的海景。

∞

第3章

内循环的时"机"

国内大循环要解决的是国内的"消费"和国内的"市场"。

国家命运决定个人命运，或许我们出生在不同的年代，但我们生活在同一个年代，经历着同一个时代，时代没有老少之分，只是前后的区别。

城乡二元结构时代，有过改革开放的热潮，有过城市化快速扩张的高潮，个人的财富与这个时代有关的，就是"土地"功能的变化，在改革开放初期，"土地＋工厂"，造就了一批富翁，在城市化快速扩张时期，"土地＋商品房"又造就了一大批的富翁。现在国内经济进入内循环的发展期，"土地＋消费场所"又是新的机会。

本章将从个人的角度，来探讨时代赋予你致富的机会，经济有周期，人生也有周期，不能错过的，是时机。

∞

疫情后，中国品牌的崛起

> 大富豪之所以能做大，并非完全是个人的能力，关键还是时机，1978 年改革开放，1988 年经济体制改革，1998 年取消福利分房，2016 年 PPP 模式，这些都是企业得以发展的关键，时势造英雄，企业要做大，时机占第一。而他们的成功起点，都是在农村，在县域，其中很大一个缘由，是县域有地利、人和。

2020 年初的疫情让全中国的老百姓都值得铭记，全国人民都值得为中国骄傲，我们国家能够在短时期内迅速战胜疫情，恢复生产生活，这是我国人民之福，这也充分证明了社会主义制度的优越性。中国梦，中国文化开始在年轻人中间兴起。

最近较为惹人注目的是"中国李宁"这一品牌的崛起，一直以来，国内消费者对国外品牌的忠诚度极高，尤其是体育品牌，李宁是曾经的奥运冠军，我国著名的体操运动员，他创立的体育品牌"李宁"曾经一度不被看好，甚至经营较为艰难。

2018 年，李宁重新创立了第二个品牌，"中国李宁"，与原来的"李宁"品牌形成两种不同的市场定位，"中国李宁"转向年轻人的高端市场，同时"中国李宁"以完全不同的定位开始向全中国、全世界讲述"中国李宁"的故事。很快，"中国李宁"品牌走出了成长危机，走上了一条口碑效益双丰收的增长之路，作为第一个登陆国际秀场的中国运动品牌，惊艳纽约时装周，走红巴黎时装周，同时其业绩屡超预期，股价也在 2020 年屡创新高。

消费品领域似乎正在悄然发生一场革命，以往只要加上"加州""美式"甚至是"麦""肯"，就能让牛肉拉面、炸鸡、汉堡变得与众不同，而现今，"东方""中国"成了新的魔法棒。

时势造英雄，回顾往昔成功的创业人物，他们都踏着时代的春风走向了舞台，例如，刘永好、王文学等。

改革开放的春风培养了大富豪刘永好

刘永好先生 1951 年出生于四川省成都市新津县，1976 年做一名中专老师时，他的月工资才 38 元，但他那时候就开始倒腾一些小生意想改变生活，1982 年初开始和家里的三个兄弟一起创业，而激起他们创业的灵感是因为"好赚钱"，刘永好的哥哥刘永行在 80 年春节期间摆摊做修理铺，短短几天就赚了 300 多元。300 元这笔收入相当于刘永好当时 10 个月的工资收入。

刘氏兄弟创业遇上了好时代。

1978 年，十一届三中全会确立了解放思想、实事求是的指导思想，停止了"以阶级斗争为纲"，做出了把党和国家的工作重心转移到社会主义现代化建设上来和实行改革开放的重大决策 ①。

1978 年以前是不允许个人做生意的，1978 年以后个人创业是为现代化建设作贡献。这一年是两个不同时代的分水岭。

时势造英雄，刘永好是在私人经济允许的时代选择了创业，刘永好兄弟选择的第一个行业是"吃"，选择鹌鹑蛋来创业，他们借钱在当地建了"育新良

---

① 人民网：http://cpc.people.com.cn/GB/64162/134580/134581/

种场",介入鹌鹑蛋养殖行业。而且,是在农村养,在城里卖,1986 年,他们的养殖场就能年产鹌鹑 15 万只,并有了外销。后来,刘氏兄弟有了一定的资金积累再开始转战饲料行业,成为国内的饲料行业巨头,后期有了大资金积累,再涉足房地产业、金融业,成为全国性的多元化集团公司。毫无疑问,刘永好的创业历程见证了我国改革开放的过程,他是那个年代创造财富的代表。

国家命运决定个人命运,国家经济发展的时机和城市化的启动推动了刘永好的新希望集团的发展[①]。

1987 年 9 月 22 日至 29 日,全国计划会议和全国经济体制改革工作会议在北京召开[②]。会议的中心议题是安排 1988 年国民经济和社会发展计划,讨论经济体制改革方案。会议确定 1988 年我国经济体制改革的主要任务是:按照发展社会主义商品经济的总目标,把经济体制改革同经济发展、同政治体制改革紧密结合起来,以企业经营机制、投资体制、物资体制和外贸体制改革为重点,同时进一步发展和完善各种市场,加强和改善宏观管理。既要推动微观经济机制的转换,又要促进宏观调控能力的增强,以利于增加供给,抑制需求,调整结构,提高效益,稳定物价,改善经济环境,促进国民经济持续稳定增长。

自此,经济体制的改革又为市场打开了一条新的道路,而在新一轮经济发展的主体中,城市化开始涌动,在风起云涌中,又从农村走出来一个个致富好手。其中一个,是能够长期致力于农村区域开发建设的成功人物,华夏幸福的董事长王文学。

---

① 每日经济新闻网: https://m.nbd.com.cn/articles/2018-10-09/1261132.html

② 人民日报: http://www.peopledaily.com.cn/GB/shizheng/252/5580/5581/20010612/487252.html

城市化扩张的时代
造就了"产城"开发商华夏幸福掌舵人王文学

认识王文学之前，我是在浦东的国家级开发区工作了近十六年，之前我做过工业园区、文化旅游古镇、农业科技园区，长期在体制内的开发区工作，感觉很多工作会因为领导的变动而改变。

2016 年，因为国家发文鼓励特色小镇建设的缘故，我被华夏幸福招聘到北京总部担任高管，让我有幸结识到了华夏幸福的老板王文学，更有幸零距离接触体制外开发区的开发模式。

王文学 1965 年出生于河北霸州，家境普通，1992 年 2 万元起家在河北廊坊开火锅店，由于开火锅店，认识不少头面人物，也获得了一个商机，也就是地方楼堂馆所的改造需要装修队，王文学也就从一个火锅店老板转变成了装修公司老板，开始和政府做生意。1997 年亚洲金融风暴，财政收紧，楼堂馆所生意一下子变冷，政府欠款收不回，装修队伍上门讨债，1998 年春节，王文学只能在外躲债，也正是在 1998 年 6 月，王文学遇到了城市化的快速扩张期，也就是房地产为王的时代，国家取消福利分房，此时，王文学得知廊坊市有块地要做开发，他找到有关政府部门，获得了开发土地的批条，随后又从银行获得贷款。拿到贷款后，王文学先取出部分还请了此前的装修欠款，而后盘下土地来做开发。1998 年 7 月，华夏房地产开发有限公司成立 [1]。

王文学本来不懂房地产开发，但当时他经由王石指点，在 1999 年成功开发完成了在廊坊市的第一个房地产项目。2000 年，在廊坊有 3 个地产项目的王文学一心想做大企业规模，他先后请教了知名市场策划人王志纲、麦肯锡、华高莱斯、和君咨询、罗兰贝格等咨询公司，意识到在没有政府资源和足够资金实力的情况下，进军北京不可能，而需要在廊坊本地发展壮大。2002 年

---

[1] 董文艳 . 地产另类华夏幸福【J】.2017, 14（1）— . 北京：财经，2017 — .

王文学转战产业地产，与廊坊市固安县合作开发固安工业园。

2000 年正好我（26 岁）在上海南汇现代农业园区担任招商办主任，我记得很清楚，那时候注册一家房地产公司要求注册资本达到了 800 万，才可以在经营范围内写上房地产开发。并且，只要有政府的批文，企业就可以拿着批文去银行贷款。王文学也就是在那么短短几年快速地积累了个人财富。到 2017 年我在华夏幸福工作时，王文学在年会上讲话时感慨道，他从 1992 年 2 万元起步到 2017 年总资产达 3000 亿，从 10 几个员工到 2 万多员工。这么大的财富，这么短的时间积累，有哪种生意可以比拟县域开发的产业地产业务。

当然，王文学董事长有他的过人之处，包括他的学习能力和毅力。在华夏幸福有个马拉松文化，我们在华夏幸福做高管时被要求每个月跑 80 公里，由人事部门监管每月数据，而王文学董事长本人自己身体力行，个人每个月跑 200 公里，多年来不间断。华夏幸福每年在固安举办"马拉松幸福跑"，公司里高管个个都是长跑健将，跟随王文学多年的高管都能跑马拉松，后来我才知道，当年王文学董事长看着跟着自己的兄弟们个个大着肚子，影响了身体健康，于是王文学董事长鼓励大家跑步，渐渐成为华夏幸福的企业文化。

王文学董事长有着坚持不懈的毅力，更有坚持不懈的学习精神，公司 3000 亿市值，他还能坚持背着书包在清华大学听课。而且，他能坚持购买知识，华夏幸福都有外部供应商数据库。华夏幸福成为全国闻名的黑马企业，是在雄安新区规划对外公布的那一年。在年会上，王文学董事长说到，华夏幸福在雄安新区有储备用地的消息传出后，华夏幸福一下子出名了，连小区的保安都知道华夏幸福这个名字了，华夏幸福一夜成名，华夏幸福的"战略"布局能力在同行业内迅速传播开来。王文学董事长笑着说，以前很多人问，华夏幸福和华夏银行是一家的吗？现在不用问，华夏幸福是做产业新城的，华夏幸福的名字响遍了全国。

2016 年，华夏幸福的 PPP 模式得到了国家发改委的认可，并作为典型推广。

王文学的华夏幸福也正是在 2016 年开始南下，从河北走向全国。

而我正是在华夏幸福扩张的时候来到了北京总部。那时，王文学很高兴地对我说，十年前，他曾经到上海漕河泾园区和上海孙桥园区学习经验，十年后，我到他这里来工作，他很高兴。

2016 年那时，我是在上海孙桥农业园区当书记，之前也曾在临港开发区工作，临港开发区也是漕河泾集团管理的，我在开发区工作了 16 年，开发区属于为国家干活，是拿工资的。王文学在那时也是干开发区，但他是做自己的生意。当然，正是廊坊市领导的开明和他的努力，让他在固安县生根发芽，做成了"产城模式"，成就了华夏幸福。

因为是高管，我们进入华夏幸福后就需要接受高管的各类培训，接触公司的核心商业机密，和政府的开发区相比较，华夏幸福更有理性，更富科学性。王文学一直强调，企业必须先求生存，后求发展。所以，华夏幸福的开发区从来都是滚动开发的。作为部下，我很佩服王文学董事长的战略眼光，他的拓地模式，已经成为各类企业竞相模仿的学习对象。

当然，由于他的快速扩张，也受到了同行的妒忌。有次年会时，他说到，让大家有机会看看电影《1942》，当大家都饥荒时，土财主也不可能独善其身，也就是说，那时华夏幸福的储备用地达到了一个顶峰，华夏幸福已完成围绕北京、上海、杭州、南京、合肥、武汉、成都、广州、贵阳等 15 个核心都市圈的布局，培育了近百个先进产业集群。由于扩张得太快了，出于多方面原因，中国平安，我的老东家和华夏幸福结缘，中国平安于 2018 年收购了华夏幸福近 20% 的股份，相比于传统地产企业，产业新城业务是华夏幸福营收的核心板块。

华夏幸福的产业新城模式是典型的县城开发模式，县城分两块，即住宅和工业园，将住宅土地作为现金流，将工业园区企业的税收收入作为利润来源。这种模式的特征属于高资本密集型的，投资大，回收期长。和碧桂园等高周转的传统地产模式截然相反。

如果您有空打开华夏幸福的公告，你会惊奇地发现，中国平安继 2018 年收购华夏幸福的股权后，于 2019 年再次收购了华夏幸福 5.69% 的股权，一家金融公司两次收购产业地产公司的股权，显然，不是一般地看好华夏幸福了。

∞

内循环需要企业家精神

> 农村的好处是成本低，国内两位农业大富豪以农产品养殖起步，主要成功之道是
> 专注于器物，"一生只爱一物"，后期规模化，品牌化，实践证明，从农村包围城市
> 是成功之道。

"内循环"需要扩内需、稳运行，完善国内大循环体系。在扩大内需方面，在促进传统消费的同时，积极培育新型消费，着力解决国内市场分割问题，建设统一大市场。

内循环需要企业家精神。除了天时地利人和，一个人的成功还需要"情怀"，还要匠心精神，还要有战略，还要有敢为天下先的创新创业精神……很多成功的案例我们无法复制，但这些企业家的创新精神和战略思维是值得我们去思考和学习的。

一生只为一颗珠奋斗的珍珠大王

浙江欧诗漫集团的创始人沈志荣，"一生只为一颗珠"奋斗。1948年出生于浙江绍兴的沈志荣，少年时跟随父亲到浙江德清从事淡水珍珠养殖，19岁开始凭一把镊子、两根铜丝、三张图纸，成功培育出人工淡水珍珠。他的

创业充分体现出了"专注"和"坚持"两个字①。

德清是位于莫干山脚下的一个小县城，基于我和沈志荣董事长都是中国农学会成员的机缘，我曾前往沈志荣董事长的欧诗漫实地考察并和他做了深入的交流。

从珍珠产业化的角度，需要解决三个问题：一是珍珠的人工淡水养殖；二是规模化，使珍珠的成本降低；三是珍珠保健品、化妆品的深加工技术。

这三个问题看似简单，做起来不容易，沈志荣董事长就花了一辈子，他于 1967 年（19 岁）开始从事养殖淡水珍珠，1975 年（27 岁）成功完成三角帆蚌人工繁殖技术的研究，开始大规模养殖，而大规模无一例外地遇到了瘟病，1979 年（31 岁）前往日本考察时，对他启发很大，从而完成了疫情防治的研究技术。1982 年（34 岁）开始进入化妆品行业。这也正是欧诗漫品牌化发展的开始。

沈志荣董事长下决心养殖珍珠时正是珍珠稀缺的年代，那时候珍珠是被用作药物用的，1970 年，每斤价格高达一两万元。而那个年代最缺的是技术，有了技术农村才可能有广阔的养殖空间。经过几十年如一日的研究，只有他才能够突破珍珠产业链发展的核心技术，推动珍珠向化妆品产业发展。

在进入化妆品产业后，沈志荣董事长的"战略"思维就突显出来了，当时他发现一、二线城市充斥着国外的一线品牌，国内的化妆品品牌在一线城市很难卖，但是，三、四线的城市有市场却需要价廉物美的化妆品品牌。于是，欧诗漫决定进军县城，进军三、四线城市，设计漂亮的品牌专柜，很快就成为国内知名的珍珠化妆品品牌。

如今的欧诗漫网点已突破 15000 家，基本全覆盖二三线城市，其产品已基本进入全国乡镇一级市场。我在参观欧诗漫时，沈志荣董事长介绍，他们

---

① 候耀晨，李和炳，沈志荣.浙江欧诗漫集团董事长"平民珍珠"成就"美丽企业"【J】.2012，12（1）—.北京：中国商人，2012—.

也准备打造"珍珠小镇",在工厂附近建设珍珠博物馆等,将珍珠事业做到底。

一辈子只和"鸡"打交道的鸡大王

和南方"珍珠大王"沈志荣相似的另一位创业家"鸡大王"是东北辽宁的韩伟集团董事长韩伟。

韩伟董事长曾是全国工商联农业商会的会长,1956年出生于大连。我曾受邀前往韩伟集团,进入他们的集团办公楼,墙上挂满了副国级、部级领导到韩伟集团考察的照片,一张张照片,一张张荣誉证书,背后都填满了韩伟董事长艰辛创业的历程。他的这一生都献给了"鸡",和珍珠大王沈志荣一样都没有去做房地产,而是一心一意地做他的养鸡事业。

我和韩伟董事长曾一起在"德胜门讲堂"做圆桌论坛的嘉宾,他朴实的语言给我留下了很深的印象。

在他的企业里,我更看到了一个北方汉子专注、专情的一生。20世纪80年代,农村出现了发展养殖业的热潮,1982年(26岁)韩伟拿出了自己全部的积蓄3000元买了50只蛋鸡当起了专业养殖户,两年后,韩伟又从信用社贷款15万元创办了韩伟养鸡场。他的养鸡场是在大连的旅顺,特别美丽的海港地区,他用50只鸡起家,用一年时间发展到了8千羽,到了1994年(38岁)已发展成十几万羽鸡,到了1997年时,就接近到了100万羽[①]。而就在1997年,遇到了亚洲金融危机,遇到了前所未有的危机,那时候鸡蛋的成本不低于2.4元一斤,而市场价却只有1.9元一斤,卖的越多亏得越多。眼看着其他养鸡场纷纷倒闭,他却决定贷款扩大规模,而事与愿违,之后一路亏损,直到有一天他明白了品牌的重要性。当韩伟去日本考察时发现,日本的鸡蛋分为有机鸡蛋和品牌鸡蛋,有机的和非有机的鸡蛋价格相差6~10倍,他恍然明白,实

① 新浪网:http://finance.sina.com.cn/leadership/crz/20080822/13345227571.shtml

际上市场从未过剩，是缺少"细分"。从此"咯咯哒"蛋诞生了，他的价格要比一般的鸡蛋价格贵，但他的鸡蛋和别的鸡蛋不同之处，是他能通过日本冷冻检查协会700多项的检测并出口日本。在北方，只要提到"咯咯哒"蛋，基本无人不知，无人不晓了。

韩伟董事长也是一个开明的人，他的儿子目前已经接棒他的事业，并已在短短数年内将他原来创建的鸡蛋深加工工厂扭亏为盈，而且，鸡蛋深加工的利润已经超过了养鸡业务。我在现场看到，韩伟集团的养鸡场的设备已经从1.0代变为4.0代，他们引进国外的养殖技术，利用8层高的蛋鸡立体养殖设备养鸡，8层的蛋鸡立体养殖设备可以自动将鸡蛋直接通过传送带运输到包装车间，整个系统非常科学、高效。

当然，韩伟董事长一心扑在养鸡事业上，从没想过区域开发。他没想到他在旅顺的土地面积已经有一定的规模，完全可以将他们的养殖事业和区域经济结合起来。

大企业家的个性是很鲜明的，一般都是他自己开悟了才会有大的转变。沈志荣、韩伟两位企业家都是从农村起步，一生做一物，无论是珍珠还是养鸡，都倾注了他们一生的心血，但他们能用他们毕生的精力将一件事做到极致，这是我们需要学习的，同时，我们也还看到，品牌之于企业的重要性，从农村起家，农产品的创业成本低，但一旦做到极致就需要细分市场，通过技术提升发展深加工产品，再形成品牌，走农村包围城市的道路。

∞

内循环迎接股权权益投资机会

股市和政策紧密相关，房市"房住不炒"的定位和货币总量相关，在城市化的新
周期，大城市的建设规模受到容量限制，农村人口转向城镇是必然。

内循环重在"消费"和"市场"，原先城乡二元结构发展的时代，"住房"
商品化成为个人财富的积累主要途径，在那个时代，做任何生意，都比不过
房地产财富积累的速度。

1978年，十一届三中全会造就了一批时代创业英雄，但普通人的命运不
一定是靠创业，1987年经济体制改革则为我国的经济发展打开了两个直接关
系到个人财富的要素流动市场，即股市和房市。

历史的年轮需要用历史的眼光去审视，回顾中国20年的股市风云，回顾
20年的房市癫狂。我们个人的财富和这两个市场直接相关。

房地产已进入"房住不炒"的新周期

我国的房地产市场始于1991年，自《城市拆迁管理条例》出台之后，"拆"
和"建"就贯穿了房地产开始的整个过程。我们会发现市场规律的形成是和
政策有关系的。我仔细梳理了1991年至2011年的房地产行业相关的政策文件，

见图 3-1，从整个政策文件的下发过程，也可以熟悉的洞察一个要素市场逐渐被打开的过程[①]。

我把中国房地产市场的发展分为四个阶段：一是市场培育阶段（1991-2001）；二是市场的规范阶段（2002-2003）；三是快速扩张阶段（2003-2017）；四是市场稳定阶段（2017-2019）。

市场培育阶段（1991-2001）以要素放开为特征：（1）允许拆建，土地成为流通要素。允许拆建之后，房地产业在 1992 年至 1993 年曾有过一轮高潮。1995 年出台了土地增值税文件[②][③]，也就是将土地产生的税收作为财政收入的重要来源，这就激发了地方政府推动房地产业的动力。（2）法律保障，国有土地和住房成为交易要素，确保城市房地产交易有法可依。1994 年，全国人大通过《中华人民共和国城市房地产管理法》[④]，允许房地产交易。（3）融资放开，资金融入开发项目的要素。1996 年推出固定资产投资项目试行资本金制度[⑤]，要求银行贷款给开发商时，开发商项目资金比例不低于 20%，金融开始支持开发商。不仅支持开发商，个人住房贷款也逐步放开。（4）住房改革，住房成为商品流通要素。1998 年〔国 23 号〕文件明确福利分房改货币分房，住房成商品可以交易[⑥]。2001 年建设部颁布关于修改《城市房地产抵押管理办法》的决定[⑦]，明确了住宅抵押贷款的规定。显然这一段时间，国家是在逐步鼓励房地产开发的，逐步规范房地产的交易市场的。

市场的规范阶段（2002-2003）以要素制度（"游戏规则"）的改变为特征：（1）土地出让由协议变为招、拍、挂，逐步公开化。2002 年，国土资源

① 袁一泓. 从沸腾到癫狂——泡沫背后的中国房地产真相【M】. 太原：山西经济出版社，2011.

② 中国政府网：http://www.gov.cn/gongbao/content/2011/content_1860848.htm

③ 人民网：http://legal.people.com.cn/n1/2019/0826/c42510-31317119.html

④ 中国人大网：http://www.npc.gov.cn/wxzl/gongbao/2000-12/05/content_5004620.htm

⑤ 人民网：http://www.people.com.cn/item/flfgk/gwyfg/1996/112203199607.html

⑥ 北京政府网：http://zjw.beijing.gov.cn/bjjs/fwgl/zfgg/zfgg/350118/index.shtml

⑦ 中国政府网：http://www.gov.cn/gongbao/content/2002/content_61527.htm

部出台 11 号令 ①，明确要求土地协议出让改变为土地招标、拍卖、挂牌制度，土地出让制度的改变也意味着"游戏规则"的改变，土地招拍挂制度，土地储备制度相继出台，房地产业的"游戏规则"改变，但房地产开发的热度不变。

（2）项目资本金比例提高，设立资金门槛。2003 年央行出台 121 号文件要求开发商项目资本金比例不低于 35%，这一规定对开发商的资金筹措能力提高了门槛 ②。

快速扩张阶段（2003-2017）以房地产业的地位为特征。到 2003 年国务院 18 号文明确了房地产业作为国民经济支柱产业 ③，这大大加剧了房地产开发商的热情，也标志着房地产开发业务的腾飞。2005 年，房地产的资金的杠杆率达 5~10 倍，地产公司开发项目的资金来源中，定金及预收款占 43.1%，自筹占 30.3%，贷款占 18.4%，于是国家开始加强预售管理制度。至 2010 年，上海土地收入相当于地方财政收入的 53%，全国土地收入相当于财政收入的 35%。而且，房地产贷款余额占各项贷款达 20%，少数股份制银行突破了 30% ④。房地产业的癫狂也让高层看到了很多的问题，所以房地产业也一直是在边调控边上涨的过程中快速发展。2010 年出台了《国务院关于加强地方政府融资平台公司管理有关问题的通知》 ⑤，以遏制开发区变相融资投入房地产开发的问题，2011 年出台了《国有土地上房屋征收与补偿条例》 ⑥，以遏制地方政府强制征收农民土地的问题。这一阶段也是政府与开发商群体不断博弈的过程。各种工具不断使用，也总算是在 2017 年之后迎来了房地产调控的新周期。

---

① 中国网：http://www.china.com.cn/policy/txt/2007-10/11/content_9219587.htm

② 人民网：http://www.people.com.cn/GB/jingji/1040/2026709.html

③ 山西政府网：http://www.shanxi.gov.cn/sxszfzwfw/bmfw/zfly/bzxzf/zcyjd_5304/201607/t20160705_166834.shtml

④ 袁一泓. 从沸腾到癫狂——泡沫背后的中国房地产真相【M】. 太原：山西经济出版社，2011.

⑤ 苏仙区人民政府网：http://www.hnsx.gov.cn/3694/content_870415.html

⑥ 中国政府网：http://www.gov.cn/jrzg/2011-01/27/content_1793891.htm

市场稳定阶段（2017-2019）以调控到位为特征。十九大报告提出住房是用来住的，不是用来炒的。之后出台各项调控工具，这些调控工具不是文件，而是从房地产产业的产业环节入手，实施精准调控。如限购、限价、限售、限贷、限商等。中央政治调控高于一切。终于房地产市场趋于稳定（如图 3-1 所示）。

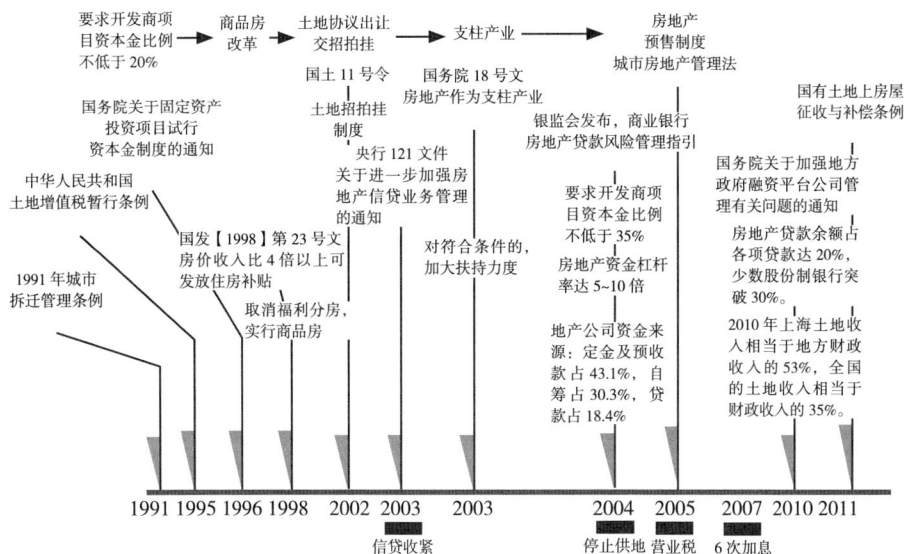

资料来源：根据袁一泓.从沸腾到癫狂到泡沫背后的中国房地产真相.山西出版社，2011 整理

图 3-1　中国房地产政策相关文件梳理（1991-2011）

个人住房贷款政策成为房地产市场的调控工具

房地产行业的发展历程离不开住房贷款政策的支持。根据网上搜索的相关住房贷款政策文件资料，我发现住房贷款政策的变迁和房地产行业发展有很大的相通之处。个人购房能力与银行的住房贷款政策息息相关。

　　1995 年 8 月颁布了《商业银行自营住房贷款管理暂行办法》[①]，从而标志着我国银行商业性住房贷款走上正轨。但当时的条件是比较严格的，一是要求有提供双重保证即抵押（质押）担保与保证担保；二是最高期限为 10 年；三是要求借款人先有存款，存款金额不少于房价款的 30%，存款期限必须在半年以上。1998 年，中国人民银行颁布了《个人担保住房贷款管理办法》[②]，这一办法对原暂行办法进行了修正。1998 年 4 月中国人民银行发出了《关于加大住房信贷投入支持住房建设与消费的通知》[③]，随后颁布了《个人住房贷款管理办法》[④]。1999 年，人民银行下发《关于鼓励消费贷款的若干意见》[⑤]，将住房贷款与房价款比例从 70% 提高到 80%，鼓励商业银行提供全方位优质金融服务。同年 9 月人行调整个人住房贷款的期限和利率，将个人住房贷款最长期限从 20 年延长到 30 年，将按法定利率减档执行的个人住房贷款利率进一步下调 10%。2002 年 2 月 21 日开始，中国人民银行降低个人住房公积金贷款利率水平，5 年以下（含 5 年）由现行的 4.14% 下调为 3.6%，5 年以上由现行的 4.59% 下调为 4.05%。

　　显然，2002 年及之前的个人住房贷款相关文件都是在鼓励房地产行业的发展的。但 2003 年之后，相关文件却是在不断调控不断调整的。2003 年国务院 18 号文件明确将房地产行业作为国民经济的支柱产业。一方面要防止房价涨速过快，一方面要快速推进城市化进程，鼓励房地产行业的健康发展。个人住房贷款政策在某种程度上成了控制房价上涨过快的调控工具。

　　2003 年 6 月 13 日，人民银行发布了《关于进一步加强房地产信贷业务管

---

① 人民网：http://www.people.com.cn/item/flfgk/gwyfg/1995/239011199505.html

② 北海政府网：http://xxgk.beihai.gov.cn/bhszfgjjglzx/zcfgzl_85771/zcfg_00720/201104/t20110413_1435646.html

③ 中国住房和城乡建设部：http://www.mohurd.gov.cn/fgjs/xgbwgz/200611/t20061101_159612.html

④ 北海政府网：http://xxgk.beihai.gov.cn/bhszfgjjglzx/zcfgzl_85771/zcfg_88728/201104/t20110413_1435645.html

⑤ 腾讯网：https://new.qq.com/omn/20181210/20181210A0S7RD.html

理的通知》①。规定购买第一套自住住房的，首付比例最低为 2 成，利率下调
10%；而对购买高档商品房、别墅或第二套以上（含第二套）商品房的借款人，
商业银行可以适当提高个人住房贷款首付款比例，并按照中国人民银行公布
的同期同档次贷款利率执行，不再执行优惠住房利率规定。2005 年 3 月，央
行发布《关于调整商业银行住房信贷政策和超额准备金存款利率的通知》②，
将贷款利率的上限打开，并再次重申下限利率为基准利率的 0.9 倍。同时，地
产价格上涨过快的城市或地区，个人住房贷款最低首付款比例可由 2 成提高
到 3 成。2006 年 5 月，央行发布《关于调整住房信贷政策有关事宜的通知》③，
规定从 2006 年 6 月 1 日起，个人住房按揭贷款首付款比例不得低于 3 成；但
对购买自住住房且套型建筑面积在 90 平方米以下的仍执行首付款比例 2 成的
规定。2006 年 8 月，央行在上调人民币存贷款基准利率的同时，为了进一步
推进商业性个人住房贷款利率市场化，将其利率下限由贷款基准利率的 0.9 倍
扩大到 0.85 倍，个人住房公积金贷款利率保持不变。

2007 年 10 月，全国商业性房地产贷款余额达 4.69 万亿元，占各项贷款
总余额的 18%，为严控房地产信贷管理，2007 年 9 月，央行和银监会共同发
布《关于加强商业性房地产信贷管理的通知》④，规定对购买首套自住房且套
型建筑面积在 90 平方米以下的，贷款首付款比例不得低于 20%；对购买首套
自住房且套型建筑面积在 90 平方米以上的，贷款首付款比例不得低于 30%；
对已利用贷款购买住房、又申请购买第二套（含）以上住房的，贷款首付款
比例不得低于 40%，贷款利率不得低于中国人民银行公布的同期同档次基准
利率的 1.1 倍。2008 年，央行发布通知决定将商业性个人住房贷款利率的下
限扩大为贷款基准利率的 0.7 倍，最低首付款比例调整为 20%。

① 人民网：http://house.people.com.cn/GB/165471/172929/10363322.html

② 中国政府网：http://www.gov.cn/ztzl/2006-06/30/content_323743.htm

③ 中国政府网：http://www.gov.cn/ztzl/2006-06/30/content_323750.htm

④ 人民网：http://paper.people.com.cn/rmrb/html/2007-12/20/content_34221068.htm

显然，住房信贷政策的不断调整体现了国家对房地产行业发展的调控意志。但是，在 2003 年至 2017 年，国家不断调控，房价仍然不断上涨，这和城市化快速扩张的周期性有关。

房地产的周期，城市房地产价格和竣工面积成反比

国家越调控，房价越涨，是在城市化快速周期的阶段。根据国家统计局数据整理，北京市的商品房平均销售价格有三次平稳阶段、两次快速上涨的阶段（如图 3-2 所示），1999 年至 2005 年，北京市的平均房价在 5600 元每平方米左右，但 2006-2010 年，房价迅速从 5600 元每平方米涨至 18000 元每平方米，平均房价涨了近 3 倍。2011 年至 2014 年稳定在 18000 元每平方米，2015 年至 2017 年则从 18000 元每平方米快速涨至 32000 元每平方米，平均房价涨了近 2 倍。

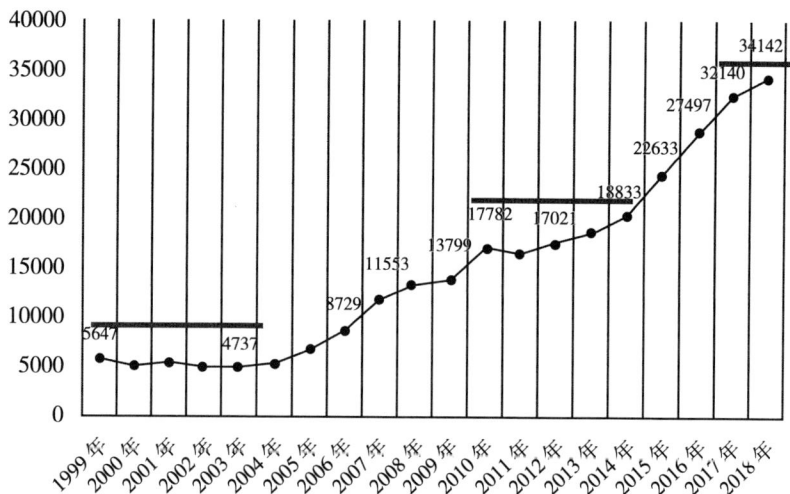

图 3-2 北京市商品房平均销售价格 1999-2018 年（元／平方米）

商品房价格不断在攀升，但北京市的房地产开发企业住宅竣工面积在不断减少，根据国家统计局数据整理（如图3-3所示），北京市在2005年的时候房地产企业的住宅竣工面积达到了最高峰，2841.42万平方米，之后逐年减少，至2009年为1399.3万平方米，与2005年相比，减少了近一半。2009年至2014年稳定在1400万~1800万平方米，2014年达1804.34万平方米，之后又迅速下滑至2017年的604.04万平方米，与2014年相比，2017年的竣工面积减少了近3倍。

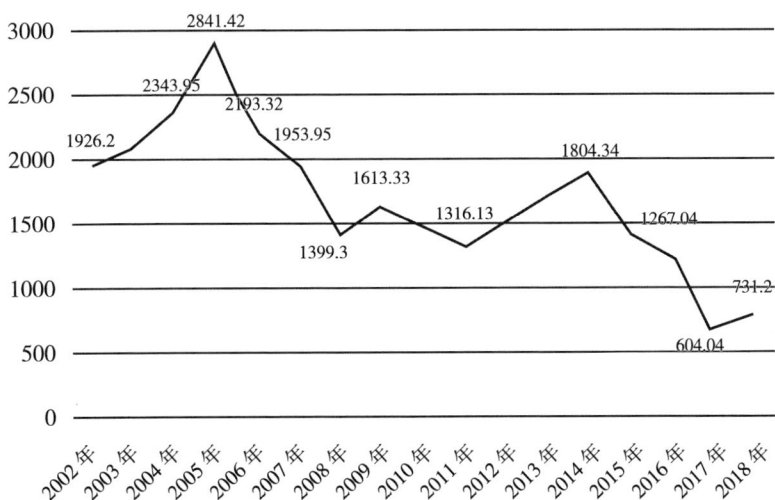

图 3-3　北京市开发企业住宅竣工面积 2002-2018 年（万平方米）

北京的商品房价格与住宅的竣工面积似乎成反比关系，住宅竣工面积越少，商品房销售价格越高。北京的商品房销售价格和住宅的竣工面积走势在全国具有一定的代表性，从北京市商品房平均销售价格的走势看，至2018年还没有看到价格的拐点，但我们可以看到，北京市住宅的竣工面积在不断减少是事实，土地是有限的，所以，十九大"房住不炒"的定位不变，商品房销售价格应该是趋于稳定的。

作为个人投资者，在2006年，2015年左右商品房销售价格两次快速上涨时期买入住房的，从个人资产的增值角度来说，获利是相当可观的。我国的个人投资市场主要是房市和股市，在房市稳定期，股市的表现会怎样呢？

股市是政策市，在新周期有期待

研究股市也需要从历史数据和政策的角度去理解。回顾股市的20年，很多人都说，赚了指数不赚钱，确实，看着股市的资金起起落落，大部分的散户似乎没有赚钱，很多人认为自己是韭菜，被割了一轮又一轮。

为梳理整个股票交易的脉络，我对1990年至2010年的股市大事件和相关政策进行了梳理[1]（如图3-4所示）。上交所、深交所成立于1990年，比房地产行业起步早一年。1992年，中国证监会成立，2004年5月中小企业板成立，2009年10月创业板成立。

1990年至2010年的股市经历过4次牛市，第一次牛市从股市开始到1993年2月的最高点1559点，为期近3年。1991年深圳股市的总市值仅50亿，深圳交易所为救市，筹措了2亿元资金，以拉动龙头股的方式带动了股市上扬，1993年2月16日，上证股指达1559点，为控制股市过热，1993年7月央行提高存贷款利率，股市下行，最低至1994年7月29日的325点。

第二次牛市从1994年7月至1996年12月，为期两年半。为救市，相关部门出台了救市三条：暂停新股发行，控股配股规模和扩大入市资金范围。之后，上证股指从325点涨至1258点，涨幅高达287%。这次牛市行情还因为1996年3月证监会打击期货，股市反弹，证监会出了12道金牌也止不住股市行情，终于在1996年12月人民日报的一篇《正确认识股票市场》的文章将这

---

① 赵迪.资本的崛起——中国二十年风云录【M】.北京：机械工业出版社，2011.

股火灭了下来。之后股指一路下跌至 1999 年 5 月的 1050 点，跌幅为 16%。

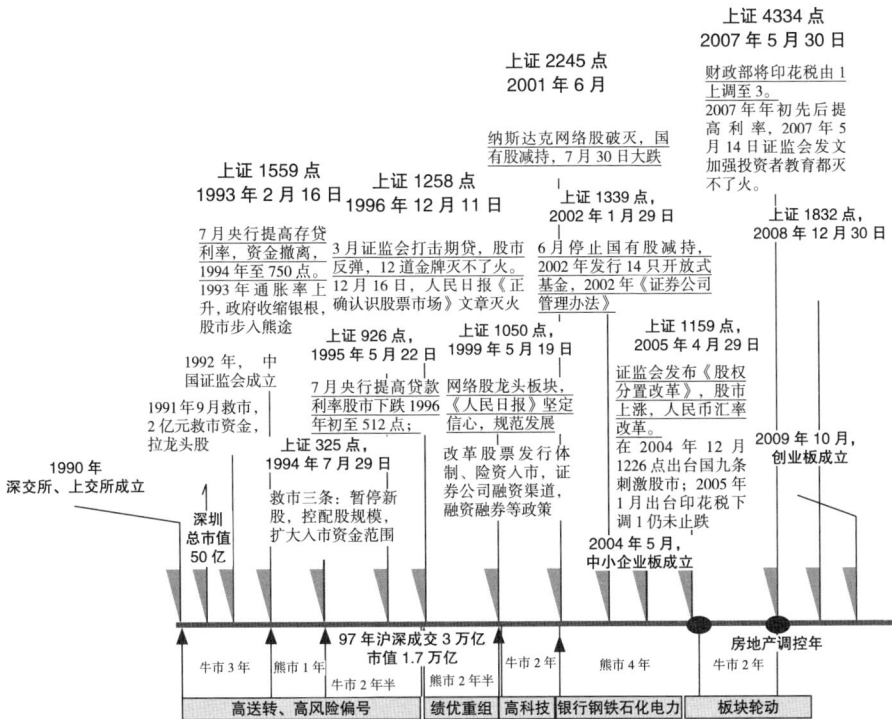

图 3-4　上证股指 20 年大事件回顾及政策影响力

第三次牛市从 1999 年 5 月至 2001 年 6 月，为期两年，正值国际股市的网络股流行，而且"文章"和"政策"一起出，人民日报刊出了《坚定信心，规范发展》一文，证监会也出台了改革股票发行体制、险资入市、证券公司融资渠道、融资融券等利好政策，股市又一次上场，上证指数从 1050 点涨至 2245 点，涨幅高达 113%。随着纳斯达克网络股的破灭，且 2001 年出台了国有股减持的规定，7 月 30 日开始，股市大跌，至 2005 年 4 月跌至 1159 点，跌幅为 48%。2002 年 6 月，即使暂停了国有股减持的规定，发行了 14 只开放基金，也没有止跌。

第四次牛市是从 2005 年 4 月至 2007 年 5 月，为期两年。为止住股市的跌势，2004 年 12 月出台了国九条刺激股市也没有止跌，2005 年 1 月出台了印花税政策，将印花税下调 1 个点，仍未止跌，而 2005 年年初证监会出台了《股权分置改革》，股市随即开始上涨，加上 2005 年适逢人民币汇率改革，股市连年上涨，从 2005 年 5 月的 1159 点涨到 2007 年 5 月的 4334 点，涨幅高达 273%。看到股市涨得太快，灭火政策又相继出台，2007 年初央行先后提高利率，2007 年 5 月 14 日证监会发文《加强投资者教育》，这两项工具也未能降火，直到财政部要求印花税由 1 个点上调至 3 个点，股市马上由牛转熊，跌至 2008 年 12 月的 1832 点，跌幅 57%。

显然，牛熊的股市转换并不是人们心里所想的纯市场行为，我们的股市还是有"一只无形的手"在控制着行情的峰回路转。这只"无形的手"总结下来有这么几个工具：一是文章；二是资金；三是税收，另外还有 2010 年出台的股指期货，其功能无非就是做空和做多。为此，我将历年牛熊的转换工具汇总（如表 3–1 所示）。

表 3–1　历年股市做多与做空工具（1990–2007）

工具 \ 牛市	1990.1–1993.2 第一轮	1994.7–1996.12 第二轮	1999.5–2001.6 第三轮	2005.4–2007.5 第四轮
做多	筹措资金，拉龙头股（当时股票数量有限，容易拉）	暂停新股发行；控制配股规模；扩大资金入市范围；证监会打击期货市场操纵；拉动龙头股	改革股票发行体制，险资入市，扩大证券公司融资渠道，融资融券等政策；人民日报发文	停止国有股减持；新增开放式基金；下调印花税；《国九条》股权分置改革
做空	央行提高存贷款利率	人民日报发文	国有股减持	提高利率；印花税上调；发文

股市是需要增量资金，提到资金，就和国家的货币发行有关系。要理解

股市与房市的关系，少不了关心一下我国的货币发行状况。2007 年，我国的货币总量首次突破 40 万亿元，至 40.344 万亿元，2008 年为 47.517 万亿元，2009 年突破 60 万亿元大关，至 61.022 万亿元，2010 年为 72.585 万亿元，2011 年突破 80 万亿元关口，至 85.159 万亿元，跨年增幅至少为 17%[①]。根据世界银行的统计图来查看，我国的货币总量一直是直线上升的（如图 3-5 所示），对比股市的起起落落，资金量进进出出，显然，股市并没有因为国家的货币总量增加了而上涨了。然而，当我将国家统计局历年来全国商品房销售价格的数据整理后发现，我国的货币总量历年走势和全国商品房销售价格的历年走势相似，显然，全国商品房销售价格和货币总量有相关性。

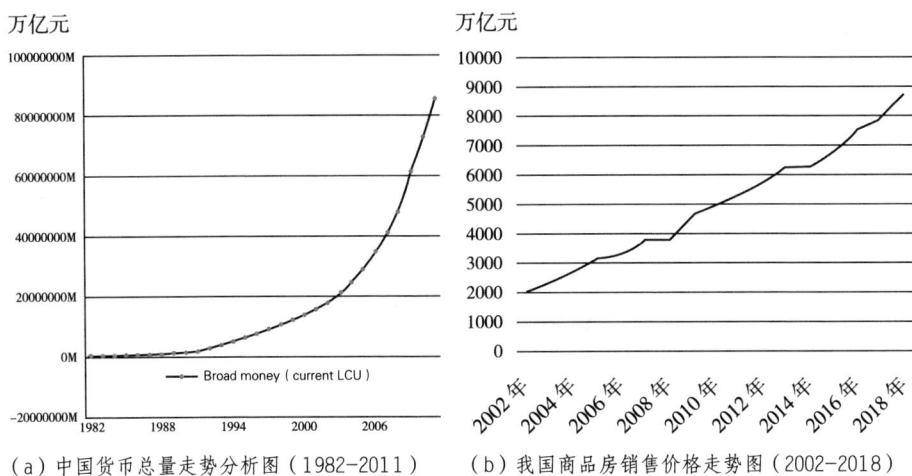

（a）中国货币总量走势分析图（1982-2011）　　（b）我国商品房销售价格走势图（2002-2018）

图 3-5　货币总量与房价走势图

　　但是，房地产市场也是有周期性的，股市也有周期性，这两者之间是否有什么关联呢？我仔细整理了 1991 年至 2018 年期间的股指波浪型高低点，来观看股市阶段性发展和房地产阶段性发展之间的关系（如图 3-6 所示）。

---

① 新浪网：http://finance.sina.com.cn/stock/usstock/shsj/20121023/162213451488.shtml

根据图 3-6 所示，上证指数从 1999 年至 2018 年一共有四次上攻：第一次是 1999 年 5 月至 2001 年 6 月；第二次是 2005 年 4 月至 2007 年 10 月；第三次是 2008 年 11 月至 2009 年 8 月；第四次是 2013 年 6 月至 2015 年 6 月。根据北京商品房住房销售价格的走势图看，1999 年至 2005 年，2011 年至 2014 年，两个阶段房价趋于稳定。而从房地产政策打压房价的年份来看，2003 年信贷收紧，2004 年停止供地，2005 年出台营业税，2007 年 6 次加息。对比分析，只有 2004 年停止供地那样严苛的政策有可能将资金赶向股市，如此，在货币总量总体增加的情况下，房地产市场一路向好。而股市与货币总量的相关性不强，与房地产价格的走势相关性也不强，除非货币总量不再增加，房市价格下降。

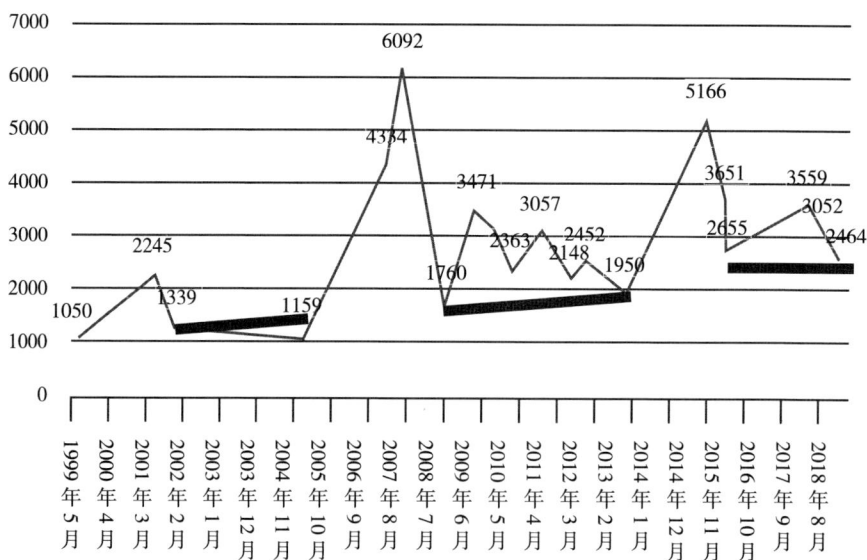

图 3-6　上证指数走势图（1999—2018）

为此，作为个人投资者，针对股市的拐点，更需要看重政策的工具，而针对房市，则更需要看重货币发行总量，看重"房住不炒"的基本定位有没有变化。

∞

要用"新眼光"看"新"乡村

美国的大郊区时代背景让大多数的人将郊区变成了自己的梦想，独栋住宅成为美国无数人为之奋斗的梦想。我国的超大城市已经郊区化，其他城市存在着很大的机会，从城市搬往郊区的县城或小城镇是一个趋势。房地产行业中，购房者是最终的买单者，而大城市与小城市之间存在着价格差，换一种生活，向往乡村的生态和自然，自由自在的生活，是人生的另一种选择。

房市和股市对于个人来说，有着直接的财富关系，除了个人财富，也需要面对居住和生活的选择。在新周期下，城市可供建设用地减少，房价趋于稳定，未来，这些会怎样影响到个人的生活呢？

2019 年底我国拥有了 14 亿人口，8 亿多在城市，还有 5 亿多在农村。我国的人口规模是其他国家无法比拟的，上海一个城市 2500 万人口就已经超过了澳大利亚一个国家的总人口。广东一个省 1.1 亿人口已接近日本一个国家的总人口。这也就是说我们国家的城市化不可能走和发达国家同样的道路，我们国家需要根据自己的实际情况来创新具有中国特色的新型城镇化道路。

乡村会成为人们向往的美好生活

1945 年，美国就是"大郊区的时代"，1950–1970 年，美国的中心城市人口增长 1000 万，而郊区人口增长 8500 万，此外，郊区至少占这个时期所有新增制造业和零售业工作的四分之三。至 1970 年，美国居住在郊区的人口比例达到 37.6%，居住在中心城市的占 31.4%，而农村地区的仅仅占 31%[1]。我国的很多城市也已经出现郊区化的趋势，例如上海、北京、广州等超大型城市，很多人愿意生活在郊区，是因为既可以享受城市的生活便利和工作机会，还能够享受低廉的生活成本。但这方面的统计数据没有作分类统计，目前无法对这一现象作分析。

1940 年的美国城市化率是 56.5%，1945 年是 58.5%，1960 年是 63.1%[2]。显然，美国大郊区时代的选择和我国现在的城镇化率相类似，但我国还存在的地区差异，不同的区域还有待于区别对待，但郊区城镇化是城市化的一种趋势。

城市化过程的一个基本特征是人口从农业就业向非农业就业的深刻转变。1880 年，美国的农村人口比例为 44%，而在 1920-1959 年，共计有 2700 万人离开农村，平均每年约 70 万人。虽然农村的生育率高，但美国农村人口从 1916 年的 3250 万人降到了 1960 年的 2050 万人。1964 年，美国按家庭完全依靠农业生活的计算，农业人口数字降到了 1290 万人，占美国总人口的 6.8%。在英国，从事农业生产的男性人口最高峰是 1851 年的 1800 万，到 1961 年，这一数字下降到 50 万人[3]。我国的总人口超过 14 亿，和美国、英国的人口规模无法同比，我国的农业人口非农化转移的难度比之其他国家要大得多。我国的一些超大型城市人口规模已经超过了其他国家，城市是有空间限制的，农村人口非农化转移的另一个途径就是向县域内的县城或小城镇转移。

在美国，对于"城市区域"的界定是指人口超过 5 万的城市及其周边建

① 罗伯特·费什曼.超越郊区：技术郊区的兴起.城市读本【M】.北京：中国建筑工业出版社，2013.
② 王春艳.美国城市化的历史、特征及启示【J】.2007，6（1）—.北京：城市问题.2007—.
③ 金斯利·戴维斯.人口城市化.城市读本【M】.北京：中国建筑工业出版社，2013.

筑集聚地区 [1]，我国人口众多，假设按照美国的城市区域标准，我们的很多县城或小城镇的人口规模就已经达到美国城市区域的标准了。

美国"大郊区时代"是基于互联网和高速公路的发展。工业向郊区迁移提供了就业机会，人们更向往享受郊区的生活，筑起了那个时代的郊区梦。而郊区梦推动了大量的住宅建设，1950–1970 年，美国每年平均建造 120 万套住房，大多数是郊区单个家庭居住的房屋，也就是国内称之为"别墅"的类型，在此美国的"别墅"住房增长了 2100 万套，比原来该类型的住房存量增加了一半以上。20 世纪 70 年代，建房热潮更加高涨，又新增了 2000 万套住房，几乎相当于前 20 年的建房套数的总和。正因为大规模的新建住房，才把美国的重心从城市核心转移到周边。而在此期间，汽车业的工业发展没有改变，1929 年美国汽车工业生产的人均汽车拥有量和 20 世纪 80 年代一样多 [2]。

我国的郊区城市化已经在一些超大型城市实现了，北京的城市建设早已蔓延到了郊区，北京的七环就已经突破了北京和河北省的界线，北京的第二机场更是建在了北京的郊区。由于郊区建设了大量的购物中心、医院、学校，人们日常的生活便利程度增加，现在住在北京的人，住在五环外的和住在二环内的已经没什么区别，只是房价的差异而已。上海的郊区城市化也早已实现，上海的外环外也建设有大量的购物中心、医院和学校，原来的地铁是从市中心向郊区延伸的，现在也有地铁线是从某个郊区向另一个郊区连通，这种公共交通的纵横连接也意味着郊区城市化的迹象明显。

当然，如果全国的城市都像北上广一样的话，就可能造成大城市一样的城市病，并非城市规模越大越好，北上广堵车的境界让生活在城市的居民都有体会。要解决这样的问题，就不一定非得往大城市跑，而是可以去大城市边上的小县城或者小城镇发展。

---

[1] 金斯利·戴维斯.人口城市化.城市读本【M】.北京：中国建筑工业出版社，2013.

[2] 罗伯特·费什曼.超越郊区：技术郊区的兴起.城市读本【M】.北京：中国建筑工业出版社，2013.

今日之乡村不再是昨日的农村

纵观房地产市场的发展史，城市的发展和四个要素有关：一是城市房地产管理法让土地和房产可以交易；二是允许拆迁；三是开发项目融资的开放；四是住宅商品化；五是个人住房贷款的支持。

我把房地产市场发展绘制成一个图（如图 3-7 所示），我们可以看到，在整个房地产市场发展的角色中，农民不断地失去土地，所以在图中用"叉"的连接线表示，而购房者获得了产权。这其中，农民失去一块地，可以造很多面积的房子，卖给很多的购房者，从这个角度讲，在农民的土地上开发住宅可以增加居住空间，集约化产生空间价值。这部分利润其实是被地方政府和开发商、承建商赚了，当然，还有借钱给开发商的银行也赚了利息。

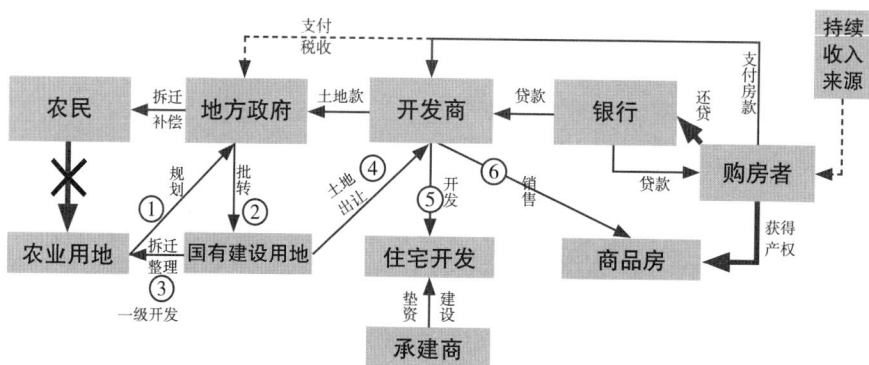

图 3-7　房地产行业基本原理图

购房者在整个产业链中是最后的买单者，购房者购买住房需要银行贷款，贷款后购买获得住房的产权，但这里最重要的是需要有持续的收入来源，因为银行贷款给个人的资金是个人未来挣的钱，如果断了持续收入来源，就无法还贷。

因此,购房者必须不断地去赚钱,如果货币总量不变,在这个资金流动的循环中,地方政府和开发商是在这个产业链的上端,而各行各业需要将利润转移给个人去支付给地方政府和开发商,如此,货币总量必须不断增加,以满足其他行业的资金需求。

所以,一旦购房者买了房子,就成了赚钱的机器,停不下来了。反观作为一个中产阶级,如何选择自己的生活和工作也是值得思考的。

我们先来反思一下生活在拥挤城市的弊病。英国的城市化率在 1300 年只有 5%,1750 年工业革命开始城市化扩张,1926 年就达到 78.7%,之后到 1961 年稳定在 78.3%,现在已经达到 93% 左右。事实上生活在城市里会有染上流行病和城市疾病的高风险,还要忍受其他不良环境导致的疾病,如工厂工作的折磨以及堵车等城市生活的煎熬。伦敦在 1841 年时的平均寿命是 36 岁,虽然后来城市水平提高了,但在 1901–1910 年,英格兰和威尔士的城市死亡率仍然比农村高出 33%。因为伦敦在 19 世纪中叶曾定期受到霍乱的侵袭[1]。

人们在城市的群居形态已经被改变,在美国,53% 的人口集中在占国土面积 0.7% 的 213 个城市区域里。他们超过了任何其他动物的居住规模,呈现出群居类昆虫而非哺乳动物的行为特征。

为了应对城市现实出现的挑战和复杂问题,更多的中产阶级逃离到郊区,把旧的城市中心留给了最贫穷的人。郊区刚开始时依靠中心城市的存在,既是生产和就业中心,也是文化设施中心,后来,越来越多的通勤方式不再是从郊区到城市中心,而是从郊区到郊区,城市学家罗伯特称之为"边缘城市"郊区。

对于生活在大城市里的人来说,需要承担着昂贵的生活成本和支付购房还贷的压力。你是向往"蜂巢式"的昆虫生活模式还是向往"人性本色"的

---

[1] 金斯利·戴维斯.人口城市化.城市读本【M】.北京:中国建筑工业出版社,2013.

自然生活模式？一个人的生命有限，如果你将有限的生命的时间都成了不停赚钱的机器，那活着的意义是什么呢？

人活着的意义更是在于过程，每个人都会面临生与死，无非是早和晚的时间问题，"健康"可以让人活得更有质量，"精神"可以让人活得更充实，但每个人活着的过程都离不开他所在的这个时代，以及时代所赋予他的使命。

乡村振兴作为国家战略，在新的城市化周期具有特殊的背景和意义。人的生活是有成本的，不一定要非得往大城市里挤，选择另一种生活，可能更适合自己。

我有位朋友原来在北京打拼，在北京买了房子，后来他把房子卖了，到老家的城市里买了一套别墅，然后用多余的资金去开店，多年的贷款也还清了，现在活得自由自在的。

我觉得每个人的成功标准不同，我把成功分为两种，即少数人的成功和多数人的成功。少数人的成功是英雄主义，成功的人是英雄，时势造英雄，英雄是浴血奋战能活着直到最后的人。

真正的成功是多数人的成功，是普通人的成功，真正的成功是战胜自己过多的欲望，选择一份事业，具备匠心精神，守住一份初心，就如沈志荣、韩伟一样，将自己留在家乡，钻研一样有前景的事物，精致而远大。在新时代背景下，响应国家乡村振兴战略的号召，在大自然中选择一个拥有自己位置的角落，去改造自己，改造自然。

"乡村振兴"兴起之后，很多新型职业农民受到了很高的待遇，我在给全国各地的"新型职业农民"讲课时，他们中的普通人在成为"新型职业农民"之后受到了地方领导的重视，有的还经常上电视接受采访，有的还得到了很多的荣誉，我和他们讲，农民以前是"穷"的代名词，现在农民是新型职业，是乡村振兴的主体，我国的媒体导向代表了一种政治方向，农民能上电视也代表新的"风向"。

但是，很多学生都说，虽然他们得了很多荣誉，但是做农民还是很困惑的事业。他们中有的还成了地方领导的好朋友，每次地方有接待他们都要去参加，他们的农场还成了地方的接待窗口，他们还要经常参加各类地方政府的会议，忙得不亦乐乎，可是，他们的收入并不高，产品也并不好卖，这是他们心中最困惑的。

其实不仅是他们心中困惑的，乡村振兴是新名词，大多数的官员还仍然沉浸在城市化、房地产的热潮中，对于乡村振兴还是陌生的，我在各地扶贫、演讲并和地方官员进行交流的过程中，发现在大部分人的脑海中，"农村＝农业""农民＝穷人""农业＝种地"。农业社会的时代早已过去几十年，新时代赋予农村的使命不再那么简单，土地是农村的根，但其功能和价值随着其区域性质的改变而改变。所以投入乡村振兴，必须要改变传统观念，要真正理解城乡经济的关系，理解县域经济的运营体系。

本章用大人物的故事阐述了疫情后，中国品牌的崛起，论述了时机对于创业的重要性，同时用两位具有"工匠"精神的农村创业人物的故事，讲到了乡村的创业成本相对城市较低，门槛低，在"乡村振兴"的背景下，我国农村土地改革将带来新的红利。同时，通过论证能够左右国家经济的"股市"和"房市"发展历史脉络，预见，资产扩张增值的时代已经过去，股权权益投资的时代即将到来。

县域经济发展迎来了大好时代，如何利用大小城市的房价差异，重新塑造自己的人生，值得中产阶级重新思考。

💬 商机解读

新型职业农民

80 后、90 后回到乡村创业不是新鲜事了。农业也不是低人一等的行业了，农业用地的改革中，未来的农民不再是靠天吃饭，不再是面朝黄土背朝天的苦活累活。农业用地三权分置可以实现土地流转，形成规模化的效益，通过农业科技服务，让种地变得更为轻松。

2017 年 1 月 29 日，农业部出台"十三五"全国新型职业农民培育发展规划提出发展目标：到 2020 年全国新型职业农民总量超过 2000 万人。全国新型职业农民培育发展规划提出，以提高农民、扶持农民、富裕农民为方向，以吸引年轻人务农、培养职业农民为重点，通过培训提高一批、吸引发展一批、培育储备一批，加快构建一支有文化、懂技术、善经营、会管理的新型职业农民队伍。

当然，农业并不是那么容易上手的，农业是一门生命科学，农产品是有生命周期的，错过了播种时节，一年的收成就没了。农产品需要技术，种植技术不能犯错，农业种植和工业不同，工业制品错了可以再修改，而农产品的种植机会可能只有一次。但农业的好处是受政策支持，受政府领导重视，只要你上规模，有特色，农业创业成功的机会还是很大的。

∞ 案例：外来媳妇五年内资产翻番

黄生飞，80 后的外来媳妇嫁到了上海市浦东新区的宣桥镇，有两个儿子。曾经，她远渡重洋，到日本做缝纫工赚钱补贴家用，后回国用原始积累的资金创办了出口服装厂。2015 年，宣桥镇季桥村推动土地流转，黄生飞借机做起了宣桥镇第一个家庭农场主，从 106 亩分散的土地起步，如今形成了 450

亩规模。

黄生飞的农场是以水稻种植为主业，原来做服装厂的她要转型做农业种植不容易，但多年打拼的精神让她不服输。不懂技术，她找到上海农科院的专家，做起了"循环农业"，也就是在一季稻收割后，再将秸秆堆在田里种植"大球盖"菌菇，这样，她的稻田就可以收割两次，土地也得到了休养生息。为推销她的大米，她学习"老干妈"，把自己的头像印到了米袋上，主打"生飞大米"的品牌，2017 年就卖了 10 万斤，营业额超过 100 万。

为提升种植效能，她还引进了稻鸭共养的种植技术，一群鸭子到了水稻田里，既把水稻田的草踩没了，又把虫害吃了，这些鸭子既是劳动力，也是稻田医生，这样，生飞农场就不用农药、化肥了。她的大米是朝着"有机"种植方向发展，而且这些鸭子让她省了不少的劳动力。

疫情后地方政府推行直播，黄生飞也学做"上海的李子柒"，她的直播也受到了粉丝们的热捧，特别是当她带着一大群鸭子听着她口令在田野里行走的场景，人们称她为"鸭司令"，她也乐在其中。

为做好产业链，她把绍兴的酿酒文化搬到了她的农场，用自己种的大米酿的酒很香。好多人喜欢喝她家酿的"特色酒"。

随着各类政策的东风吹来，黄生飞成了"新型职业农民"的红人，各种资源向她集中，如今，她已拥有了无人机培训教育基地，拥有了大米加工厂。

商机点评

1. 时代需要"新型职业农民"

新时代的农民不能再是原先一脸苦相的农民，新型职业农民要懂农业、爱农业、善经营，黄生飞虽然是从服装行业转行到农业，但她不懂技术请专家，并且能够不断实现技术创新，让她的大米成了品牌大米。由于她的努力，受到了各种资源的关注和帮助，进而走到了聚光灯下，成为时代的"新型职业农民"典范。

2. 创业需要一股干劲

农业需要吃苦，黄生飞的创新能力很强，从大球盖菌菇连作，稻鸭共养，到米酒制作，每件事，她能够做成功，且做得很好，在她身上，可以看到一股干劲。

乡村振兴后，乡村创业的机会有很多，根据 2019 年中央一号文件中乡村产业中罗列的各种商机有很多。例如，现在农村的手工艺也成了乡村产业的组成部分，乡村产业是指一定地域范围内的特色产业，包括农产品特色，手工艺特色，土字号、乡字号品牌特色，内容丰富。好干的轮不着你了，一定是抢在风口上，创业有干劲的，成功的机会就大。2020 年农业农村的股票大涨，资本也开始转向农业农村。

∞

第4章

双循环需要大格局

在房住不炒的大背景下，经济格局发生了改变，原先拉动我国经济的主要商品和服务是商品房、汽车和旅游。如今商品房交易在城市的空间越来越有限，但乡村的空间越来越广，特色小镇将成为带动"宅院"消费的一个重要空间载体，我国还有近6亿人口生活在农村，他们的收入还不高，他们还有很大的汽车消费需求和物质消费需求。旅游的消费潜力更强，2020年国庆节预计有5.5亿人次出门旅游[①]，2019年国庆期间国内旅游总数为7.82亿人次，创造了6500亿人民币的旅游收入，2020年国庆节，出国游取消，国内的大好河山正迎来了各方游客。

国内大循环需要"宅院"，需要"新能源汽车"，需要"国内旅游"，国内国外循环则是通过"股权投资"带动科技创新，实现技术和服务的贸易。在此背景下，特色小镇、乡村振兴承载着新的历史使命，成为双循环经济要素的重要空间载体，通过激活土地要素，再次提升我国经济的大发展。以"地域主义"为核心的区域运营能力成为这个时代所需的核心竞争力。

---

① 新浪网：https://finance.sina.com.cn/tech/2020-10-02/doc-iivhuipp7608008.shtml

∞

城市与县级财政的博弈

过去 20 年，城市与县城的博弈在于"城市建设用地指标"，城市数量不变，县的个数减少，说明城市不断在吞并行政县，而小镇的数量反而在增长，新型城镇化带动特色小镇的发展动能仍然存在。

我国的行政级别分为省（直辖市）、地级市、县（县级市）、镇（乡）。撤县设市，在行政区域的等级方面没有变化，但在管理权限及经济要求各方面有所不同，如，县级政府归地级市政府直管，而县级市的市政府就由省级政府直管、由地级市政府代管，隶属层级不同，管理权限和财权自主程度不同。

十九大报告提出实施乡村振兴战略，并将其与科教兴国战略、人才强国战略、创新驱动发展战略、区域协调发展战略、可持续发展战略、军民融合发展战略并列。区域协调发展战略强调的是城市群和城镇关系构建，而乡村振兴作为国家战略，则更是凸显了城乡一体化发展的战略思想，核心是缩小城乡差距，增加农民收入。

在十九大报告中首次提到了"城镇开发边界红线"。

我国经历了从西部大开发、中部崛起、东北振兴、东部率先发展等地区协调发展战略到京津冀协同发展、长江经济带、粤港澳大湾区、长三角一体化等一系列重大区域发展战略。也是国家从城市扩张期到城市精明增长期的一个过程。关于精明增长我在拙作《治理城市病的规划探讨》里有详尽的描述，美国于 1990 年代提出精明增长，是指汽车出行为主导的"城市蔓延"导致了严重的城市病，为遏制"城市蔓延"，政府通过划定城市边界增强公共交通功能，促进城市可持续发展，并更好地保护农田。目前，我国的城市群格局已经固化，人口空间格局分布已经基本形成，我国能够在城镇化率 60.4% 的时候推动"城镇开发边界红线"以及空间规划，也是充分借鉴了欧美发达国家的规划理念。

我们来回顾一下我国城市与县城之间的博弈过程，根据《国家住房和城乡建设部的统计年鉴》2017 年数据整理[1]，我们可以看到城市数量、县城数量、建制镇数量以及建设面积的变化。

城市建设用地面积的扩张速度远高于县城

根据国家住房和城乡建设部统计年鉴的数据，2017 年，我国城市数量661 个，县城数量 1526 个，建制镇数量 18085 个。城市的城市建设用地面积为 55155.5 平方公里，建成区面积为 56225.4 平方公里，建成区面积超过了城市建设用地面积的 1%。县城的城市建设用地面积为 18864 平方公里，建成区面积为 19854 平方公里，建成区面积也超过了城市建设用地面积的 5%。

根据数据显示，城市建设用地面积逐年增长（如图 4-1 所示），年平均增速为 5%，2003 年、2011 年两次分别高达 8.99%，8.85%（如图 4-2 所示）。通过城区建成面积和城市建设用地面积的对比可以发现，从 1998-2017 年共20 年，在 1998 年、1999 年、2000 年、2005 年、2010 年、2011 年、2015 年、2016 年、2017 年九个年度中，城区建成面积超过了城市建设用地面积（如图 4-3 所示）。城市建设面积是指规划面积，城区建成面积是实际建设完成的面积，显然，城市建设有多么冲动。

---

[1] 中国住房和城乡建设部：http://www.mohurd.gov.cn/xytj/tjzljsxytjgb/jstjnj/index.html

（年）　　　　　　　　　　　　　　　　　　　　　　　　　　　　（平方公里）

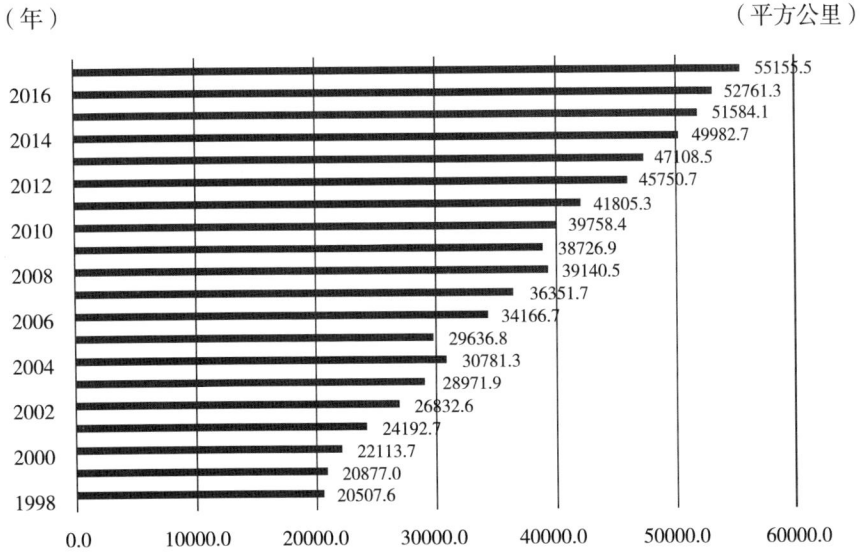

图 4-1　全国城市建设用地面积 1998-2017 年（平方公里）

（增速）

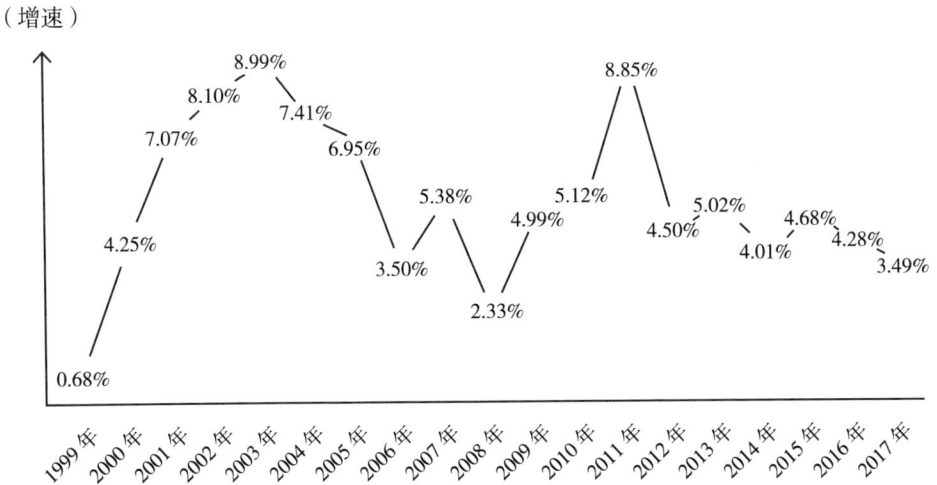

图 4-2　全国城市的城市建设用地增速（1999-2017）

101

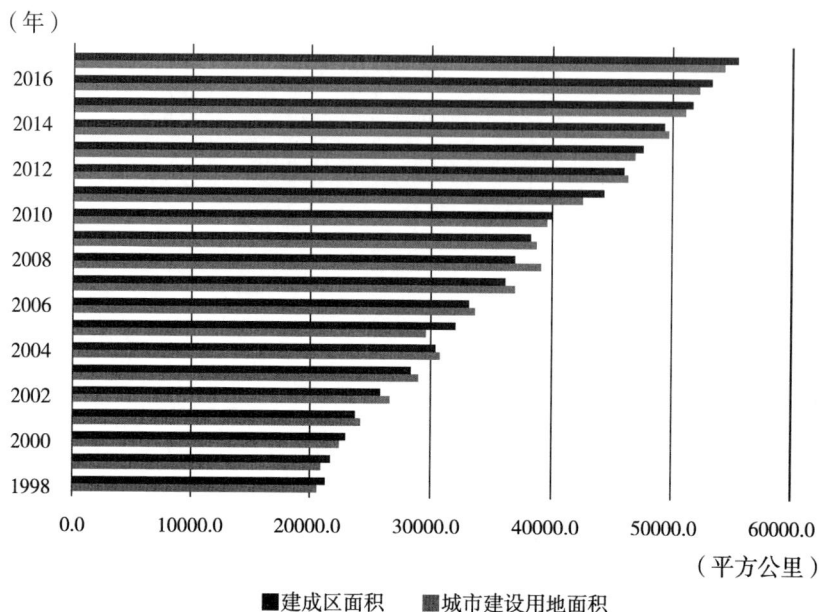

图 4-3 历年城市建成区与用地面积的对比图（1998-2017）

相对而言，县城的城市建设面积相对城市的城市建设面积速度要温和些，年平均增速为 4.1%。2005 年为最高增速 11.5%，但有两年的是负增长的，分别为 2011 年的 -1.55% 和 2016 年的 -2.54%（如图 4-4 所示）。但通过县城的建成区面积和城市建设用地面积比较，只有 2006 年、2007 年、2008 年、2009 年的城市建设用地面积是超过建成区面积的，其他年度都是建成区面积超过城市建设用地面积的（如图 4-5 所示）。而这四年处于城市化的快速扩张阶段，是城市房价快速上涨的时候，相当于一年就能吞没了你 10 年的血汗劳动①。我想是不是可以这么理解，城市房价上涨越快，县城的房子也好卖。这个判断和我同学在河南省一个小县城开发住宅的结论是不谋而合的。2018年，在党中央明确的"房住不炒"的总体要求下，城市的房价有所回落，我

① 袁一泓 . 从沸腾到癫狂——泡沫背后的中国房地产真相【M】. 太原：山西经济出版社，2011.

同学却在河南省的一个小县城里干起了住宅，而且销售很好，我实地考察后才了解到，住房炒了十几年，已经成为当地老百姓生活中的刚需。当地人认为，农村的姑娘要出嫁，都会要求在县城或镇区有一套商品房。所以即使那里的人口不多，经济好像不怎么样，但人家愿意把房子当"嫁妆"。这已经是一种社会观念了，就如 20 世纪 80 年代出嫁要一辆上海的凤凰牌自行车和缝纫机一样。这才是真正的刚需！

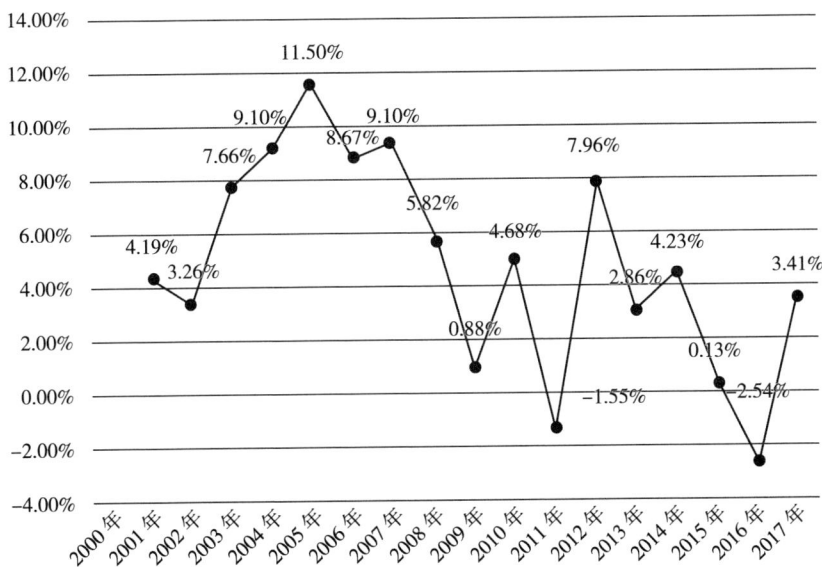

图 4-4 县城城市建设用地面积的增速（2000-2017）

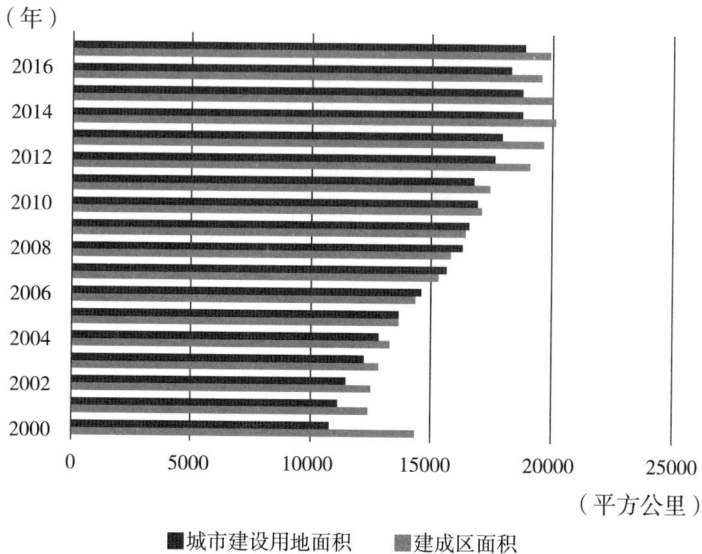

图 4-5　县城建成区面积和县城城市建设面积对比柱状图（2000-2017）

为更清楚地理解城市和县城的城市用地面积变化，我们将两者的数据作图显示（如图 4-6 所示），从图中可以发现，城市建设用地面积的走势是直线上升的，而县城的城市建设用地面积走势是趋于平稳的。

也就是说，在城市化快速扩张的时代，在房地产高速发展的时代，城市和县城都有一定的发展，但是，在这一过程中，县城的发展还是比较滞后的，从 2012 年增速的 7.96% 一直处于回落中，甚至 2016 年的增速还到过 -2.54%。显然，这几年的县城建设还是迟缓的。

（平方公里）

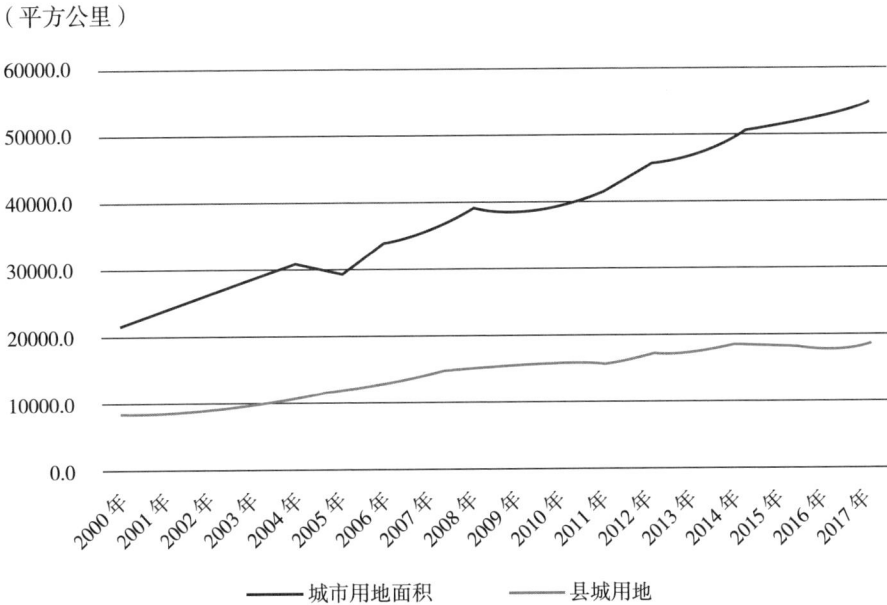

图 4-6　城市和县城城市建设面积用地的变化对比（2000-2017）

城市数量稳定，县城数量减少

城市和县城的博弈还反映在其数量的变化上。1998 年住房制度改革之后，房地产一度作为我国的支柱产业，建设用地指标成为各地政府争抢的主要目标。从图 4-7 所示，我们可以发现，城市的数量一直稳定在 660 个以上，但县的个数一直在减少，从 2000 年的 1674 个减少至 2017 年的 1526 个，减少了 148 个，减少了约 8.8%。城市是由行政区、行政县构成的，毫无疑问，县的个数少了，"区"的个数就多了，这当中还是"土地财政"的博弈形成的结果。对于地级市来说，县财政相对独立，但撤县变区之后，区就是地级市的一个小弟了，没有独立的财政账户，土地指标就是由市长统筹了。

有句口头禅"中央财政盆满钵满，省级财政有序运转，市级财政跌跌撞撞，县级财政天天哭喊"[1]，道破了地方财政的困境，财政也是一级压一级呀。

（个数）

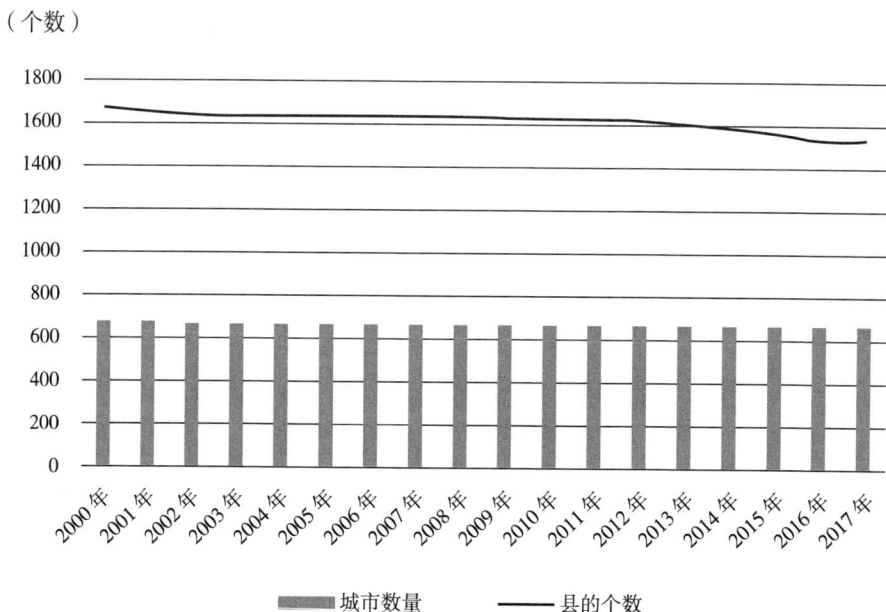

图 4-7　全国城市的数量与县的数量历年走势对比图（1998-2017）

历史上，财政的主要手段是国有企业、土地公有制和金融垄断[2]，为快速发展，各地财政也是使足了劲，2017 年国家财政部首次批露了地方债务，大家才发现，很多地方的财政入不敷出。

这么多年来，大家为了 GDP 的考核指标，地方政府借了不少的钱，大部分都投入到城市建设中去了，截至 2017 年 12 月末，全国地方政府债务余额164706 亿元[3]。这和古代的手段大致一样，国有企业借钱，土地用来卖，还

① 经济网：http://www.ceweekly.cn/2019/0124/247782.shtml

② 郭建龙.中央帝国的财政密码【M】.厦门：鹭江出版社，2018.

③ 经济网：http://www.ceweekly.cn/2018/0720/229863.shtml

有收税。这两年去杠杆，也是希望金融能够去虚向实，而这期间，投向实体的资金很少，包括投向农村的资金更少。我之前和一些银行的高层交流时，他们谨慎地告诉我，现在银行贷款给实体的政策已经宽松，但投给农业企业的还很慎重。银行尚且如此，更何谈民间资金？

特色小镇是必由之路

根据住建部的统计数据，行政建制镇的数量由 1998 年的 1.7 万个不断地在减少或增加，至 2017 年行政建制镇的数量增加到 1.81 万个（如图 4-8 所示）。

万（个数）

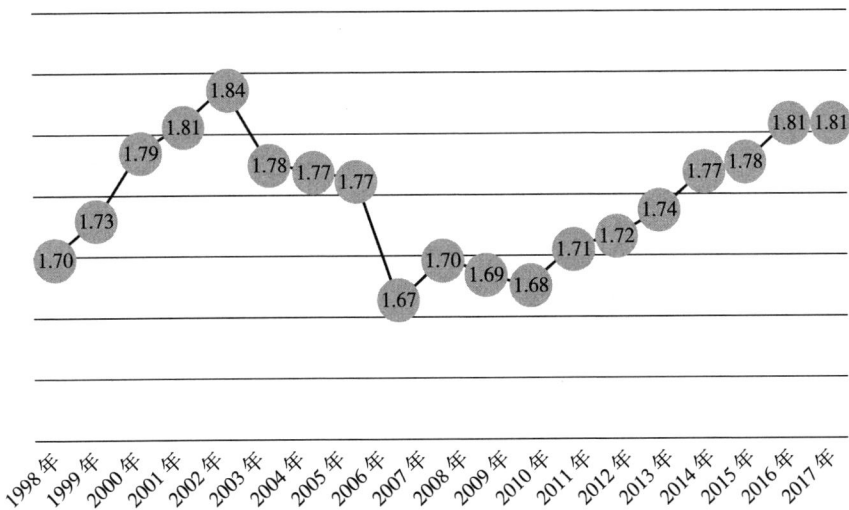

图 4-8　全国行政建制镇的历年数量变化图（1998–2017）

图中显示，1998 年至 2002 年，小镇数量从 1.7 万迅速爬升到 2002 年的 1.84 万个。显然，这一时期有过一轮小镇建设的高峰期。2002 年之后，小镇数量急转直下，至 2007 年降至 1.67 万个。2010 年后又逐步攀升至 2017 年的 1.81 万个。

从财政层级的角度，行政建制镇的财力匮乏，要想有突破，必然是希望有更多的社会资本参与到小镇的建设中来。

2014 年，国发〔2014〕60 号文件《国务院关于创新重点领域投融资机制鼓励社会投资的指导意见》[1]，2015 年 4 月，国务院通过《基础设施和公用事业特许经营管理办法》启动了 PPP 模式[2]，2016 年 7 月住建部、发改委和财政部三大部委联合发布《关于开展特色小镇培育工作的通知》，提出打造 1000 个特色小镇，并鼓励社会资本合作。全国顿时兴起了一股"特色小镇"的热潮。各省市也纷纷出台了各类特色小镇的政策，各类地产商、社会资本纷纷投入"特色小镇"，出现了大量政府无底线举债、小镇地产化、同质化竞争等乱象[3]，"特色小镇"成了圈地的代名词，为遏制这种乱象，2017 年 8 月发改委下发了另一个关于特色小镇的文件《有序规范推进特色小镇的若干意见》，意见明确了特色小镇的一些规范[4]，其中，明确了特色小镇非镇非区，在 3 平方公里左右（除了农业、康养之外），并且明确去房地产化，也就是说，不能把特色小镇变成纯地产开发。很快，地产商去地方政府拿地就不受欢迎了，地方政府更欢迎产业，而不是住宅。而事实上，地产商是最有资金和能力参与特色小镇开发的力量，但他们的思维逻辑停留在地产思维上，没有产业发展的基因。

2018 年 8 月，国家发改委又出台了一个新的文件，即 1041 号文件，规范了省级创建的机制，由命名制更改为达标创建制；明确了特色小镇和特色小城镇的创建条件；明确了产业主导，挖掘市郊镇，市中镇，园中镇和镇中镇

---

① 中国政府网：http://www.gov.cn/zhengce/content/2014-11/26/content_9260.htm

② 中国网：http://finance.china.com.cn/news/gnjj/20150422/3073627.shtml

③ 人民网：http://house.people.com.cn/n1/2018/0420/c164220-29938380.html

④ 国家发改委：https://www.ndrc.gov.cn/fzggw/jgsj/ghs/sjdt/201909/t20190912_1170154.html

的典型案例；明确了鼓励地方机制创新；明确了政银对接服务的机制。1041
号文件是由发改委签发的，显然特色小镇的创建已经是由发改委主导[①]。由此，
特色小镇进入了一个恒温期，进入了理性发展的阶段。

2019 年 3 月，财政部下发〔2019〕10 号文件，《关于推进政府和社会资
本合作规范发展的实施意见》[②]，2019 年 12 月，财政部下发财会〔2019〕23
号文件，财政部关于印发《政府会计准则第 10 号——政府和社会资本合作项
目合同》的通知[③]。这两个文件从合作方式及财政管理的不同角度规范了 PPP
项目的管理。

特色小镇是新型城镇化的重要载体，要拉动内需，提振经济，特色小镇
仍然是各地政府看好的投资方向，只是通过这几年的摸索，特色小镇的发展
更为规范了。

根据住建部统计数据，关于行政建制镇的信息只有建成区的面积，没有
城市建设用地的面积，显然，有很多行政建制镇还没有做好城镇规划。

根据图 4-9 所示，从建制镇建成面积的历年增速来看，2006 年增速高达
31.72%，2007 年直线下降到 -8.87%，2008 年又有所回升，1998 年建制镇的
建成面积为 163 万公顷，至 2017 年建制镇的建成面积为 392 万公顷，其中，
缺少 2003 年的统计数据。

根据以上分析，可以看到，不仅是房地产在影响着你我的生活，更多的
是财政在主导着你我的生活。过去二十多年，国家级财政、省级财政、地市
级财政、县级财政是在"城市建设用地"市场中博弈，是城市与县城的博弈，
也是行政级别的博弈，而一旦城镇开发边界确定，就意味着这场博弈的游戏
规则被改变。

---

① 人民网：http://m.people.cn/n4/2018/0928/c204874-11677827.html

② 人民网：http://legal.people.com.cn/n1/2019/0709/c42510-31222290.html

③ 中国政府网：http://www.gov.cn/xinwen/2019-12/24/content_5463630.htm

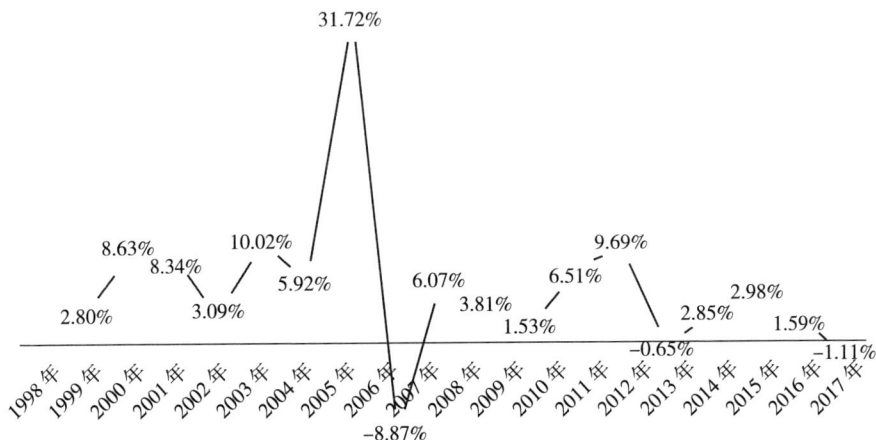

图 4-9 全国行政建制镇建成面积的历年增速走势图（1998-2017）

在整个城市的行政体系中，城市、县城、小镇是三类不同的空间载体，这三类不同空间载体在 1998 年至 2017 年城市化处于高速扩张期时，城市建成区面积处于连年增长的势头，而县城和小镇的建成区面积增长缓慢，甚至小镇的建成区面积在 2007 年，2013 年和 2017 年呈负增长，显然，在 2003-2017 年房地产快速发展的阶段，城市建设的主战场在城市，而不是在县城和小镇。

而在行政博弈中，城市在不断吞并县城（城市数量变化不大，而县城数量大量减少），而小镇则处于边缘化（小镇数量在逐渐增长，但没有城镇建设规划）。

"房住不炒"的基本定调意味着房地产作为国民经济支柱产业的定位已经改变。如果说 2019 年土地管理法允许农民自愿退出宅基地，允许集体建设用地直接入市，这也意味着乡村"土地"要素可以交易，就如上一章讨论的房地产市场培育阶段的四要素，如果融资和建筑两个要素可以放开的话，可以想象，乡村的另一个市场一旦打开，这个市场会有多大。

而从美国郊区城市化的经验来看，独栋住宅会是吸引城里人向城郊接合部迁移的"美好生活的梦想"。

新一轮的建设将在城镇展开，县城和小镇会是建设的主战场。

∞

区域发展内生动能的四要素

区位、交通、资源、产业基础是一个区域开发的四个内在驱动要素，在城乡融合
发展的背景下，需要综合考量，并予以系统性地整合与发展。

城市、县城、特色小城镇都属于区域经济，除了城市就是乡村，乡村即
指城区之外的区域，包括县、镇、乡等县级区域。

我在国内从事区域开发近二十年，有过区域开发一把手的宝贵经历，有
过体制内、体制外的区域开发实践经验，更有区域经济的研究基础，我一直
在研究和摸索一些行之有效的规律。多年来，我一直在从系统动力学的角度
去思考区域发展的规律。

从外部力量来投资开发区域和从内部动能驱动区域发展是两个不同的角
度，不同的概念。我在 2018 年的专著《特色小镇：田园综合体的政策、行动
与方案》中从投资的角度分析过部分筛选特色小镇的要素，事实上，从指标
体系来说，还是有一定的复杂性，我之前也专门制作了一套详尽的筛选体系。

区域发展的内部驱动要素有四个：区位、交通、资源和产业基础（如图 4-10
所示）。

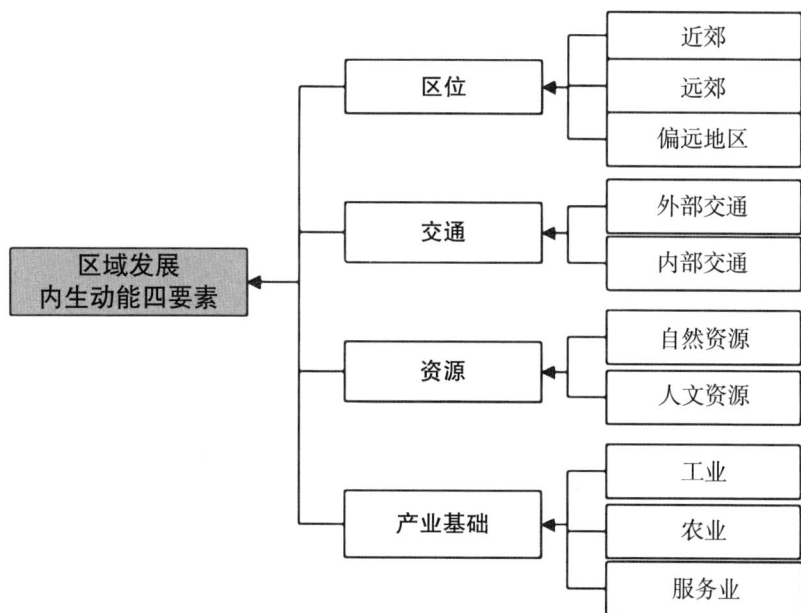

图 4-10　区域发展内生动能四要素

区位决定了要素流动的规模和价值

区位是一个相对概念，是相对城区中心位置的距离。我在《治理城市病的规划探讨》中研究的一个结论：人口密度越高，房价越高。

人口密度不仅和土地、房产的价值相关，还关系到经济的发展，人口密度越高，社会分工越细，商业要素流动的规模越大。例如，上海静安区的人口密度达 2.6 万人 / 平方公里，静安区的房价就比周边的价格要高，好比内环、中环、外环的价格差异，距离静安区中心位置越远，价格越低。又如，东京仅占全日本 4% 的面积的空间里聚集了 25% 的人口，2010 年东京的人均 GDP 高达 7.2 万美元，高出日本全国平均值的 67.4%。东京一个地方就占日本总产出的 40%[①]。

[①] 周其仁.城乡中国【M】.北京：中信出版社，2017.

交通决定了可进入性和要素流动的频率

区域的交通可以分为外部交通和内部交通两类，外部交通包括机场、铁路、高速公路、港口等，内部交通包括地铁、高速、公交、公路等。

交通设施投资量大，属于公共设施。目前我国高速铁路、高速公路以及港口万吨级泊位数量等均位居世界第一，机场数量和管道里程位居世界前列。铁路营业里程达 12.7 万公里，是 1978 年的 2.5 倍，高速铁路里程达 2.5 万公里，占世界高铁里程的三分之二，全国公路通车总里程达 477.35 公里，是 1978 年的 5.4 倍，高速公路覆盖 97% 的 20 万以上人口城市及地级行政中心，农村公路通达 99.98% 的建制村。民航机场达 229 个，是 1978 年 2.8 倍，覆盖 88.5% 的地市，76% 的县。34 个城市开通了 153 条城市轨道交通线路，运营里程达到 4583.8 公里。[①]

可见，我国地区的外部交通基本完善，但还存在着区域的差异，例如，民航机场 229 个，我国有 668 个城市，还有很多城市还没有建设机场。

资源决定了区域的核心竞争力

资源具备三个特征：即稀缺性、唯一性和不可替代性。资源是相对的，北方的沙漠缺少水，水就成了沙漠区域的资源，不光是沙漠地区，相对于南方，北京周边的河北、天津等地区都缺水，华夏幸福在打造新城的时候，就把生态湖作为核心吸引力提升土地价值。

资源分为自然资源和人文资源，自然资源包括海洋、林地、山、矿产资源等，人文资源包括历史、社会民俗、非物质文化、名人、建筑、老号字等。资源需要突出其唯一性，在区域的开发过程中，需要保护和利用，并将资源

---

① 人民网：http://politics.people.com.cn/n1/2018/1221/c1001-30481119.html

转化成经济动能。

产业基础决定了区域的起跑点

产业就是企业，没有企业，产业也无从谈起。我国的农业基础薄弱，大部分的贫困地区都缺少工业企业。日本经济作家邱永汉在他的《附加价值论》一书中说道，在农业社会，一公顷土地仅能养活一家人，但是工业化以后，一公顷土地上面的工厂就能养活三四百户人家，如此一来，在狭小的地区人口愈来愈集中，土地价格跟着上涨，这些区域的居民也成了商人做生意的潜在对象[①]。

日本缺少资源，但他们学会了"没有资源就创造资源"的能力，在战后大力发展工业致富。日本的名义 GDP 在 1955 年至 1970 年间，几乎每 5 年就会翻一番，例如 1960 年的名义 GDP 是 1955 年的 1.9 倍，1965 年是 1960 年的 2 倍，1970 年是 1965 年的 2.2 倍。70 年代期间，日本名义 GDP 的年平均增长率高达 15.6%。

日本的高速增长也是农业社会实现工业化发展的过程。从各产业从业人数的变化情况看，1950 年农业及林业从业者占 49%，至 1965 年减少至 22%，再到 60 年代后期低至 12%，而制造业和服务业则呈现上升趋势，1950 年制造业从业者占 18%，到 60 年代末则增加为 25% 以上[②]。

我国的工业经济在改革开放后也迅猛发展，工业化带动了城市化，但也存在着很大的区域差异。东部比西部强，南方比北方强。随着城市化的快速扩张，近年来房地产业、金融业挤去了大量的实体企业利润，房产公司、汽车企业在经济发展中起了重要作用，"开个厂不如买套房"，大量实体企业

---

① 邱永汉.附加价值论【M】.海南：海南出版社，1999.
② 野口悠纪雄.战后日本经济史【M】.张玲，译.北京：民主与建设出版社，2018.

在苦撑甚至倒闭，而当经济回落时，房地产业、汽车业、金融业虽然有所下降，但在整体行业中，依然表现最佳。

随着城市群的兴起，国家的整体空间分布趋于稳定，人口分布按照胡焕庸线呈西少东多的特征，但我国的流动人口规模仍然惊人，以前我国光顾着发展城市了，我们的城市很强，农村很弱，在乡村振兴的国家战略背景下，县域内的乡村工业体系发展又会是一个新的发展商机。

∞

区域成功运营的五大要点

> 区域运营是长期行为，通过运营实现土地和资产的增值是区域运营成功与否的关键。从"人、产、地、景、能"五个维度，以区域整体性开发与运营为出发点，打造独具特色的区域品牌。

区域内部发展动能的四个要素是客观存在的，属于静态的，但区域发展是动态的发展过程，这就需要外部力量去撬动、去引导、去不断地改进和发展。从一个区域管理者的角度，我不断地去寻找答案，为总结各个区域的成功运营经验，我整理了世界各地 100 多个城镇运营的成功案例，结合我在过去近二十年的实战经验总结了区域成功运营的"人、产、地、景、能"五大要点（如图 4-11 所示）。

人是第一生产力

区域运营不仅是地方领导的事，地方领导的任期一般只有三五年。一个地区的发展，没有八年、十年的精心运营，是看不到成就的。

美国在 20 世纪 50 年代左右出现过地方财政乏力的状况，很多偏远地区最后靠的都是当地的老百姓自发组织的力量发展起来的[1]。

---

[1] 杰克·舒尔茨.美国的兴旺之城：小城镇成功的 8 个秘诀【M】.谢永琴，译.中国：中国建筑工业出版社，2008.

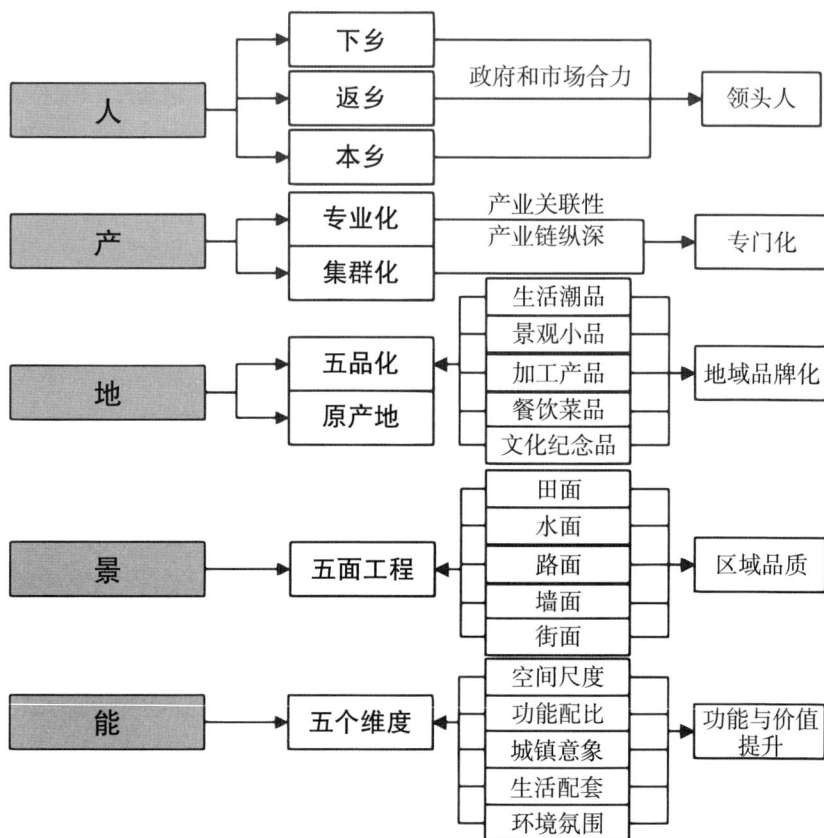

图 4-11　区域成功运营的五大要点

当然，美国和我国是不一样的体制，在我国，行政力量相对市场力量要强很多，所以，区域运营需要地方领导和当地"领头羊"的合力主导。

对于县域的区域发展来说，人才哪里来？2019 年江苏徐州市颁布了"三乡工程"文件，即《关于实施"三乡工程"鼓励引导全社会力量参与推动乡村振兴的意见》[①]，提出"人才下乡、能人返乡、资本兴乡"的三乡人才工程。

乡村振兴是一种趋势是一种必然，需要更多的人才去主导和实现心中的

---

① 江苏省委新闻网：http://www.zgjssw.gov.cn/shixianchuanzhen/xuzhou/201910/t20191018_6370725.shtml

梦想，就像"珍珠大王"沈志荣一样，他不仅实现了自己的梦想，更能带领当地农民共同致富。沈志荣在建设的"珍珠小镇"更赋予了德清县一个特色的区域功能。

产业专业化、集群化形成核心功能

全国的地区太多了，很多地名大多数人根本都不知晓，一个地方和一个人一样，无论在何时何地，一个人只要有了"专长特长"，其他人就会记住你，也会求助于你。所以，地区产业也需要有一个明确的、清晰的产业定位，产业需要因地制宜，因人而异，需要充分挖掘地方潜力，做到产业上下游的关联性，专业化发展。

有很多地方请我去帮助他们进行策划规划，我在调研地方时很看重当地的企业家，因为这些企业家本身就在这个行业经营了很多年，拥有大量的人脉和上、下游产业链的关系。但很可惜的是，很多地方看上去有很多工业企业，但都不关联，形成不了区域发展的动能。企业在当地缴个税，在哪里经营都一样。

我在外讲课时经常举的一个例子是法国的格拉斯小镇，他们专注于香料产业，整个产业体系都和香水有关，种植的是提炼香料的鲜花，加工的是香水，服务的是香水教育和旅游。

有次我受邀请去了山东兖州的小孟镇，那里有个玻璃深加工产业园，小孟镇的书记对乡村振兴很重视，他们通过很多努力从省里申请到了美丽乡村的资金，把小孟镇的一些村打造成了山东省的乡村示范村，他们号召当地老百姓种植丹参，同时，他们努力在帮助农民种植的丹参寻找销路。他们当地有一家榨油加工企业，也在推动龙头企业带动农户种植。他们选择了一个村落开始做民宿和农家乐，期望通过农业休闲旅游带动经济发展。看到他们的努力，我想，他们是尽力了，但同时，我也看到了他们的精力很分散，各个产业之间没有相关性，各做各的，有资源没整合，有特色不鲜明，有产业没关联，看上去不成形，没有形成区域性的功能，显然，就缺乏系统性的产业内生动力。

原产地打造区域品牌

人们习惯了"农业＝农民＝穷"的传统思维，但他们忘了，农产品是最具有地方特色的，农产品种植要根据当地的土壤、气候、日照、水利等自然条件，我国的农业讲究天人合一，复杂多样，虽然近年来在推动现代农业，但大部分地区还停留在传统农业，而恰恰是农产品依赖于地区独特的气候地理，能够成为原产地的竞争优势，如云南的三七，阳澄湖的大闸蟹等。

但很多人都觉得农业很难做，在很大一个程度上，我国的农业还缺乏知识产权的保护，这点我亲身感受过，我在上海孙桥农业科技园区工作时，我们当时最早实现在玻璃温室种植铁皮石斛，铁皮石斛是兰科植物，喜荫喜湿，一般生长在山里的树林中，我们采用介质实现人工种植也算是一种创举。很快，全国各地的人都来参观学习，也很快，各地模仿孙桥的人工种植模式，铁皮石斛的供应量很快上升了，铁皮石斛的价格直线下跌。而人们只钟情于种植，也没有人开发系列深加工产品，一个好的农产品就这样被毁了。这其中，铁皮石斛的原产地根本没有知识产权保护的行为和意识。

除了拥有原产地的竞争优势，还有"一方水土养一方人"，区域特性还有独有的人文特色，所以在 2019 年中央一号文件中，乡村产业提到了"一村一品、一县一业"，也提到了"乡字号""土字号"，以及手工业等。

这些都围绕着区域品牌在展开，我们很多人都去过美国、新西兰、英国、法国等发达国家，在购买旅游纪念品时是否都有"过了这个村就没那个店"

的感觉？也就是说在一个旅游目的地能购买的旅游纪念品到另外一个地方就买不到了，这就是区域品牌。如何打造区域品牌呢？首先，要确定当地的独特资源，只有大自然赋予的物品或历史沉淀的文化才具有唯一性，找到了唯一，再整合所有的资源，让所有对外的器物和传播围绕着唯一，做到专一。其次，品牌有符号，有特征，有价值。可以通过"五品化"来实现，从生活潮品、景观小品、加工产品、餐饮菜品、文化纪念品五个维度，传递原产地的品牌信息。

我之前去日本考察时，很惊讶于他们能够将一个农产品做成数百个甚至数千个深加工品，包括快消品、调味品、膳食料、化妆品、生物制品、保健品、药品、零食等，可以想象他们一家农场或一个地区不可能有这么强大的深加工能力。显然，他们依靠代加工来开发他们当地的产品，这在我国也完全可以实现，无非很少人想到而已。

这也充分表明，在城乡经济中，社会分工还不是很完善。这方面的市场潜力还是巨大的。

景观风貌提升区域品质

一个地区的经济要素要么输出产品或输出技术，要么引入客流或提供服务，景观风貌好比个人的着装，需要形成整体风貌和鲜明地区印象。

我在实践工作中，提出"五面"风貌的理念，包括"田面、路面、水面、街面、墙面"。"田面"，在城乡经济中，农田是必不可少的构成部分，不仅需要有种植功能，还需要有生态景观功能，由于之前的田地都是"家家一亩三分地"，没有统一的种植，除了北方的粮食大规模种植区域外，很多南方的田园都是零零散散。在我国饮食结构逐步改善的今天，需要用规模化的生态景观功能去美化我们的田园，例如，浙江有很多地方种了竹子，就可以用竹篱笆美化一些菜园，需要的只是一个造型设计而已。"路面"，也是一种风貌的一个载体，农村实现村村通之后，大部分是白色路面（水泥路），但沿路的风貌是否可以进行一些改善呢？例如，在一些入口处建设"紫藤长廊"，或葡萄架之类的，使得农村道路也具有生态景观的味道，更多一些自然的气息。"水面"，针对河道，可以做一些绿化，种植草坪等生态植被。"街面"，针对县城或镇区，整治店招店牌，添加地方的文化符号，使得各类指示牌或标志更有地方的鲜明特征。"墙面"，需要根据地方建筑的不同文化来进行设计和改善。封建时代，除了皇室，大部分民居的建筑色彩都是白墙黑瓦，近代很多农村地区的农民都把自己的房屋建成了欧式的。很难一下子恢复到原来的风貌，这时候，可以用色彩或建筑元素来强化和统一，将建筑的色彩与区域的特色协调统一起来。

逐步实现区域的复合功能和价值提升

区域开发是一个渐进的过程，美国在城市化的过程中也出现过经济落后地区的就业岗位流失和人口流出等问题，美国曾在 20 世纪 50 年代为解决地方政府特别是县州政府的财政和负债压力推出了税收增额融资（Tax Increment Financing，简称 TIF），那时候，美国的中央财政给各州的拨款大幅缩减，造成各地财政压力急剧上升，地方政府不得不另辟蹊径，设计了一种全新的融资制度。TIF 是指地方政府以特定规划区域内未来开发建设所产生的土地财产价值所带来的税收，作为其对外发债的还款来源。他们会在开发初期采用客观评估的方式确定区域所在地的物业价格，同时再以当时的税收为基础，对外发债融资。执行开发计划时，将这个区域内的土地财产价值冻结起来，一般按照 20 年为一个周期，到了 20 年后土地财产解冻，所获得的税收增额部分作为还款来源[①]。

美国的 TIF 实践证明了一个道理，区域开发最终会获得土地及物业财产的增值，并能带来税收的增加。这在我当年开发上海新场古镇时也得到过验证，刚开发新场古镇时，沿街商铺的租金约为 0.5 元 / 天 / 平方米，且很多沿街店铺都没人要，十年后，这里的商铺价格有的竟然涨到 7~8 元 / 天 / 平方米。这相当于在市中心的办公楼租金的水平了。

区域功能提升和区域价值提升是一个不断发展的过程，其核心是吸引"人气"，特别是需要居民的导入，这就需要从宜居的角度，实现美丽、便利、惬意的生活向往。根据我的研究，我认为需要从空间尺度、功能配比、城镇意向、生活配套和环境氛围五个方面着手。

一是空间尺度。区域空间可以分为三类：建筑空间、开放空间和自然空间，建筑空间是指各类建筑单元所占的面积；开放空间是指室外的人类休闲活动面积；自然空间是指农田、林地、山陵等人类生产活动的空间或生态面积。空间尺度一方面需要将这三者的面积设计一个合理的配比关系；另一方面还需要从建筑的高度、与自然的相融程度、美学的角度来美化其整体性。

二是功能配比。建筑是为人类服务的，不同的建筑有不同的功能，例如，在法国格拉斯小镇中，包括有商业街（商业功能建筑）、酒店（旅游功能建筑）、社区（居住功能建筑）、学校（教育功能建筑）、工厂（生产功能建筑）。这些不同的建筑功能形成了错落有致的建筑单元组合，围绕当地居民和外来游客提供了不同的功能空间。

三是城镇意象。每个区域都需要有一个公共活动中心，类似于地标区域，有主干道，有次干道，有主要的商业街及合理的功能分区等。这些构件类似于搭积木一般，每个地方都有共通性，通过规划来组织区域的公共活动空间。

四是生活配套。生活配套是为居民的服务提供的功能性设施或场所，包

---

① 赵忠龙. 税收增额融资的美国经验与中国借鉴【J】. 2014，8（1）— . 广州：暨南学报，2014 — .

括公共行政服务以方便居民办理业务，商业服务提供日常用品的购买，出行服务提供公交、共享单车等，电信网络服务等。

五是环境氛围。绿化、生态是一个区域必要的环境条件，但氛围是需要营造的，在德国的很多小区会看到沿路的居民家庭窗台上都有阳台花盆，人们喜欢点缀生活中的场景就属于氛围，有些地方还举办很多的社区活动等。针对旅游，有些地区还策划和提供了丰富的活动和体验项目，例如法国格拉斯小镇每个月都有节庆活动，丰富的节庆活动能够营造这种生活的氛围。

∞

区域品牌的推广和区域 IP 打造

> 区域品牌的营销不是为了销售产品，其核心是提升地区的知名度，就如打造 IP 一样，制造地区影响力，通过区域的影响力带动区域的产业集群和旅游。而打造出知名的 IP，可以缩短区域项目的投资回收周期。

区域开发是一个复杂系统，需要侧重于整个区域的生态圈，涉及规划、基础设施建设、公共配套、功能区的建设与管理、核心产业的导入与运营、区域推广、公共服务管理等。区域品牌的营销是区域开发运营过程中的重要环节。

区域品牌可借助行政力量借势推广

无论从区域开发还是运营的角度，都需要"市长和市场"，即政治和经济要素的结合。我在新场古镇操盘的时候有一个很大的感受，就是行政力量在区域品牌推广方面的优势。区域品牌推广的方式有两种：一种是硬广告，一种是软广告。硬广告属于直接推广的形式，利用广告媒体或其他载体，直接向社会公众推广。软广告属于间接推广的形式，即借助新闻、文章或体验等形式间接地推广。实践证明，行政力量在区域品牌推广中的作用不容忽视。

那时候新场古镇因为电影《色戒》在老街上取景，我们就想在新场古镇附近的高速公路上做一个高炮（广告牌）宣传，那个广告费也是挺贵的。其实做这个高炮的作用和在高速公路上做指示牌的作用是一样的。但在高速公路上设置交通指示牌属于公共行为，私人是不允许设置的，必须要经过上海市级的路政部门审批，前提是成为A级旅游景点。于是我们努力申报成为A级旅游景点，之后，就成功在市内的几个重要高速节点上设置交通指示牌，而这些指示牌费用都是免费的，广告效果也很好。不仅是这样，由于评上了国家级A级旅游景区后，上海市政府还有旅游景区的宣传费用，可以免费将景区的信息编入上海市级的旅游路线，直接纳入了上海市的旅游体系。

这就是属于市长思维，因为区域推广也是市长的事，借助行政思维，可以降低企业在区域品牌推广过程中的费用。

这其中，有两个诀窍：一是要申报高规格项目，能够在行政体系内获得认可。二是要将"市长和市场"双结合，借助行政力量降低企业成本，当然，这个市场一定是站在区域品牌的角度才可以纳入行政体系。

区域品牌的软广告则需要从三个方面考虑：一是当地的官员和企业家；二是当地的居民；三是专家。区域发展需要地方官员上下一致形成统一的认识和统一的思想，区域规划不能只是墙上挂挂，而是需要不断地强化，记在脑子里，统一目标，心往一处想，劲往一处使。我经常受地方领导邀请去地方讲课，有区域规划的我一定会好好学习一下，区域品牌的核心思想就是区域规划。之前有云南等地组织地方官员到上海进行办班学习，一方面是让官员开眼界，另一方面也是通过专家的嘴统一官员的思想。不仅是官员，地方的企业家也需要学习规划，区域规划是未来的愿景，只有上下统一了，才有干劲。

针对地方居民，也需要加以引导和宣传，刚开始我们在开发古镇的时候，为了让老百姓了解开发古镇能给他们带来什么好处，我们就组织老百姓去周庄、朱家角等周边的古镇去考察，"观念决定行为"，人都是以自己的经历来认知事物的，只有当他们看到了成功的案例，他们才会相信并配合我们的开发工作。

针对社会，则不是引导那么简单了，而是需要不断强调区域规划的优势，用新闻、事件或专业文章来推广区域的知名度，我在新场古镇时，专门设立了研发部门负责策划和新闻传播，要求确保"新场古镇"在媒体上高频率的曝光率，同时，我们也有国家级的专家团队从专业的角度在媒体上进行宣传新场古镇的建筑和历史文化等，通过不断地宣传，新场古镇在上海的知名度日益提升。

区域品牌打造 IP 可以缩短投资周期

IP，作为时下最热的词汇之一，相信现在大家都知道所谓"IP"即是"知识产权"（intellectual property）的英文缩写。一个成熟且知名的 IP 可以让一个原本不知名的区域迅速"爆棚"。对于区域运营来说，打造一个 IP，可以逐步提高知名度，增强识别力，形成竞争力。

上海迪士尼的总投资高达 36.9 亿美元，投资如此巨大，能当年实现收支平衡的生意简直是东方夜谈，但迪士尼做到了。2016 年，美国迪士尼在上海浦东的川沙地区开业，2017 年财报显示，上海迪士尼度假区在其第一个完整运营财年获得了运营收入，首个财年就实现收支平衡。首席财务官克里斯汀·麦卡锡在新闻发布会上表示：上海迪士尼的运营收入增长来源于其增加的客流量，以及小部分来自其与去年第四季度相比较低的市场营销成本 [1]。

迪士尼公司介绍，他们的 IP 运营能力是他们创造了无与伦比的品牌及人物系列，以及他们在全公司运营 IP 的能力，让他们比其他任何娱乐公司更适

---

[1] 浦东新区政府网：
http://www.pudong.gov.cn/shpd/news/20171114/006004_2679b38b-418c-4e33-b8f5-8a204db7f66c.htm

应日益变化的媒体环境，也就是说他们的 IP 运营主要依靠了媒体的力量。

北京古北水镇是司马台长城脚下独具北方风情的度假式小镇，占地面积 9 平方公里，总投资逾人民币 45 亿元。古北水镇于 2014 年开业，自营业之后发展迅猛，连续三年每年游客都在迅猛地增长。2016 年，景区实现营收 9.79 亿元，同比增长 35.16%；全年累计接待游客 275.36 万人次，同比增长 12.89%[①]。古北水镇也正是借助了 IP 的运营，将水乡古镇从江南搬到了北京。显然，其品牌的成功和乌镇 IP 也有很大的关联，因而也能迅速集结人气，获得不小的营业收益。

那么，区域 IP 该如何运营呢？

1. 地域化的特色农产品原产地品牌

乡村的属性是农田，种植是其基础，需要利用农产品打造特色 IP。农产品具有很强的地理属性，例如葡萄在纬度 38° 左右的区域光照时间最长，甜度最高。这种葡萄产区就具有特色种植的基础。又如东北的五常大米、江苏的大闸蟹、潜江的小龙虾等。全国知名的农产品无处不在，但如何转化成 IP，则需要向梅子梦工厂学习，把特色种植的农产品作为 IP。

"梅子梦工厂"（MEI INTAIWAN），是台湾地区信义乡农会结合地方产业和当地文化，于 2007 年整合在 1989-2006 年间成立的食品加工厂、酒庄、驿站等资源，而建立的一个企业品牌。从一个青梅到"梅子梦工厂"，信义乡的梅子产业整合了区域自然资源、文化资源、技术资源、人力资源、组织资源，形成了传统农业产业、工业、服务业、文化创意产业四大产业体系的高度融合，并在管理上采用以"梅子梦工厂"为企业品牌主体的现代管理体系和品牌架构。

有了梅子梦工厂的 IP，每个商品的价值就有所不同，一件普通的衣服印

---

① 新华网：http://www.xinhuanet.com/finance/2018-07/11/c_129911479.htm

上了梅子梦工厂价格就比平时贵了好多，但客人买的是 IP 纪念品，对价格就不再敏感。当地各类与梅子相关的纪念品都有了 IP 符号，产品也容易销售出去。

2. 地标式建筑品牌化

农村地区最大的问题是缺少认知标识，到一个陌生的地方，很难识别。这时候，地标性建筑会在整个乡村区域形成独特影响力。阿苏农场的馒头屋、英国伊甸园的"异型温室"，因为其不同的建筑形态让人印象很深刻。

阿苏农场位于日本九重国立公园内，占地约 100 万平方米。原本，阿苏农场的所在地是一片被废弃的农田，但阿苏农场的经营者利用其广阔的自然山体空间、火山资源，将农场主题定位为"人、自然、元气"三大元素，与自然揉为一体。元"圆"成为阿苏农场的主题和 IP。

阿苏农场的 IP 是馒头屋，一方面成片的馒头屋成为地方的标志物，另一方面，圆圆的类似馒头一样的各类商品成为阿苏农场特色的文化符号。在此基础上，阿苏农场利用了自身区位优势，以温泉、作物种植打造了养生主题。同时，农场注重游客的需求以及满足游客的私人订制心理，打造不同主题的住宿、食物，使得农场的档次得到提高。阿苏农场年接待游客 500 万，连续十年在日本旅游景区排名第 4 位，这是一个十分不错的成绩[①]。

3. 特色农产品的人物化

日本的 MOKUMOKU 农场建立之初是希望日本国内的养猪产业得以发展。所以在中后期，农场的主题就是"猪"，为了让人们接受他们印象中能够喜欢的"猪"的形象，为此 MOKUMOKU 农场把"猪"的图像动漫成人物的形象，塑造成老实，小可爱的模样。渐渐的，把人物"猪"作为符号带到了农场的各类特色农产品。

---

① 腾讯网：https://new.qq.com/omn/20190502/20190502A06ANS.html

4. 独特的节日和活动项目

我曾经研究了很多全球各地小镇的成功案例，发现有一个共同点，就是有丰富的活动项目，每个地方都提供了足够你流连忘返的娱乐项目，这些项目都是因地制宜的，但充分延长了在当地滞留的时间。同时，有些地方为推广区域品牌，创建了地方独有的"节日"，通过持续地运营，形成了独特的区域品牌 IP。

5. IP 传播需要有裂变能力

IP 营销具有话题性和传播性，具有庞大的粉丝基础和市场，是一种可以产生裂变传播的新型营销方式，这种营销方式对于乡村区域来说，需要考虑品牌 IP 的人格化。需要从标志性的风格、标志性的标签、标志性的口号作为衡量 IP 人格化的三大标准。

标志性的风格，是指符号外在的价值和意义，例如，大家想到王老吉就会联想到红色，想到雪碧就会联想到绿色，想到苹果手机就会联想到极简主义，这就是一种风格，带给消费者的一种潜意识的认知。

标志性的标签就是 IP 的价值主张，最直接的就是看 IP 的 slogan，例如：迪士尼的"迪士尼给人类提供最好的娱乐方式"。

标志性的口号是可以在网络迅速传播的一句话，一个事件，或一个故事，例如，"海南的博鳌论坛"，乌镇的"来过就不曾离开过"，这样一些口号，可以让 IP 在网络上广泛的传播，并且能够被粉丝们津津乐道。

IP 的传播途径相当快，可以利用各类新媒体，对于知名 IP 来说，可以利用其原有的受众进行宣传，例如迪士尼的受众基础是儿童，所以迪士尼的传播大都是动画片，《花木兰》等世界级动画片让迪士尼的粉丝在心中植入了迪士尼这个 IP。迪士尼的成功是不可复制的，但迪士尼利用 IP 的方法是值得借鉴和学习的。

国内很多主题乐园都倒闭了，而为何迪士尼可以经久不衰？如果一个特色小镇为引入国际知名 IP 花费三四个亿是否就能成功？而为何类似于德国草莓小镇，日本阿苏农场这些虽然没有借助知名 IP，但也能成功？IP 只是区域运营的一个手段，真正支撑这个区域的是持续地运营。

☞ **本章小结**

　　本章通过分析过去城市化快速扩张的 20 年中"城市"与"县城"的博弈，说明在"城市""县城""小镇"这三类不同空间载体中，县城和小镇作为县域经济的空间组合，一旦在集体土地释放后，将成为开发建设的主要战场。

　　特别是特色小镇的发展具有相当大的潜力，但特色小镇太小，容易被开发商左右，纯住宅化不是城乡一体化发展的核心，城乡一体化需要的是产业＋居住，需要站在县域整体运营的角度，以"小镇"为载体，推动"县城＋小镇＋乡村"的区域空间开发与建设。除了空间格局，本章还总结了区域运营的方法论，系统阐述区域运营的内部动能四要素和区域运营的五个要点。同时，区域运营体系中，区域品牌的 IP 是其中一个重要环节，可以持续打造区域的影响力。

商机解读

特色小镇之变

目前，社会上对特色小镇的认知不够充分，特色小镇变地产化、地方政府借"特色小镇"之名变相举债等乱象频生。为此，国家发改委自 2017 年以来，已三次颁布文件纠偏。

"特色"从何而来？特色是靠市场驱动形成的，通过区域性的差异化形成特色小镇的竞争力，并形成可持续发展的能力，市场上不缺投资特色小镇的资金，缺的是长期投资的耐心。

特色小镇根本的问题是缺少有效的市场机制，特色小镇需要产业运营能力和资金实力，两者缺一不可，然而，一方面有资金实力的房地产商要高周转，纯粹的地产思维缺乏耐心；另一方面，有产业运营能力的企业缺乏资金。

特色小镇的本质是区域经济，目标是实现土地和资产的增值，需要通过运营来取得未来收益。从这个角度来讲，有运营能力的比有资金实力的角色更重要，但投资建设一个特色小镇，小则数十亿，大则上百亿，小企业一般承受不了，企业没办法，只能想靠着房地产快速回笼资金。所以很多房地产企业以"产业"为名，以"产业"拓展到土地后，把商品房建起来后就走人了。

特色小镇的开发建设运营是一个复杂工程，对开发建设的负责人的综合能力要求非常高。特色小镇涉及规划设计、基础建设、公共配套、产业招商服务、社会管理等跨领域、跨行业工作。麻雀虽小，但和城市一样，包罗万象，五脏俱全。

目前，我国缺少特色小镇的人才培育体系，既然，特色小镇是我国一项重大的经济工程，这方面的人才还需要有待于专业化培育。

∞ 案例：特色小镇——杭州艺尚小镇

特色小镇也是基于对当地产业能级提升的一种手段和途径。艺尚小镇，位于杭州余杭区。就是在传统产业升级过程中建造起来的。

艺尚小镇位于浙江省杭州市余杭区，小镇距离杭州市区约 20 公里，离浙江省最大的空港萧山国际机场仅 30 公里，沪杭甬高速出口就在小镇身侧，沪杭高铁和杭州地铁 1 号线在此交汇，由地铁一号线向西，40 分钟可抵达西湖；由沪杭高铁向东，几乎同样的时间可以抵达上海。

艺尚小镇于 2015 年 6 月入选浙江省首批特色小镇，主攻以服装为主的时尚产业，依托好电商、产业互联网等。浙江省首次将时尚产业作为七大万亿产业之一，小镇周边拥有绍兴轻纺城、海宁皮革城、桐乡毛衫市场、湖州丝绸等优秀资源。

一、艺尚小镇的产业基础

余杭区之后也面临着"进二退三"的城市化规律。余杭的纺织业历史悠久，据史料记载，早在秦汉时期余杭就有比较发达的丝织业，到南宋丝织业已十分繁荣，明清时成为著名的丝绸生产和集散地。改革开放以来，余杭家纺业如虎添翼，发展迅猛。20 世纪 80 年代末期，运河、崇贤、仁和一批纺织面料的经营者陆续办起了家纺生产企业，边生产边销售，由仅有几台织机起家，到 90 年代逐步发展成规模较大的家纺企业，同时带动了周边一大批从事家纺的生产企业，并逐渐形成块状特色经济特征明显的家纺产业集群。2002 年余杭区被中国纺织工业协会和中国家纺协会授予"中国布艺名城"称号。余杭丝绸更是因为入选 2001 年 APEC 会议各国元首唐装面料而享誉海内外，获得"中国丝绸织造基地"的美名。

2006 年余杭家纺完成规模以上工业产值 82.5 亿元，规模以上企业达到 251 家，其中产值超亿元企业 18 家，拥有各类织机超过 2 万余台，从业人员超过 3.5 万人。余杭家纺产品 60% 以上出口，产品主要销售到欧美、中东、东南亚等地。近年来，快速发展的家纺业已成为该区扩大出口创汇、增加财政收入、安置劳动就业、推动地方经济发展的重要产业。

二、特色小镇的意义

城市开发建设对工业的作用是成本提升，传统的产业形态势必受到冲击，余杭地区虽然是全国知名的纺织城，但他们缺少"设计""创新"，很多老板经常到韩国等国家或地区去找版型，回来复制一下马上就可以投放市场。有批发市场但缺少品牌，有版型没设计创新。

随着"退二进三"的节奏，传统的很多工厂无法承受成本因素逐步迁移出余杭区。有些作坊甚至歇业了。这种属于产业随城市建设的"自然淘汰"。

为了延续和提升余杭的纺织产业。杭州市决定打造艺尚小镇，将原来的纺织工业化转向生活化，艺尚小镇应运而生。

艺尚的主要目的是提升余杭纺织产业的能级，将设计、时尚、创意导入小镇，形成宜居，宜游，宜业的空间。

三、艺尚小镇的运营模式

艺尚小镇位于临平新城，规划范围约 3 平方公里，三年计划投资 51 亿元，确保 2017 年基本成型。2017 年底，成立了小镇运营公司。一直以来，临平新城在推进小镇发展上，坚持政府做配套，市场做运营。目前，小镇非国有占投资比为 70%。

2017 年底，小镇运营管理公司正式成立，人才引进、招商、税源培育等都由运营公司完成。

小镇文化街区二期招商取得开门红就是市场活力的最好体现。2019 年，小镇已集聚国内外顶尖设计师 24 名、创新型区域服装企业总部 31 家，包括全国 19 名金顶奖设计师中的 5 名和 13 名中国十佳设计师。在各方合力推进下，小镇成绩亮眼。2015 年至今，累计完成投资 71.7 亿元，实现营收 119.78 亿元，税收 7.24 亿元。

四、运营经验

1. 整合资源，形成氛围

艺尚小镇借力中国服装协会、中国服装设计师协会，努力将小镇打造为"中国服装行业'十三五'创新示范基地"。强化校镇合作，让小镇拥有持续的活力，已与浙江理工大学、中国美院等5所在杭高校建立战略合作，挂牌4个创业实践和孵化基地，吸引520名新锐设计师创新创业，进一步衔接产学、孵化人才、创新创业。

2. 高调宣传，做大影响力

小镇建设了国际秀场与文化艺术中心。国际秀场国家级和国际级的大型秀场活动经常排满。小镇成功举办6个国家参会的亚洲时尚联合会中国大会、20余个国家参加的中国服装·杭州峰会，国内外知名度、美誉度、影响力进一步提升。小镇打开国家级刊物刊登渠道，2017年《人民日报》头版文章《浙江，传统制造不传统》开篇点赞艺尚小镇，国务院主办的《中国经济时报》《经济日报》专题刊发小镇报道。

3. 服务升级，提升吸引力

要让人才留下来，服务配套也至关重要。一方面，新城加快完善各项服务，出台支持时尚产业发展等政策，推出1.1万套人才公寓，引入知识产权保护机构等。另一方面，落实"最多跑一次"，主动上门为企业服务，努力做到办事不出小镇。

五、空间规划及功能布局

艺尚小镇创新性地将空间格局划分为"一中心三街区"。

一中心是指小镇主体项目艺尚中心，三街区分别是时尚文化街区、时尚历史街区和时尚艺术街区。

1. 东湖文化艺术中心

临东湖而建的文化艺术中心是展示城市风貌、服务小镇发展、传播文化艺术的城市文化新地标。中心占地 130 亩，建筑面积 12.9 万平方米，包括大剧院、艺术中心、国际秀场等。大剧院由 1200 座大剧院、500 座小剧院、展览中心、配套商业等组成；艺术中心由城市展览馆、文化馆、艺术馆等组成。

2. 时尚文化街区

该区是设计大师的群落、产业配套的集合、生活休闲的中心。通过建设创意秀场、孵化园区、品牌生活馆、主题街区，零距离服务企业与人才，打造国际化休闲生活样板区。

3. 时尚艺术街区

该区是服装企业总部的集聚区、企业转型升级的大舞台。融入法国建筑大师设计的"三面九院 U 谷"江南院落风格，是融合创意、产业、文化、游乐、居住于一体的时尚产业总部集群。

4. 时尚历史街区

该区是小微企业的成长空间、时尚产业链的有力支撑。传承"白墙黑瓦"建筑风貌，将 29 幢民居改造成总创空间，专注打造专业运营服务体系，百余家专业化企业主要提供 O2O 营销导流、电商云服务支撑、智能物流仓配、小微金融信贷等服务。

5. 国际秀场

作为国内顶尖专业级秀场，杭州艺尚小镇国际秀场对标国际，打造时尚T 台。秀场占地 9.3 亩，分主次两大秀场，总建筑面积 7500 平方米。主次秀场均为无柱大厅，其中主秀场高 17.5 米，长 50 米，宽 30 米，面积 1500 平方米；次秀场高 10.5 米，长 46 米，宽 25 米，面积 1150 平方米，为小镇设计师、服装企业、国内外优秀设计师提供产品展示平台。

1. 区位交通便利。艺尚小镇所在区位交通便利，这是区域经济中的重要成功要素。对外交通和对内交通，重点要看车程。

2. 具备产业基础。艺尚小镇所在的余杭区拥有深厚的纺织产业基础，是城市化推动他们实现转型升级，在转型过程中，艺尚小镇推动的是产业链的转型，将纺织产业链中的加工生产环节引导出去，将设计、展示等功能留在小镇上。

3. 政企机制灵活。艺尚小镇运营公司非国有化，政府和民营资本合作共赢，共同推动了艺尚小镇的市场化运营。

近期，《国务院办公厅转发国家发展改革委关于促进特色小镇规范健康发展意见的通知》（简称《通知》），同时，国家发改委与国开行、农发行等六家银行印发《关于信贷支持县城城镇化补短板强弱项的通知》，重点对县城产业平台公共配套设施、县城新型基础设施、县城其他基础设施等项目提供信贷支持。六家银行总行每年分别安排特定规模的信贷额度，专项用于支持县城城镇化补短板强弱项项目。《通知》中提到，重点支持的领域包括：环境卫生设施建设项目（建设垃圾无害化资源化处理设施和污水集中处理设施）；市政公用设施建设项目（公共停车场和公路客运站等交通设施、水气热等管网设施）；商贸流通设施建设项目（配送投递设施、冷链物流设施和农贸市场）；有特定收益的老旧小区改造项目。

国家发改委又印发《县城新型城镇化建设专项企业债券发行指引》。发行指引指出县城新型城镇化建设专项企业债券募集资金应该投向县城及县级市城区内的，兼顾镇区常住人口 10 万以上的非县级政府驻地特大镇、2015 年以来"县改区""市改区"形成的地级及以上城市市辖区的项目。

主要支持领域分为三类：一是县城产业平台公共配套设施建设。包括但不限于建设智能标准生产设施、技术研发转化设施、检验检测认证设施、职业技能培训设施、仓储集散回收设施和文化旅游体育设施等。二是县城新型基础设施建设。包括建设5G网络、物联网、车联网和骨干网扩容等。支持市政公用设施数字化改造项目，包括改造交通、公安和水电气热等领域终端系统等。三是县城其他基础设施建设，支持市政公用设施建设项目，包括改造建设公共停车场和公路客运站等交通设施、水气热等管网设施。支持有特定收益的老旧小区改造项目。这其中基建、老旧小区改造等领域均属于城投平台业务范围，指引特别指出支持县城特别是县城新型城镇化建设示范地区内主体信用评级优良的企业，以自身信用发行本专项企业债券。在偿债保障措施完善的前提下，允许使用不超过50%的债券募集资金用于补充营运资金。用于项目建设部分的募集资金，可偿还前期已直接用于募投项目建设的银行贷款。对已安排中央预算内投资和地方政府专项债券等资金的项目，优先支持项目实施主体发行企业债券，以支持募投项目所需资金的足额到位，这些支持举措可以降低当地平台融资压力。

∞

第 5 章

双循环需要大产业

国内国外双循环需要我们站在全球的眼光去观察我国经济所处的状态，我国的城市已建设得非常好，有些城市建设已超越欧美等发达国家的城市，但我们的农村还很落后，农村的落后不是因地区差异形成的，是城乡二元结构造成的，并不是偏远地区才有贫困村，北京、上海都有贫困村。

总书记曾说过，农业强不强、农村美不美、农民富不富，决定着全面小康社会的成色和社会主义现代化的质量[①]。

城市离不开乡村，乡村离不开农田，面对广袤的农田，城乡经济的发展还是需要从农业的产业链去分析和思考。

本章将从体系化的角度来详细探讨农村土地的改革将会带来怎样的变化，城乡经济功能定位如何确定，区域产业体系如何构建，产业如何落位到城镇空间。

---

① 中国政府网：http://www.gov.cn/xinwcn/2018-03/16/content_5274578.htm

∞

药食同源，农业需要提升功能，提高生产力

农业用地改革改变传统农业，规模化经营是趋势，药食同源，未来农业发展朝着"特色化、规模化、高科技化和品牌化发展"。

城市化的过程是农业人口向非农人口转移的过程，2019 年年末，我国的总人口已突破 14 亿，其中还有 55162 万人口生活在农村 [①]。2019 年的中央一号文件中提到，壮大乡村产业，要促进农村劳动力转移就业，其中就提到了发展壮大县域经济，推动城镇建设，增加农民就地就近就业岗位，实现农民转移人口市民化，推动城镇基本公共服务全覆盖。这也说明从国家的角度，已经将县域经济作为乡村振兴的主导。从城乡融合发展的角度，传统农业正发生着改变。

农地改革促进农业规模化经营

城乡经济尤其是县域经济就离不开农田。我们的传统农业是以土地为生产工具的，也就是说，农民离不开农田，传统的农民靠农地种植生活。

我国始终存在着人多地少的难题，在工业化、信息化带动城市化高速发

---

① 新华网：http://www.xinhuanet.com/2020-01/17/c_1125474664.htm

展的时期，农民的种植收入肯定是低于在城市就业的收入的。为此，背井离乡的农民离开了农田到全国各地的大城市寻找工作，农民工兄弟成为大城市建设的功臣。在上一章我们看到了城市与县城的博弈，城市建设已经接近成熟，十九大提出了城镇开发边界红线，随着城市产业"进三退二"的要求，那也就意味着这一轮的农民工有了返回乡村的需求，这从近年来流动人口规模的减少也佐证了这一点。全国流动人口规模从 2015 年起从此前的持续上升转为缓慢下降[①]。

近年来，我国已经实施农村"三块地"的改革，"宅基地""集体建设用地""农业用地"的三块地改革将推动"乡村振兴"的开始。针对农业用地，国家为确保农民的利益，在十九大报告中提出，保持农村土地承包关系稳定并长久不变，第二轮土地承包到期后再延长 30 年。我国农村土地的改革始于 1978 年安徽凤阳小岗村的"承包到户"，极大地推动了农民种地的积极性。1983 年我国在广大农村普遍推行了家庭土地承包经营，这也是第一轮土地承包期的标志性年份。按照相关规定，第一轮承包期为 15 年，第二、三轮承包期分别都是 30 年。这意味着二轮承包到期标志性截止年份是 2028 年[②]。

"承包到户"在 1978 年是农村的一项重大改革，但那时候我国的城市化还没有兴起，工业、服务业的优势还没有突显出来，也正是在十三届三中全会之后，允许个人创业之后，全国兴起了现代化建设的热潮，江苏兴起了以"集体经济"为主的乡镇工业企业，浙江兴起了以"民营经济"为主的乡镇工业企业。工业的发展让一部分农民率先离开了农田。和工业、服务业相比较，农田对于农民来说，就是生产工具，农民离不开农田[③]。

工业、服务业是伴随着城市化发展而发展的，城市化是农业人口向非农

① 新华网：http://www.xinhuanet.com/politics/2018-12/25/c_1123902905.htm
② 李国祥.农民进城落户了，承包地要不要保留【J】.2019，23（1）.北京：半月谈，2019—.
③ 刘志彪，吴福象.新中国 60 年江苏工业发展的基本轨迹和基本经验【J】.2009，12（1）—.南京：南京社会科学，2009—.

人口转移的过程，国内中央一号文件年年有，但农村仍然落后，城市依然繁华。国家一直很重视农业农村，问题在哪？宏观方面来说，是国家制度设计引导的，将农民从农村引向城市，如，农村户口和城市户口的福利差异，以及农村土地和城市用地的差异（农村土地经审批可以变成国有土地后进行市场交易，未经审批的农村土地不得交易）。这些制度导致了农村要素只能向城市单向流动。微观层面来说，是生产关系造成了农业的落后，我国人多地少，农业用地承包到户后 2012 年全国户均耕地 2.34 亩（国家统计局数据），有能力耕种的缺土地，没有能力耕种的闲置土地。近几年，我国的农业用地实施三权分置。"坚持农村土地集体所有权，稳定农户承包权，放活土地经营权"宗旨不变，2014 年 11 月中共中央办公厅、国务院办公厅印发的《关于引导农村土地经营权有序流转发展农业适度规模经营的意见》提出，"坚持农村土地集体所有，实现所有权、承包权、经营权三权分置，引导土地经营权有序流转"。将农地三权分置确立为实现农业规模化经营的政策选择 [①]。

这其中有两个问题值得注意：一是承包地的确权问题，由于农村的农业用地是集体所有，没有确立私人的权力是无法交易的，现在我国大部分地区在推动私人承包地的权属确立，这可以为农村产权交易奠定基础。二是成本问题，土地规模化经营可以利用农业科技提升生产力，但土地流转成本也是值得商榷，作为农场主来说，土地还没种，一年的地租就是很大的成本了。所以，后来出来了农田托管的模式，就是农民的地还是农民的地，由托管企业代为种植收割，农民到城里打工，把地交给托管企业种植的时候交付服务费。

2019 年我国的土地管理法进行了修改，允许符合规划的集体建设用地直接入市交易用于工业和商业使用。注意，以前的农村没有什么规划，现在城乡规划保护，农村宅基地不允许随便建了，农村规划受法律保护了。

以上种种都在呈现一个趋势，也就是传统农业在经历改变，这个改变随

---

① 中国政府网：http://www.gov.cn/xinwen/2014-11/20/content_2781544.htm

着农村用地的改革在不断变化，其中很大的一个变化是，集体经济组织在这一轮改革中成为重要的主体。相关文件表明，只要是集体经济组织，就可以和社会资本一起改变宅基地的用途，发展旅游，做养老服务等。

社会上普遍认为农业不好做，农业当然不好做，要不然全世界都不用搞城市化了。问题是人人都去城市了，农村怎么发展，所以美国在推动城市化的同时推动"大农业"。

我国不同于美国，我国的人口分布差异很大，地形地貌不同，更有区域经济差异。做农业的人都说好了一年，坏了三年，就是指有一年的农产品价格好销路好了，这类农产品的产量就会直线上升，产量一上来价格就下来了，就如这几年的蛋品价格的波浪走势、苹果价格的变化等。农产品包罗万象，最怕的是跟风。

农产品不仅面对着国内的跟风行为，还要面对国际农产品的竞争。如果全国的农产品还是一片散沙，怎么去和国际农产品竞争。竞争需要规模化、低成本化、差异化。要实现这三化，就需要减少农产品选择的无序，从优势品种的角度，实现区域化的差异。2018 年全国 1335 个县（国家统计局数据），2019 年中央一号文件强调"一村一品，一县一业"，从全国的角度，如果以县域为单位，就可以使农产品地域化，并形成差异，并从县域的角度，实现特色农产品规模化和低成本化，提升国际化竞争力。

我去考察日本的农业时，他们都有一个农业协会，这个协会提供农产品的种子、种植标准和品牌，然后由协会统一收购、统一销售，农民只要负责生产。这种模式类似于农业的计划经济模式，当然他们可以避开我国农业的产量与价格的不稳定问题。但我国国土面积和农业人口太多了，不可能完全照搬日本的农业生产模式。但如果我国以县域为单位，那也是可以考虑这种组织形式，由县域的农业协会来统筹整个区域的种植结构、产品研发、品牌推广和销售等。

地域化农产品选择要有特色化

要做好农业，首先要抛弃"传统农业"的想法。1978 年分田到户是为了解决温饱问题，现代人不缺食物，缺的是营养的科学膳食。农业是生命科学，药食同源，农产品具有营养价值，更需要从科学的角度去选择农业的产业化发展。

人体需要六种营养要素：碳水化合物、蛋白质、脂肪、维生素、微量元素和水。农产品中的粮食作物主要提供碳水化合物，豆制品、牛羊鱼肉等主要提供蛋白质，动植物提供脂肪，水果蔬菜主要提供维生素、矿物质等。可以说，农产品与人体的营养需求息息相关。

由于我国的农业种植规模经营的农场数量还少，对于农产品的市场经济考量还欠缺。根据我多年的农业领域的工作经验，养殖业要好于种植业，农资业要好于养殖业。从种植端来说，水果、干货等亩产收益要大于蔬菜类。

除了国家规定的粮食保障等大宗农作物要求外，农产品可以根据不同的地域作不同的选择。中国农业会园区分会里有各种农产品的专家，很多专家一辈子就研究一类农产品，找到这个专家等于找到了这个产业。例如，江西赣南的脐橙，就是拥有中国国家地理标志的产品。

在选择特色农产品时，主要的考量指标是亩产量和亩产值（如图 5-1 所示）。例如，在北方地方适宜的粮食作物除了大米之外，还有地瓜、马铃薯、小麦、高粱和大豆，他们的亩产量和亩产值各不同。

一般来说，粮食作物的亩产值要比果树种植的亩产值低，我们对常用的一些经济作物进行了分析（如图 5-2 所示），枣子的亩产值约为 5.4 万元，桃子的亩产值为 5.1 万元，核桃的亩产值为 2.5 万元，樱桃的亩产值为 2.3 万元，苹果的亩产值为 1.7 万元，柿子的亩产值为 1.1 万元，杏的亩产值为 2800 元左右。（以上价格需要按市场价再定）。

		亩产（千克/亩）	单价（元/千克）	亩均产值
	地瓜	1，404	3	4，212
	马铃薯	1，139	2	1，709
	小麦	337	3	1，011
	高粱	331	3	828
	大豆	117	5	587
由于基本农田对作物的品类有一定要求，还应因地制宜地考虑草本和木本的草药类植物。				

资料来源：文献检索

图 5-1　北方地区适宜的粮食作物及相关数据

		亩产（千克/亩）	单价（元/千克）	亩均产值（元/亩）
	枣	833	65	54，167
	桃子	1，026	50	51，286
	核桃	267	95	25，333
	樱桃	290	80	23，220
	苹果	1，098	16	17，564
	柿	321	35	11，234
	杏	193	15	2，889

资料来源：易果生鲜网价格（2017 年 8 月）

图 5-2　果树种植的亩产出

对于个人投资者来说，进入农业领域还是有很多技巧的。首先，农业一定要靠政策，全世界对农业都有补贴，不要说你个人投资农业了，农业补贴是天经地义的事，但你要获得补贴就得动动脑筋了。各个地方的农业政策不一样，需要详细地去了解。其次，农产品要有特色，个人投资农产品不能和传统的农民抢生意，当地农民种的你绝对不要种，要学习像珍珠大王一样，找到一个有高利润的农产品，例如当下的中草药种植缺乏，我国于 2019 年 12 月印发《中共中央国务院关于促进中医药传承创新发展的意见》①，中草药种植是一个重要的选择。

规模化种植实现贸易订单

我国的农民不愿意种地是因为收入不高，如果让农民的收入能够超过城市居民的收入，谁也不愿意背井离乡在外"漂"的。那么该如何实现农民增收？

那就得在生产力上下功夫了。我之前收到澳大利亚莫里市老朋友的邀请去考察他们的农场，莫里市占地面积约为 1.7 万平方公里，但总人口就 1 万人，我很惊讶于莫里市的大农业，他们一个农场主负责约 1700 公顷的农田，仅雇用了十个人。他们的一万人口就居住在一平方公里的城区以内，城区之外就是各种不同的农场。考察他们的农田就如"刘姥姥进大观园"，眼前是一望无际的农田，农田，还是农田，但看不到抛荒的农田。他们是怎么做到的？

我在莫里市的城区看到了他们的农机合作社，这些农机合作社停放着"人高马大"的各类大农机。我的同事身高 1.8 米，但他站到农机边上，仅仅是拖拉机轮胎高度的一半。显然，这些大马力的机器是"大农业"的"大力士"。后来听莫里市市长的介绍，我逐渐明白，原来，这里的"大农业"还基于一个原因——单品种。例如，1700 公顷（约 2.5 万亩）的农场全都种一个山核桃，

---

① 中国政府网：http://www.gov.cn/zhengce/2019-10/26/content_5445336.htm

种植山核桃树时，核桃树的密度、树与树之间的距离，都是依据农业机械所能操作的尺度来分布的，他们很多是美国 CAT 的农业机械，这些机器在收割果实时，相当于农民的手，在核桃树两旁摇动，山核桃自动掉落在机器的收集器中，采摘机器将山核桃送往集中的仓库后，仓库有自动传送带，将这些山核桃分别装上货运车，货运车再直接送往码头边上的车间进行加工包装，之后，即可以出口到全世界各地。

一万人口的城市，竟然还拥有国内机场，虽然是个小机场，但对于商用飞机来说，进进出出相当方便。这里还有一个火车站，火车可以解决国内城乡之间的货运问题。另外，这里还有一个港口，出口便利。

同时，这里的农场主都有一家外贸公司，他们接受着世界各地的订单，推广他们的农产品。这时候，让我理解了，莫里市的农田不是一个农田，仿若是一个生产农产品的工厂。贸易是他们生产农产品的主要流通方式。

回顾我在上海孙桥农业科技园区工作时，曾经接待过来自各省市偏远地区的地方领导，他们经常说，"我们的地方是好山好水好产品，但缺钱、缺人、缺市场"。莫里市和国内偏远地区的产业要素建设相比，他们有三方面的优势。

1. 交通。莫里人口仅 1 万，占地 1.7 万平方公里，但他们拥有火车站、港口和机场，货运、客运进出便利，而国内偏远地区的货运、客运交通设施不完善，很多好的农产品运不出去。

2. 单品。莫里市的农场实行的是"大农业"，他们一个大农场就一个品种，这个品种可以量产，而且一旦规模化，在生产布局，机械化耕种方面都会提升效率，尤其是规模化后，产品价格极具竞争力，具备农产品深加工的价值。而我们很多落后地区的农业省市大都品种多样，地区与地区的同质化竞争激烈。

3. 贸易。贸易是促进农产品经济发展的主要环节，莫里市的外贸出口便利条件使得他们的农产品可以向全世界销售，农产品变成资金，再投入生产，农民收入必然提高。而我们很多落后地区的农业省市缺少贸易订单，很多地方仍然靠着农民自己在销售，农产品没有加工技术，农产品保鲜期短，上市期短，一旦滞销就会造成农民的损失。

高科技化提升生产力

提高生产力是人类改造自然的能力之一，欧美发达国家的城市化率高达80% 以上，他们的农民大部分迁移到城市中生活了，那他们怎么解决地没人种的问题呢？

智能化"农机"是他们的武器之一，就如我亲身考察的澳大利亚莫里市感受到的农机设备一样，法国有一部纪录片《脸庞，村庄》中也记载了一位农场主利用智能化农机耕种之后感受到的变化（如图 5-3 所示）。这位农场主介绍说，他现在用智能化农机一个人可以耕种 800 公顷，而过去 200 公顷的农田需要雇用三四个人。在操作农机时，他感觉就像是坐在农机机舱里的乘客，所有的农耕行为都是由电脑操控，目前，他一个人拥有两台收割脱粒一体机。

图 5-3　法国农民使用的农机智能操控板

我国虽然人多地少，但是依然存在着农地撂荒的情况，如果有如此高科技的农机，农民种地积极性也会提高。毕竟这和坐办公室一样，种地不再是"面朝黄土背朝天"的劳动付出了。

大田种植需要农业高科技，室内温室种植也需要高科技发展。我在上海孙桥农业科技园区工作时，已经意识到我们农业科技的困境所在，例如我们种植的番茄、辣椒、黄瓜的种子都是从国外进口的，连营养液也是进口的。

高科技研发需要大投入，更需要匠心精神，我有幸认识了来自台湾地区的林先生，他研发了一套全自动无农药无化肥的温室叶菜生产系统。他在台湾原来是芯片供应商，后来感受到农业与健康的意义，就从 IT 行业转到农业，十多年来从事无土栽培、植物工厂等，利用自己的专业在不断努力改善蔬菜种植的技术。通过十多年的研发，他的无农药无化肥有土栽培技术终于可以落地，我前往他的基地实地参观时，他的技术已经可以展示，他种的上海的矮脚青青菜直接掰下菜叶子就可以食用，嚼在嘴巴里，一股清香扑鼻，真正有了小时候的味道。

他的技术创新不仅是实现了真正意义上的"有机种植"，更能够实现农业种植的工业化，自动无人 365 天都在生长，根据数字计算，每亩年产值可以达到 36 万元。

这种技术如果能够在城市群落地生产的话，就能够为城市群的大量人口提供健康的维生素和纤维素食物。拥有非常大的市场潜力。

品牌化提升农产品价值

上一章提到过区域品牌，这里说的是农产品的品牌化问题，就如"养鸡大王"韩伟一样，他在花钱买了教训之后领悟到了品牌的作用，品牌的核心是定位，是细分市场。

　　这需要地方政府和地方企业合力打造。食品安全问题一直是国家和地方政府的第一头等大事，但老生常谈，始终没有最优的方案。农产品品牌化是一个方案，区域地标品牌是以区域背书为质量保障的一种手段，能提升知名度，提高质量，增加附加值。

　　区域地标品牌需要地标农产品，"地标"是指地理标志农产品，地方政府需要选择具有特色的农产品向国家相关部门申请地理标志，地理标志类似于商标，是受法律保护的。就如江西赣南脐橙、阳澄湖大闸蟹、五常大米等。这些农产品的特征是以地方的名称命名的，也是地方政府的一张名片。同样是大米，五常大米在超市卖得比其他地方的大米要贵很多，也畅销得多，这就是区域品牌的魅力。

　　区域地标品牌需要时间积累，品牌历史也是文化，这不是一届地方政府领导就可以看到效果，是需要历届领导不断地努力。有次我受邀到海南省海口市做演讲并参观了他们的橡胶博物馆，了解到了海南橡胶的历史。

　　新中国成立后，国家就把海南省作为国家的战略物资橡胶种植基地，一代代退役军人、下乡科学家在海南开荒，海外华侨为海南橡胶提供各种支持，知青们在这里挥洒青春和热血，看到这些，我内心深切感受到农产品为这一地区所带来的城市机遇和历史沉淀。想想培育一个橡胶在新中国成立之初是举国之力完成的，如果地方政府能打造一个地区特有的地标农产品，那对地方的持续发展会有多大的贡献。

　　区域地标品牌需要建立标准，我国的农产品丰富多样，但由于农产品在品质方面很难控制，这就要求地标品牌无论在种子种源、种植生产、收割包装等方面建立标准。例如，魔芋是重要的健康农产品，魔芋零脂肪、易饱腹、零碳水化合物，在日本广受欢迎，被作为低碳生活的重要食物来源。我国的云、贵、川地区都有种植，但魔芋的品种不一、质量不一，且没有标准，非常可惜。

　　对于个人投资者来说，农产品的品牌建设需要根据销售渠道去选择，品牌是需要有一定积累后才可能形成的，目前我国农产品的销售渠道包括农产品批发市场、农贸市场、生鲜超市、生鲜电商。如果自己的销售渠道是往农产品批发和农贸市场方向的，那就不一定需要品牌，但如果是进生鲜超市或生鲜电商的，就需要酌情考虑了。

∞

农业产业链分析及社会分工

农业产业链和技术市场细分可以看出传统农业种植是产业链中最薄弱的环节，农业深加工随着土地规模经营后会有更多的机会。

社会上有很多对农业持有负面的印象，认为"农业＝农民"，其实不然，打开传统农业的产业链，你会看到传统农业的产业链其实很丰富，而且，也就是种地的一般不赚钱，其他的都赚钱，而且赚得很"狠"（如图5-4所示）。

传统农业按其产业的环节可以分为产前、产中、产后三个阶段。产前包括种子、化肥、农药、饲料、农机等行业；产中包括农、林、牧、渔的各类生产过程；产后包括深加工。在这个过程中，还包括了仓储物流（冷链）、供应链金融、信贷服务等。

在整个产业链过程中，产中这个环节最容易受到气候等自然因素的影响，风险最大。相对来说，产前环节的种子、化肥、农药、饲料、农机等行业是最稳定，也是相对能赚钱的。当然利润最高的，是深加工环节。

为增加农民收入，国家一直在鼓励现代农业的发展，现代农业在很大程度上依赖于高科技，随着现代温室、土地规模化经营等现代农业的发展要求，农业技术市场的需求也越来越大。本人根据多年的工作经验整理了一份技术市场的细分图（如表5-1所示），将技术市场分为温室农业科技和大田农业科技两类。

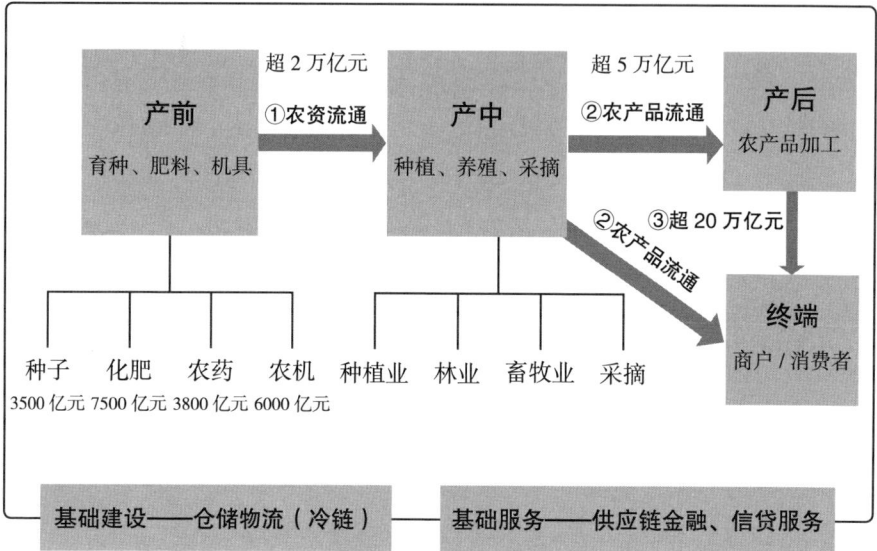

资料来源：文献检索

图 5-4　传统农业产业链市场分析图

表 5-1　农业技术市场细分表

技术市场		细分种类
温室农业科技	设施智能	·能源控制 ·智能滴灌 ·水肥一体化
	无土栽培	·育种、组培　　·植物工厂、垂直农业 ·温室果树、花卉
	农资农机	·生物农药　　·温室农机装备 ·栽培基质、有机碳肥

续表

技术市场		细分种类
大田农业科技	农机装备	·植保无人机 ·农业播种机、收割机等
	精准农业	·育种 ·智能滴灌
	土壤环境	·土壤修复　　·有机肥 ·生物质能源
深加工		·深加工市场规模达 20 万亿元
农业互联网		·农业互联网产业规模将达 10 万亿元

其中，温室农业科技包括设施智能技术（能源控制、智能滴灌、水肥一体化等）、无土栽培技术（包括育种、组培、植物工厂、垂直农业、温室果树、花卉等）、农资农机（包括生物农药、温室农机装备、栽培基质、有机碳肥）。大田农业科技包括农机装备（植保无人机、农业播种机、收割机等）、精准农业（育种、智能滴灌）、土壤环境（土壤修复、有机肥、生物质能源）。农业深加工和农业互联网两个潜在市场更是巨大。

农业技术市场是伴随着土地规模化经营而出现的，在土地承包到户的时代，我国的农业还处于"生计农业"阶段，人们从事农业是为了满足他们的温饱问题。但随着我国城市化的快速发展和经济条件的提高，大多数人从农村转移到城市以后，对农业的要求不再是吃饱，而是要吃好了。

营养也成为农业经济的一个衍生产业链。我们整理了农业产业链企业上市的情况（如图 5-5 所示），在农副产品原料一类的上市企业包括：新疆屯河、亚盛集团、罗牛山、农产品、獐子岛、民和股份、圣农发展、皇氏集团、雏鹰农牧。农产品初加工企业包括：北大荒、金健米业、丰原生化、克明面业、新希望、通威股份、新五丰、福成五丰、好想你。农产品精深加工包括：顺鑫农业、新农开发、伊利股份、海天味业、双汇发展、恒顺醋业、贵州茅台、五粮液、上海梅林。精准营养包括：汤臣倍健、天坛生物、迪安诊断、中源协和、华大基因等。

从上市公司的表现中，我们也可以看到农业产业链中的风风雨雨，2019年 10 月，雏鹰股份[①] 被摘牌后退市，这家养猪第一股在"猪的风口年"竟然被退市了，可见，养殖业、种植业的生产端风险确实特别大。而在股市中表现最好的是茅台，茅台属于农业深加工产业，食品业经久不衰，投资者都看好。

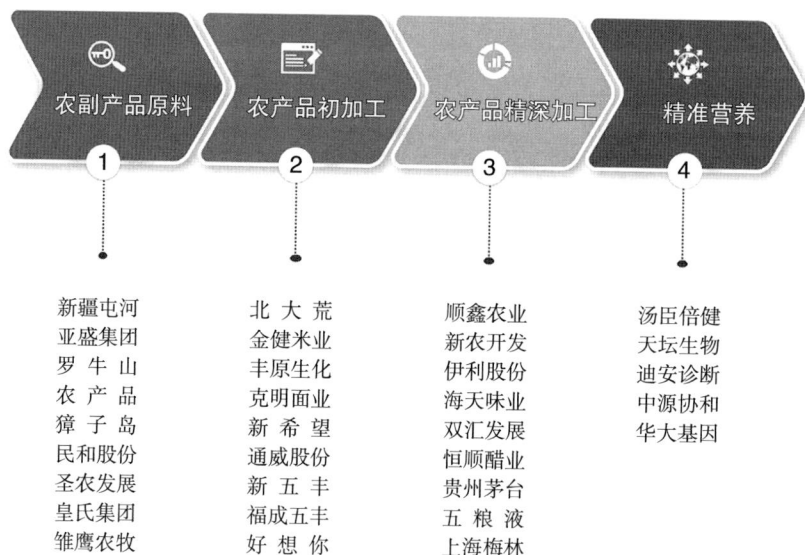

农副产品原料 ①	农产品初加工 ②	农产品精深加工 ③	精准营养 ④
新疆屯河	北 大 荒	顺鑫农业	汤臣倍健
亚盛集团	金健米业	新农开发	天坛生物
罗 牛 山	丰原生化	伊利股份	迪安诊断
农 产 品	克明面业	海天味业	中源协和
獐 子 岛	新 希 望	双汇发展	华大基因
民和股份	通威股份	恒顺醋业	
圣农发展	新 五 丰	贵州茅台	
皇氏集团	福成五丰	五 粮 液	
雏鹰农牧	好 想 你	上海梅林	

资料来源：作者整理

图 5-5　农业上市公司分类整理

---

① 腾讯网：https://new.qq.com/omn/20191015/20191015AONW2Z00.html

∞

以区域功能构建产业体系

区域功能决定产业体系,县域的整体定位,县城与乡村的功能定位需要错位、互补,
区域产业体系依据功能定位形成主导产业、核心产业、衍生产业和配套产业,并通过
龙头企业和产业集群去实现。

城乡经济涉及方方面面,农业产业链之于区域的产业体系又纷繁复杂,
我给很多地方做过区域的产业规划,在和地方领导交流的过程中,发现有些
领导对产业有很深的理解,有很多领导则对产业知之甚少。作为一个区域管
理者,自身的定位非常重要,而置身于区位产业发展体系的企业主,更需要
理解区域与自身企业发展的关系。

2000 年我就开始在从事开发区的招商引资了,那时候的招商就是卖土地,
当时招商引资的对象鼓励以外资为主,吸引外来投资者到上海南汇(原南汇区)
投资,那时候土地确保七通一平,为企业提供服务,由于那时候还没有高速,
浦东机场也还没有建成,招商引资也挺难的。那时候价格只有 5 万元 / 亩(工
业用地),我们还要坐着飞机到全国各地跑着寻找投资商。到现在回过头看,
各类公共设施起来了,城市化到一定程度后,现在要在上海找一块地建厂就
难上加难了。所以,对于区域产业发展来说,还是需要根据区域发展的程度
来策划区域功能和产业体系。

区域功能定位决定核心竞争力

区域与区域之间都存在相互竞争的问题，区域功能定位可以让区域之间产生相互功能的互补和错位竞争。首都北京为发展雄安新区，明确了首都核心功能和非首都核心功能，首都核心功能包括了全国政治中心、文化中心、国际交往中心、科技创新中心，其他功能则逐步外迁到雄安新区及北京周边区域。

县域也需要功能定位的区分，县域境内包括县城、镇、乡、村等单元，县府所在地称为县城，则县城与其他的乡镇，乡镇与村落之间也都需要不同的功能定位，错位竞争、互补发展。

我在研究欧美城市的发展理论时，看到一个理论，即人的移动是可以建立函数关系的，即每个人都会以居住地为始发地，工作地为目的地，人们每天从居住地出发去上班，每天回到居住地要睡觉，通俗地说生活轨迹是"两点一线"。这样，就可以建立一个函数关系，即所谓的重力模型，将居住地和工作地之间往来的人口数量与交通所需要的时间、成本等因素设定为一个函数。事实上，人们的出行不仅是为了工作和居住，还有更多的功能是人类活动所需要的。

土地是一切的开始，对于整个县域来说，除了必要的居住与工作功能之外，县城还是政治中心、文化中心、经济中心。县城的很多功能与大城市的功能类似，只是在能级和规模方面有很大的差异。县城的功能定位与其他城市功能定位大同小异，但县域内的其他乡镇定位则需要从产业体系的功能上延伸。

但县城的功能定位也需要有策划和规划，特别是在功能分区上要形成特别清晰、合理、科学的逻辑。我在学习欧美发达国家的城市规划时，他们有这么几个原则值得学习：一是划定城区边界，也就是城市建设不能无止境地扩张，建成区范围内被要求"填充式"建设，不允许东一块、西一块的"打补丁式"开发；二是功能分区合理，将城市划分为交通功能区、居住功能组团、优先发展区，其中优先发展区是产业区，类似于工业园区、创新园区，由于产业会有更新，优先发展区的一部分应当由地方政府所持有，以便于日后的产业更新，另外，落户园区不是以税收为要求，而是以提供岗位为要求的。居住功能组团提倡混合用地，高密度居住，并以交通换乘为中心引导人们绿色出行，交通功能区类似于枢纽，将各种公共交通设施集中在一个区域内。这种功能分区类似家里的房间分布，有会客厅、厨房、起居室等。

区域的总体功能定位和县城的功能分区不同，是整体性的功能定位，是为其他区域的人类生产、生活提供服务的作用，区域的区位、交通、资源及产业基础是构建区域功能的四个要素，区域总体功能定位是对外的功能，县域内的功能分区则属于内部空间的功能互补，统筹整合。

区域功能包括：政治功能、科创功能、生产功能、生活功能、生态功能、交易功能、交通功能、旅游功能、会展功能、景观功能、娱乐功能、教育功能、文化功能、运动功能、康养功能、养老功能等（如图 5-6 所示）。

区域总体功能不能多，特别是县域的总体功能定位需要单一化，能和其他区域错位竞争，例如，湖北省的武汉市是省会城市，省会城市拥有了大量的公共资源，机场、高铁、医院、大学等都在武汉，所以武汉近几年发展特别快，到武汉买房的人大多数是周边其他城市或农村的人，于是武汉也随之扩张，武汉成为省会的政治中心、教育中心、会展中心、金融中心、交通中心等。武汉的不断扩张导致其他偏远城市的竞争力越来越弱，但有些城市却能够独树一帜，围绕着武汉错位竞争，如离开武汉近一小时车程的潜江市，该城市定位为生产功能，将小龙虾作为其主导的特色产业，吸引武汉人去潜江消费，我去潜江实地考察时，他们已经将小龙虾做成了规模，形成了从虾苗、养殖、销售、加工为一体的产业链。在此基础上，他们提出发展生态湖，提升潜江市的生态功能、运动功能，吸引更多的武汉市民到潜江休闲、度假。错位竞争让潜江的发展充满了机会。

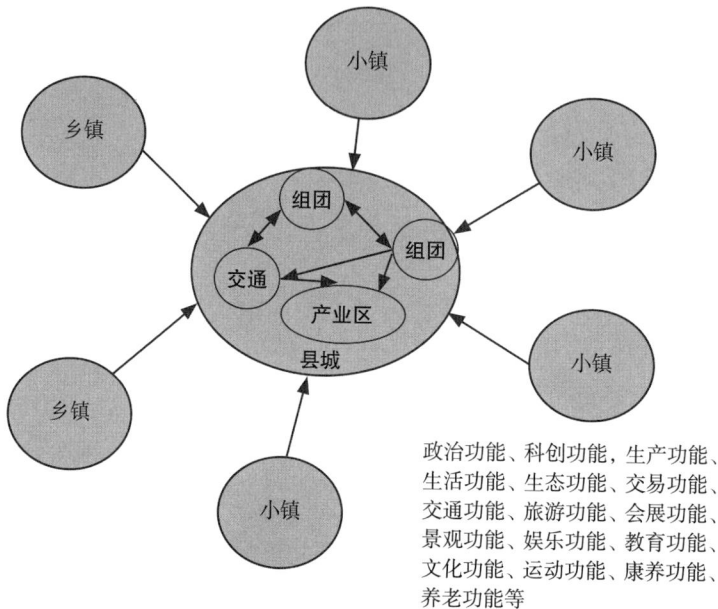

政治功能、科创功能，生产功能、
生活功能、生态功能、交易功能、
交通功能、旅游功能、会展功能、
景观功能、娱乐功能、教育功能、
文化功能、运动功能、康养功能、
养老功能等

图 5-6　县域内县城与其他小镇的功能定位区分图

县域重在产业体系的打造

功能定位决定了区域对外部区域的影响与作用，而决定这些功能的是区域内的产业体系。目前，最具代表性的区域主导产业选择理论包括李嘉图比较优势基准理论、罗斯托基准理论、赫希曼产业关联度基准理论、筱原两基准理论①。

李嘉图的比较优势理论认为某一产业部门如果具有相对优势，那么就可以成为推动经济发展的中心部门，然后带动周围产业部门的发展。罗斯托产业扩散效应基准认为，主导产业的扩散效应理应最大，因为主导产业可以将其产业优势向外扩散到其他产业，促进产业结构的升级和优化，推动区域经

---

① 邹轶男.国内外区域主导产业选择理论研究综述【J】.2016，43（1）—.石家庄：商情，2016—.

济的全面快速发展。赫希曼产业关联度基准则认为产业关联效应能够说明某一产业对其他产业的感应强度和影响力强度，能够为本生产部门积累资本和扩大对其他生产部门的影响。筱原两基准则认为，主导产业需要基于需求收入弹性基准和生产率上升率基准，其中需求收入弹性系数反映某产品的市场需求对人均国民收入的依赖程度，全要素生产率上升率越大说明投入产出率越高。

理论和实践是有一定的区别的，对于地区的行政部门来说，主导产业的选择也很难有个标准，我在华夏幸福工作的时候，我们的研究院在工业领域选择了十个行业作为重点拓展行业，包括新能源汽车、大数据、机器人等，我们每个产业都有行业负责人，负责产业的对接，区域行业的策划等，都说首先这个行业负责人是这个领域内的专家，对这个行业有很深的理解。其次这个行业负责人还需要负责策划、运营等具体业务，也就要求他拥有丰富的行业人脉资源。华夏幸福的模式是代政府开发"产业新城"，也就是工业区＋住宅区，在做策划和规划时，大都邀请了麦肯锡、BCG 等国际知名的咨询公司给地方政府做方案，每个方案可以说都是高大上的。

但明显地会有一个疑问，好多地方政府领导都喜欢听高大上的，好像除了机器人、大数据、新能源汽车这些新兴行业之外，大家都不感兴趣，可他们没想过这些报告给予他们的只是他们自己的想象力，这些报告到哪都可以用，这些公司起到的作用是"形象"，而地方领导相信国际品牌也就是其借助权威，事实上，这些愿景都不靠谱，因为他们大部分都没有做过区域产业，缺乏实战，靠查询资料得来的规划无法落地。甲方的水平决定了乙方的水平，很多时候，区域产业规划是甲乙双方共同协商、反复探讨并最终确定的一个过程。

区域的产业策划与规划是"知识生产"，是提出问题、解决问题的过程。这其中，区域的产业体系包括了四个部分两项主体：即四个产业部分指主导产业、核心产业、衍生产业、配套产业，两项主体是指龙头企业、产业集群（如图 5-7 所示）。

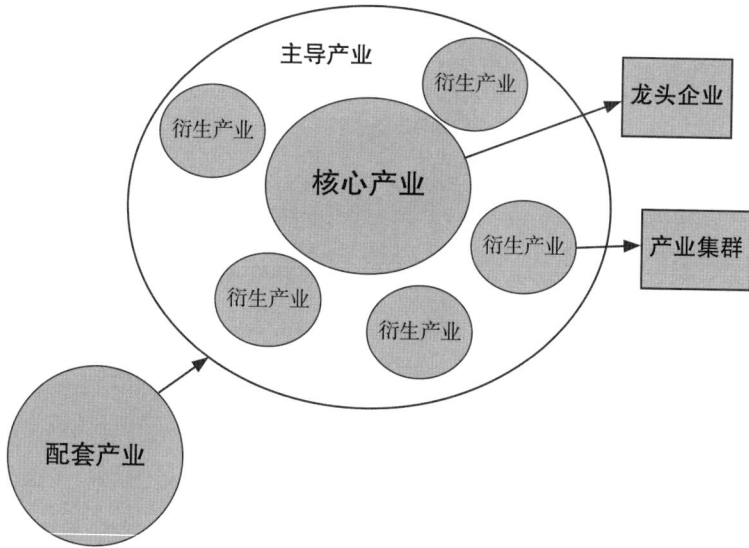

图 5-7　区域产业体系解构图

产业是一个体系，需要明确主导产业、核心产业、衍生产业和配套产业之间的关系，所谓主导产业，是指能够带动区域整体经济发展的产业。核心产业是指在主导产业的产业环节中起关键作用的部分，有的是一个产品，有的是一项技术，有的是一种服务。一个区域要么输出产品，要么输出服务，在县域经济里，如果离城区较远，主导产业必然是以工业经济为主，因为只有工业经济才可能提高附加值，但如果这个工业经济与当地的农业没有结合，也就是没有关联度，那这类工业经济对当地的贡献就很有限。县域的很大一部分土地属于农田，农产品与深加工的关联度最强，这就需要建立专门的产业体系，集中于某个农产品衍生其产业链。如江西赣南脐橙，显然，这里的主导产业应当是脐橙的深加工业和脐橙的种植业，脐橙含有丰富的维生素 C，其核心产业是加工成维生素含片等深加工行业，在此基础上可以衍生出来教育产业，康养产业等，而仓储、包装行业等则是为主导产业和衍生产业所提供的配套产业。

产业就是企业，没有企业，产业则无从谈起，在产业体系中，则需要注意两类主体：即龙头企业和产业集群。龙头企业是指在某行业中具有一定规模或在某一领域处于领先的企业，产业集群则是与该行业相关的企业集聚在一起。

∞

建筑空间结构在区域经济发展中的演变规律

产业最终落位在建筑空间，区域经济是有阶段性发展的，不同阶段建筑空间的结构比例也会有所变化。县域经济在不同发展阶段中，县域内的县城和小镇之间的经济发展方式也会不断改变。

无论是功能还是产业，其最终都会落地到建筑本身。根据我多年的研究，认为任何一个区域的发展都有阶段性，每个区域会经历农业主导、工业主导和服务业主导三个经济发展阶段。其中，不同类型的建筑面积占比也会不同，其整体的空间结构规划也有一定的科学性可循（如图 5-8 所示）。

县域经济结构的三个阶段

县域经济的第一阶段往往是农业主导的经济发展阶段，这一阶段，需要有资本投入，需要有产业引导者来推动地方的基础设施建设。

在农业主导的经济发展阶段，地方经济一般都比较落后，地方财政基础薄弱，在基础设施没有完备的情况下，招商引资较为困难，这时候，就需要有长期的战略资本共同努力来推动整体的发展，就如华夏幸福当年和河北廊坊的固安县的合作开发。

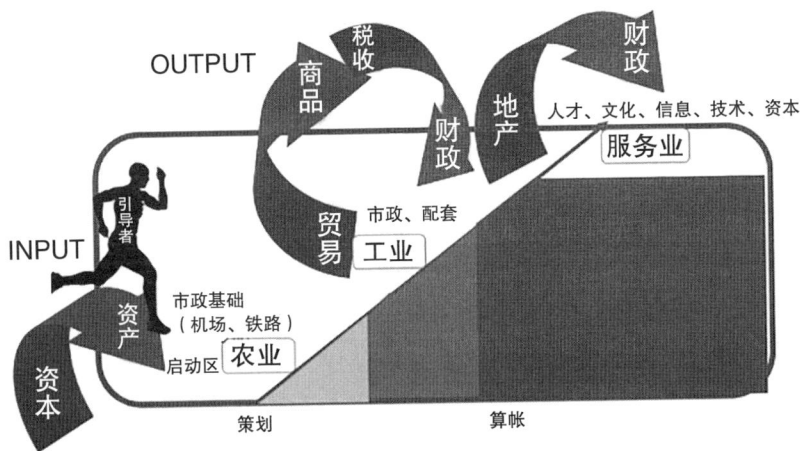

图 5-8　县域经济发展的三个阶段

　　如果初期没有社会资本参与，那在初期就可以学习开发区的模式，通过设立自己的投资公司，以市场化的方式，按照区域整体战略规划，推动地方的功能性建设和产业开发。

　　农业主导经济阶段后的县域经济的第二阶段则是工业主导经济的阶段，通过贸易和工业的发展输出商品和农产品，地方政府则收获税收得以积累财政收入，有了财政收入再投入市政设施和配套，而工业吸引了拥有稳定收入的就业人员，这些工人带动了住房的需求。

　　从工业主导经济进入服务业主导经济的阶段需要有长时期的积累，而当房地产率先在工业经济的基础上建立起来之后，商人便会将当地的居民作为做生意的对象，服务业也随即会上升，地产为地方财政的贡献最大，随之带来人才、文化、信息、技术和资本等要素的流动。

　　工业带来财富。一个地区的发展，刚起步时，发展工业必然是因为劳动力相对其他地区便宜，交通便利之后，建厂不一定是在大都市周边了。日本的经济学家邱永汉在他所著的《附加价值论》一书中描述，日本工业化带来的改变是，已工业化的地区与未工业化的地区，贫富差距逐渐扩大。在东京拥有 55 坪土地，比在乡下坐拥 5000 坪土地更为富有。这也是真实的写照，工业化带动的是人口密度的增加，人口密度越高，土地价格越高 ①。

县域内县城与其他小镇的关系

城镇工业化已经成为各地方发展经济的法宝，例如，长三角一体化之后，江苏、安徽、浙江等地依靠地理位置优势，设立了产业承接转移基地等各类园区，承接了上海及周边区域的制造业转移。县域工业制造可以带动地方经济没错，但如果就工业而工业，与地方其他产业没有关联性的话，就会缺乏区域经济的带动性和整体性发展。

工业化会造成地区的贫富差异。县域由若干个乡镇组成，为避免贫富的差异，则需要从县域的整体性地方竞争力考虑。首先是考虑人口密度问题。近几年来，我国在集约用地上下功夫，推行合村并镇，也是为了提高人口密度，人口密度高了，公共设施的投入成本就会降低，社会分工就会细化。其次是考虑各个乡镇的功能分布，需要围绕着县域，突出乡镇各自的差异化功能，形成功能互补。

县域内有很多乡镇，县城是镇，不同区域乡镇的规模是不同的，新疆占有我国国土面积的六分之一，他们一个县的面积就等同于东部地区一个大城市的面积，例如和田地区的洛浦县占地 1.4 万平方公里，就是上海市占地面积的 2 倍多。在这种地广人稀的地区，县域内镇与镇的关系就显得极为重要。费孝通指出，市镇是从商业的基础上长成的永久性的社区，是农村的经济中心、政治中心和文化中心 ②。

---

① 邱永汉. 附加价值论【M】. 海南：海南出版社，1999.

② 李玲. 市镇在城乡关系中的角色分析——费孝通早期城乡关系理论的再探索【J】.2014，7（1）—. 襄阳：农村经济与科技，2014—.

在县域范围内，县城是这几个镇里政治地位最大的，俗称"县政府所在地"。县城是县域经济中的老大，无论在政治和经济两方面都是整个县域内地位最强的，除了县城之外，还有商贸型小镇、工业型小镇、交通型小镇、农业型小镇和旅游型小镇[①]。

经济再怎么发展，县城龙头的格局不会变，县城代表了一个区域的政治中心、经济中心，其他的小镇都会有相应的功能，与县城形成错落有致的分工体系（如表5-2所示）。

表5-2　县域小镇经济类型的分类

县城小镇	县府所在地，政治中心、经济中心
商贸型小镇	依托商贸为经济发展主要方式的小镇
工业型小镇	依托工业为经济发展主要方式的小镇
交通型小镇	依托交通枢纽为主要发展方式的小镇
农业小镇	依托农业为经济发展主要方式的小镇
旅游型小镇	依托旅游为经济发展主要方式的小镇

建筑空间的功能分类及结构比例

县域的产业体系最后落位在空间载体，县域的空间可分为：建筑空间、自然空间和开放空间三类。自然空间包括农田、山林、湖泊等农业生产或自然资源的空间；开放空间是指人类活动的室外空间；建筑空间则是指人类活动的室内空间。

建筑也是有功能的，我在《治理城市病的规划探讨》一书中对建筑功能进行了分类研究，并根据人类的活动将建筑分为八大类别：商业服务业建筑、工业建筑、仓储与物流建筑、公共配套建筑、市政建筑、特殊建筑（指监狱、

① 刘文生.当今中国小城镇镇域职能类型与分类指标体系研究【C】// 全国博士生学术会议论文集.北京：中国建筑工业出版社：和谐人居环境的畅想和创造, 2008: 118.

劳教所等与国家治理相关的特殊建筑）、交通建筑（如图 5-9 所示）。

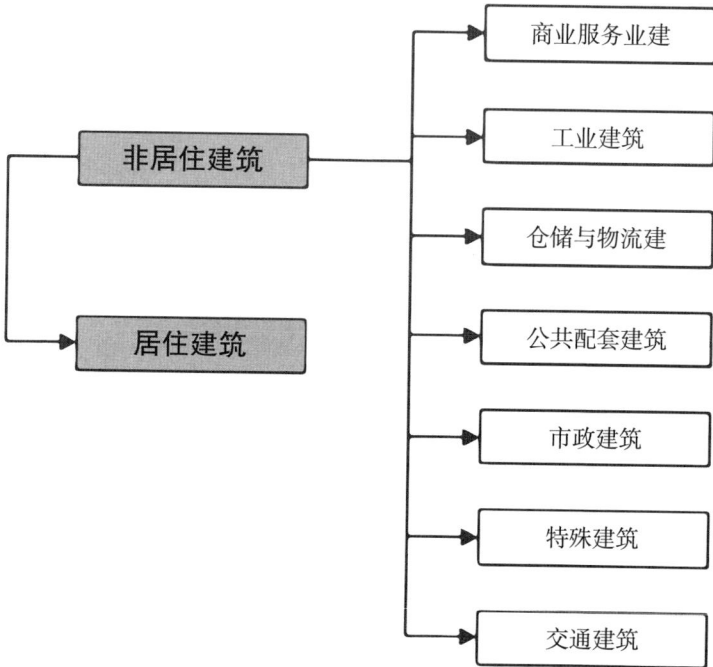

图 5-9　建筑功能的分类体系

这八类建筑形成县城、小镇的各个建筑单元组合，在不同发展阶段，表现为不同建筑面积的比例。通常，在农业经济为主的小镇上，要么就是田，要么就是住宅，以田园风光为主，居住功能的建筑会占很大一部分的比例。以工业经济为主的小镇则会增加非居住建筑的面积，在非居住建筑中，工业建筑的面积占比最大。工业是积累区域经济财富最快的，同时，会增加仓储与物流建筑；工业发展到一定阶段，势必会带动人口的流入，人口流入之后，就会增加商业服务业建筑面积；其后，公共配套建筑、市政建筑、特殊建筑、交通建筑的面积等就慢慢会建起来。

建筑面积的占比类似于企业的资产负债表，可以很容易辨别地方经济发展的不同阶段。

由于我国还存在着不同的地区差异，东部经济比西部经济发达，南部经济比北部经济发达，不同区域的县域发展也是有不同的规律的。针对经济薄弱地区，需要确立围绕县城发展的城镇空间布局，强调错位竞争，针对经济发达地区，需要城乡融合，围绕城区向郊区推动梯度转移。例如，上海的城市化率已很高，已经呈郊区城镇化的趋势，浦东地区有些市镇的人口已超过30万，这些市镇的乡村功能定位显然与新疆洛浦县的定位不可能相同。

县城的空间布局也需要顺应区域发展不同阶段的过程，美国芝加哥大学的欧内斯特·W·伯吉斯描述了城市空间生长的理想模式[1]，值得县城建设时借鉴。

伯吉斯认为，城市是不断生长的过程，商务区应当设立在城区的中心，并以此为中心向外扩展（如图5-10所示）。即由中央商务区（图中的A区）快速向四个外围方向呈辐射状发展，环绕着中心的是过渡区（B区），过渡区通常会是渗入商业和轻工制造业。第三圈层（C区）居住着工薪阶层，他们离开B区是由于那里的环境不断衰退，但又不想离工作地太远。这个地区的外围是居住区（D区），由高级公寓楼，或是封闭的独立别墅区组成，再向外，超过城市边界以外的是通勤区（E区），即郊区，或卫星城镇，一般距市中心约有30分钟到一个小时的车程。

---

[1] 欧内斯特·W·伯吉斯.城市的生长：一项研究课题的导言.城市读本【M】.北京：中国建筑工业出版社，2013.

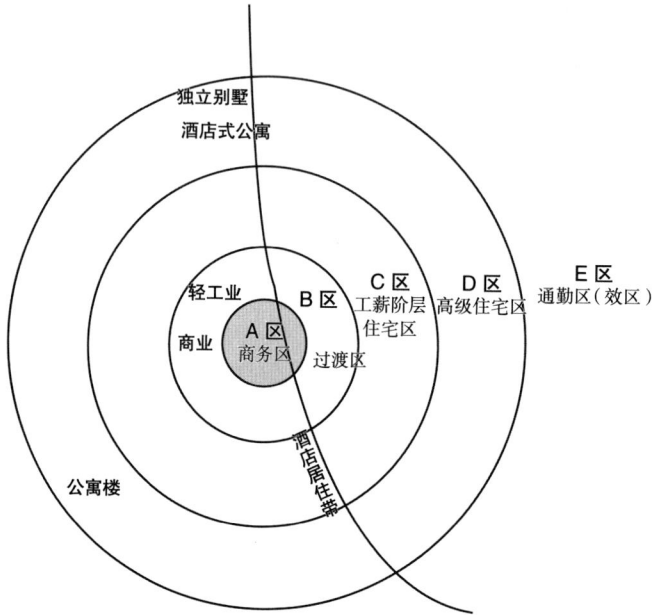

图 5-10　县城生长的理想模式

　　城乡经济离不开农田，本章从农地改革产生的农业变化趋势、农业产业及技术体系的角度分析了农业产业的现状及趋势，提出了地域化的农产品选择的观点，以县域为单位推动农产品单品规模化发展，提升县域农业生产竞争力。

　　产业发展最终需要落位到城镇的空间。本章从区域功能定位的角度分析了县域境内县城与其他乡镇的功能定位区分，倡导错位和互补，分析了县域的产业体系及建筑功能结构的变化，旨在读者理解城乡经济中农业、区域、功能、产业、建筑等要素之间的关系，尽可能体系化地去理解县域经济的发展规律。

商机解读

内循环绿色产业体系的构建

习近平总书记在 2020 年 9 月 30 日的联合国生物多样性峰会上指出，保持绿色发展，培育疫后经济高质量复苏活力，应从保护自然中寻找发展机遇，实现生态环境保护和经济高质量发展双赢。这是对中国经济社会保持长期稳定、持续健康发展成功实践的重要总结[①]。

乡村离不开农田，要实现乡村的产业振兴，首先要从农产品的选品开始。国家农业农村部已经做好了全国农产品优势区的规划，选农产品也需要因地制宜、因势利导。农业和工业一样，农产品的门类纷繁复杂，构建产业体系就需要将自然生态空间和农业空间的保护与利用相结合。一个地区的发展，都需要实现商品输出，实现游客输入，实现宜居、宜业、宜游。

∞ 案例：法国格拉斯小镇的转型故事

法国格拉斯小镇是位于法国南部普罗旺斯区域内的小山城，小镇目前大约有 5 万人口，主要依靠香水和旅游产业。小镇占地 44.44 平方公里，距尼斯机场 40 分钟，离戛纳 20 分钟车程，拥有 50 多家世界知名品牌香水加工企业，每年加工产值高达 6 亿多欧元，生产法国三分之二的香料。

法国格拉斯小镇在 16 世纪初是从事传统皮套业的，但由于做皮套要宰杀牛羊等动物，生态环境污染特别严重，为改变传统的产业方式，当地政府思考着如何转型，他们瞄准了附加值最高的香精、香水加工产业，只有想不到的，没有做不到的，当地政府找到了制作香精、香水的技术，并让原来的皮套手工艺匠人去学习新的技术，逐步带动地方的产业转型。

---

① 新华网：http://www.xinhuanet.com/world/2020-10/01/c_1126567054.htm

当时香精、香水的主要原料是薰衣草，他们发现，由于这一带种植了成片的薰衣草，吸引了来自各地的游客，如果把薰衣草用作原料，那就失去了让游客光临的吸引力，为此，他们决定到国外采购香料和香水的原材料，而他们惊讶地发现，进口采购的原材料要比他们种植薰衣草的成本低得多。就这样，他们专注于香料、香水，出售商品。同时，他们将花田作为吸引力，延伸山城、大海的自然空间，吸引游客，成为世界知名的旅游目的地。

在他们的产业发展过程中，标准化和培训教育注定让他们成为这个行业的顶级产业集群。在格拉斯小镇，他们的学校培训专业的调香师，初级调香师要分辨出 500 种香味，高级调香师要分辨出 4000 种香味。

商机点评

1. 选农产品要向着深加工品的高附加值和景观价值着手

格拉斯小镇选择薰衣草是为了加工香料、香精、香水，因为那时候这个行业利润高做得人少。当然他们没有想到薰衣草和山、海等自然空间一结合，便成为一幅画，一个天人合一的景观。这种选品的成功还包括上一章中提到了养蚌大户沈志荣，他当时采用人工养蚌是因为药材价值，但后来发现了珍珠，并且可做成化妆品。

2. 做单品的顶级相当于垄断整个产业

格拉斯培训调香师的目的是建立行业标准，更是垄断了话语权，垄断了整个行业，不是因为有格拉斯才有香水，其他地方都可以生产，但格拉斯建立了行业标准，其他地方没有，因而是格拉斯生产了法国三分之二的香料。

在 2019 年中央一号文件中，国家也提倡一县一业、一村一品的单品种产业发展方向，因为是单品，就可以标准化，可以植入农业科技，进而提升生产力，同时，有了标准，才能够建立行业的权威，甚至垄断整个产业。

∞

第6章

双循环需要大空间

工业化推进城市化，城市化推进"同城化"，有差异才有交易，双循环背景下，区域差异隐藏着极大的商机，区域开发也是一门学问。

美国的大郊区时代或许是我们可以参考的一个历史阶段，我国近年来已经开始实施空间规划，空间规划倡导"多规合一"，城市化快速扩张时期，画再多的图也没有用，城市没有边际，无限制的蔓延。但空间规划设定开发建设边界之后，规划不再是"画画"了，而是体系化的区域定位，产业政策、机制和路径的城镇整体解决方案。城乡关系已发生根本的改变，本章将从乡村规划探讨新周期的规划体系，招商的创新模式和区域开发模式的创新。

∞

乡村规划需要大空间的 "特色 + 绿色"

乡村规划是一个系统工程，是基于地区长久发展考虑的、全面体系化的、实现多
规合一的、可实施落地的整体方案。

乡村，需要留得住乡愁，看得见山水，这是理想和目标。现实是农村由于收入低，很多年轻人外出打工，农宅无人居住，农村空心化严重。农田无人耕种，出现了撂荒地，很多人认为，很多地方的农村呈衰败现象。

乡村振兴于十九大提出并写入党章，明确了乡村未来发展的方向。农村"三块地"的改革亦随着国家顶层设计的推动激活，《城乡规划法》再次明确了农村区域规划的法律严肃性。很多地区聘请了城市设计师入驻乡村，期待以形态改变乡村面貌，以"颜值"担当替代乡村的内在"素质"，我个人以为是一个误区。

农村地区衰败是城市化进程的必然结果，全世界各地都一样遵循这样的规律。人往高处走，水往低处流，留住乡村的，不可能永远靠乡情、靠美丽乡村，留住乡村的还是收入。

我国的流动人口正呈缓步下降的趋势，流动人口下降的同时也意味着城市化进程趋缓，新型城镇化的作用开始显现，而乡村是承载新一轮人口转移的重要空间，乡村是以县域为单元的空间概念。

当下很多规划都是纸上画画，墙上挂挂，随意性强，缺乏可持续地指引，往往做的规划无法落地。乡村规划似如国家的发展规划一样，需要从县域经济发展的角度，综合考虑乡域空间的功能组合，以发展轴和交通设施为核心，以集中为导引，以产业集群为引领，以产业链错位布局为抓手，以项目落地为推手，形成县域经济的核心竞争力（如图6-1所示）。

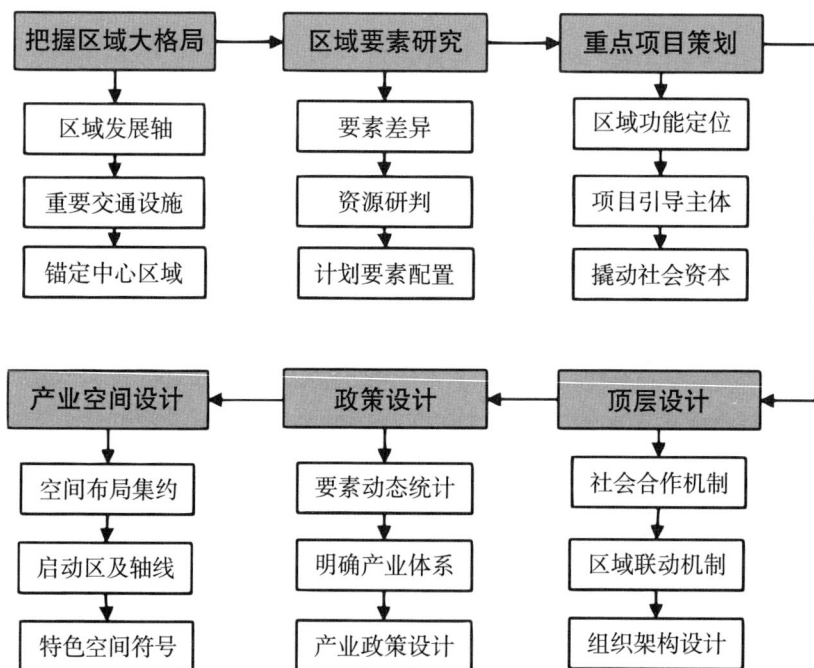

```
把握区域大格局  →  区域要素研究  →  重点项目策划
     ↓                 ↓                 ↓
  区域发展轴         要素差异          区域功能定位
     ↓                 ↓                 ↓
 重要交通设施        资源研判          项目引导主体
     ↓                 ↓                 ↓
  锚定中心区域       计划要素配置       撬动社会资本

产业空间设计  ←  政策设计  ←  顶层设计
     ↓             ↓            ↓
 空间布局集约     要素动态统计    社会合作机制
     ↓             ↓            ↓
 启动区及轴线     明确产业体系    区域联动机制
     ↓             ↓            ↓
 特色空间符号     产业政策设计    组织架构设计
```

图 6-1　乡村规划框架和主要内容图

乡村规划要靠高瞻远瞩，把握区域大格局，树立"大局观"

既然是规划，必然需要站在未来的角度，审时度势，把握趋势，确定县域的整体发展方向。

1. 发展轴意味着区域发展重心的先后

从县域发展的角度，需要考虑所属城市发展轴的方向和进程。因为发展轴基本是城市和外部区域链接的方向，是城市基础设施投入的重点区域，也是重大项目优先安排的区域，也是市级乃至省级领导高度关注的区域。从镇域、乡域或村庄的角度，都需要围绕县域的发展轴思考问题。毕竟，越到基层，基层所掌握的资源越弱，所能依靠的只能是县域内部的资源和力量。

我原来受很多地产商和地方政府委托去帮助他们看项目，做规划。由于是深入一线，每一次去一个地方，我总会关注当地的城市规划、人口密度、财政收入、GDP 结构、房产价格等问题。有些地方政府已经做了好多规划，记得有次去一个省级开发区，他们为了做规划，花了几千万，到最后，他们发觉这些规划没用，无法落地。于是请我去看，我当面给他们提出了核心问题，其中，最主要的一个问题，是他们没有考虑周边的竞合关系以及城市发展轴线，所以即便他们画的图再美好，即便他们的规划都是依托于上位规划，但他们忘记了主导城市规划的是现任领导班子，他们是决定区域发展轴线的人。所以随着时间推移，开发区和市级层面的规划轴线无法同步，开发区花了巨资投入区域内的基础设施，等于是打了水花，不起作用。

很多地产老板也一样，幸运的人成功了，不幸运的人失败了。这幸运不幸运的关键是他有没有踩准节奏。

2. 重大交通设施是改变区域发展格局的基础

区域发展对外连接的通道是交通，无论是高速公路、高铁、机场、铁路、港口和地铁，都是运输客人和货物的。

区域经济是靠生产及生活要素的交易与流动来推动的。要素流动的成本是有经济计算公式的，即物流成本 = 每单位运输价格 × 距离 × 时间。对于成熟的交易，改变要素流动的可能就是成本，而改变成本的往往是交通方式的改变。

我们在做规划时，通常去调研地区的工厂或景区，往往输出货物的工厂和输入客流的景区对交通的敏感性最强，对于重大交通设施项目的落地，可以预见产业发展的一些趋势。

3. 人口规模及人口密度可以锚定中心区域

外来人口虽然对于区域发展很重要，但更重要的是区域内农村人口的就近城镇化。城镇化的推动力无非是地产化，以前人们喜欢从农村投奔大城市，北上广被挤得透不过气，以至于把人口分"层次"，吹毛求疵，后来新一线城市给了新移民更多的落户机会，当新一线城市"撑"得慌的时候，棚改又给了三四线城市一些机会，很快，很多县级市纷纷崛起，现在的很多小县城让你认不出来他们多年前的本来面目。

但是，这些三四五线城市人口的来源已经不再是靠政策，是靠"丈母娘"了。现在，农村人要结婚，女方一般都要求在镇里或县城里有一套婚房。所以，我们在规划时，需要根据当地人口的规模考虑未来城市空间的可能，需要根据现有人口密度建议重点城镇化区域。而不是一味考虑建立新城，追求城镇人口规模化。

乡村规划依赖于要素研究

任何地方的发展初期都需要产业基础，需要产业引导。这个过程必然事先需要通过社会化主体去推动和实现。发展产业也就是发展企业，而企业就是产业要素的载体。产业要素包括土地、建筑、设施、劳动力、商品、人才、资金、技术、信息、知识等。地方政府其实就是一个土地公司，地方财政主要靠税收和土地，所有产业最终落地的就是土地和建筑。其他的配套或延伸产业也都要根据实际需求配置。

1. 区域经济发展要素差异化

交易因为存在合理的需求，要素差异才会有促成交易的可能。研究要素需要从土地、建筑、设施、劳动力、商品、人才、资金、技术、信息、知识等要素进行研究分析，通过要素分析摸清家底，通过要素分析掌握经济发展的底牌，确定出牌的顺序。

乡村规划是为地方政府服务的，势必需要站在市场和"市长"两个不同的界面去分析。核心是"撬动"原理，以最少的投入建立产业基础，完善功能建设或形成产出机制。我们给浙江一个乡镇做产业规划时，遇到最大的问题是缺乏统计数据，很多乡镇还没有乡志或镇志，基于这样的情况，就只能进行现场调研，根据现有的一些项目和企业家等面对面交流，形成相应的基础资料。当然有些乡镇还是有一些规划基础的，还能有一些评判的依据。

2. 资源具备差异化的特性

资源挖掘往往是不太统一的概念，每个人看事物的角度不同，对资源的理解不同，很难对资源的定义形成统一的认识，这在我们和地方政府领导交流地方资源的时候通常会有这样的差异。

每个地方领导都会说"我们这个地方很好"，他们比较的对象往往是针对周边的，而不是针对市场需求的。往往这时候就需要和他们解释，资源是相对的，新疆干旱地区缺水，水对于新疆地区属于资源，而在江南地区，年降雨量大，水并不稀罕。

而且，资源具备三个特性：即唯一性、稀缺性和不可替代性。这三个特性是相较于市场需求来说的。由此，区域产业必定有市场定位，市场定位决定了市场需求并形成资源的特征。

3.区域需要计划要素配置

区域是一个整体,也是区域经济不可分割的组成部分,区域需要统一规划、统一运营、统一协调。这样有利于统一思想,有利于统一步调,有利于集中资源办大事,有利于协同发展。

基于整体考量,就需要思考区域要素的优先发展顺序和资源配置。毕竟每个地区的资源和资金有限,从土地的角度,可以划定启动区集中资源打造产业新地标。从产业的角度,可以培育地方经济龙头企业打造新动能,从培育的角度,需要有计划安排重点项目重点扶持。

有个农业县要发展小龙虾产业,小龙虾养殖后关键是销售。地方领导先是招商引资在县城人口最密集的地方打造一个龙虾城,集聚餐饮消费场所,注意,整个县城就只能有一个龙虾城。县域人口四十万,当地人吃龙虾也有消费习惯,很快,龙虾城项目就带起来了。农产品结合餐饮消费形成了闭环从而带动了农民养殖龙虾的积极性,并培育了几个养虾龙头企业。养虾成了地方的特色产业,随之,吸引了周边县城的人去消费。

这对于县城发展农业来说是一个很好的案例,为阶段性培育消费空间,需要适当减少重复功能建设,进而集聚人气。消费空间是不可移动的,在初期需要避免重复建设,需要确定不同的功能区域,有计划地安排重点项目给予扶持。

项目策划是乡村规划的核心

很多规划流于形式是因为基于形态和对未来的描述,乡村规划的核心要义是实现区域经济的可持续发展和社会和谐,是根据地区所处发展阶段对未来发展方向的指引。所以还需要空间布局,重点项目布局,经济测算,体制机制设计,实施计划和政策设计。

1. 项目策划基于区域功能定位

土地是一切的根源，基于区域土地成本测算，根据区域发展的总体功能定位，需要策划系列项目，以支撑和引导区域的经济发展。

例如，如果该区域定位于农产品种植，则可以考虑到农产品的流通和加工问题，重点考虑在县域内的农产品深加工能力，策划物流园和深加工产业园等，并需要考虑到交通设施的建设以形成农产品对外运输等。

2. 产业需要项目引导主体

有很多乡村还处于农业社会阶段，还称不上产业，缺乏产业基础，对于这样的区域需要考虑发展阶段所需要的重大项目策划和布局。如果发展工业，就需要规划工业园区，确定重点加工业项目。如果发展旅游业，需要规划旅游路线、旅游项目布局等。

产业转型是一个过程，但转型刚开始的时候，必然有一个引导期，这就需要有一个市场化的企业（引导主体）去统筹引领。

3. 政府投入重点在于撬动社会资本

目前，很多地方政府是区域经济的实施主体，在地方经济还没有办法形成内动力时，地方政府财力是很有限的，花小钱办大事是第三方规划单位帮助地方政府实现经济最大化的出发点。地方政府压力不小，有限的资金不仅要投入经济发展，还要投入民生等各方面的社会事业。

花小钱办大事就需要策划，有些地方政府虽然没有多少资金，但他们是有地方行政权力的，权力和规划是撬动社会资本的主要工具。

各地都有产业基础，有些地方的企业家们对地方情况很了解，也有人脉关系，所以有些项目靠他们就能够启动，但他们缺乏协同性，项目经营理念落后，事实上对地方发展的贡献有限，甚至在一定程度上造成了阻碍。地方企业有积极性是好事，但最怕的是零打碎敲，这时候项目策划是重要的落地环节，需要从区域经济发展的总体定位策划初期所需要的重点项目，并引导地方企业协同去经营。

乡村规划需要县域的顶层设计

乡村之于县域需要统筹，之于镇域、乡域也一样，在经济发展初期或转型期，县委及县政府的资源配置起到至关重要的作用。

对于类似原材料基地的县域，需要统一规划，集中建设深加工园区，在落地过程中，就需要充分考虑体制机制，与县域内相关产业主体形成联动机制。

1. 社会化合作激活运营体制

地方政府一般一届一任，任期届满就得换一个地方任职，所以很多规划变成了"画画"，这属于地方行政体制的问题，如果一个地方的发展因为领导改变而改变，受伤害的始终是当地的百姓，人们说"父母官"是指能让地方百姓丰衣足食的地方领导。然而任期短，地方领导往往倾向于短视行为，不会从战略上考虑问题，思考的更多的是政治形象，所以我们去很多地方考察时，造的最好的房子就是政府大院，有些参观的地方也是形象工程，根本没有战略可言。

为此，区域开发需要引入社会资本。在规划时需要和地方领导更多的沟通，梳理地方政府与市场化运营的分工界面，提出必要的实施路径，提出适合地方发展的政企合作开发体制。

2. 建立县域联动机制

发展有先后，事务有大小，区域规划需要划分重点区域和非重点区域，每个地方政府都会受制于地方财力及人才等要素，感到心有余但力不足。

重点区域和非重点区域不是割裂的关系，而是分工与合作的关系，只是每个区域也得像一个家庭一样有家长有兄弟。此时，设立区域联动机制很有必要，通过会议、活动等形式建立联动机制，实现信息分享，资源整合。

3. 有机设计统一组织架构

规划最怕没落地，在明确目标任务之后，就需要设立相应的组织部门去落实和推动。规划落地的组织架构和现有的政府部门架构有所不同，但可以采用矩阵制的方式组合，不改变原有的部门建制，但可以采用领导小组和工作小组的组织形式，打破部门藩篱形成的阵仗。

在组织设计中，尽可能帮助地方政府整合资产、资源和智力。充分利用现有的人、财、物资源，给予明确的合作机制与架构建议。

乡村规划更需要政策设计

规划不是一张图画，是一个画图的过程，是动态地实现未来愿景的过程思考。乡村规划需要立足于产业，而不仅仅是建筑和空间，需要先产业后空间。经济的实质是输入、输出，在规划设计中，更需要政策设计和动态数据的统计设计。

1. 确定功能定位和流动要素

大数据时代来临，未来的区域管理都会实现数据化，数据的核心是分析，分析的核心是科学的指标体系。

一个地区的输入输出无非是客流、商品流和资金流。以客流为例，客流包括食客、游客、住客、商客。输入食客，输出餐饮消费；输入游客，输出旅游消费；输入住客，输出客房消费；输入商客，输出会务、客房等综合消费。

不同区域的功能定位会影响到要素流动（输入输出）的频率，在乡村规划时，需要确定区域的整体功能定位，确定功能符号，例如，到乌镇是古镇旅游（吸引游客），到袁家村是小吃（吸引食客），到莫干山是住民宿（吸引住客），到梦想小镇是寻找商机（吸引商客）。

2. 确定主导产业、核心产业，衍生产业和配套产业

一个区域的职能可以按照行业就业率来确定，也就是按照就业人数 / 行业 ÷ 就业总人数来确定该区域的主要职能，职能以内部就业为导向，功能则以外部影响为导向。形成区域功能和职能的关键是产业，而承载产业使命的是企业。在整个区域的运营过程中，产业是承载区域经济发展的核心，产业包括主导产业、核心产业、衍生产业和配套产业。通常，可以根据实际情况，选择主导产业，同时，按照主导产业分析全产业链，通过全产业链导图来分析可能的产业环节，确定核心产业及衍生产业。并以相关的案例来分析确定相关的配套产业。

3. 产业政策设计

产业属于市场行为，但对于区域经济来说，产业具有周期性，在区域发展的各个阶段，都需要制订相应的产业政策给予鼓励及引导。

产业政策主要体现在如何针对行业企业的实际需求，在财税、用地、用人、品牌营销、租金等方面给予政策支持。

传统的规划一般不会给出产业政策设计导则，但在新的"多规合一"导向背景下，现在的乡村规划更需要为规划落地提供更为翔实的政策设计导则。

乡村设计落位于产业空间

2019 年中央一号文件指出，要把加强规划管理作为乡村振兴的基础性工作，实现规划管理全覆盖。以县为单位抓紧编制或修编村庄布局规划，县级党委和政府要统筹推进乡村规划工作。乡村要按照先规划后建设的原则，通盘考虑土地利用、产业发展、居民点建设、人居环境整治、生态保护和历史文化传承，注重保持乡土风貌，编制多规合一的实用性村庄规划。加强农村建房许可管理。

1. 乡村需要重新考虑"集约式"的空间布局

农村的落后，不仅是因为原有的生计农业只满足了温饱问题，而且是由于农村空间的分布过于离散，离散导致基础设施投入负担过重，导致农业土地利用效率低。所以，在规划过程中要统筹考虑"集中"。一方面是居住集中，对于一些占地浪费大，人口少的村镇实施合村并镇，从提高人口密度的角度集中人口居住；另一方面是农业生产用地集中，充分梳理永久性保护基本农田、非永久性保护基本农田、集体建设用地、宅基地的体量，根据人口规模、产业发展需要，设置居民点建设、产业园建设、交通设施建设、配套设施建设等空间布局。合村并镇的目的是集约土地，提升效率，所以，在整个规划中，还需要充分考虑产业发展的要求，这也是符合中央一号文件提出的"多规合一"的实用性村庄规划要求。

2. 确定县域启动区及发展轴线

区域发展都要有先后顺序，在考虑产业空间布局时，必须要有启动区，通过启动区的建设来整合和统筹县域内的资源向启动区倾斜。

不同区域的地理状况不一样，产业发展导向也不一样，但核心是要发展产业，2019 年中央一号文件提出，允许县级财政整合各类资金用于农村人居环境的整治，这也需要规划师站在县级政府的角度来思考资金的投向及可能产出的社会效益和经济效益。

为此，在对县域进行发展规划时，需要着重考虑启动区，同时，考虑发展轴线的走向。发展轴线是政府对于经济发展和基础设施建设等各方面有意愿投入区域的地理区位指向，发展轴线也表明了区域建设的优先顺序，表明了统筹发展的高度与格局。

3. 提升乡村特色的空间设计

乡村空间是多维的，在考虑居民点建设时，需要考虑到城镇与农村的风貌，城镇区域的容积率可以适当提高，但农村的容积率必须是需要考虑小建筑大视野的乡村风貌，容积率不宜提高，但可以实施农宅集中建设，形成聚落式农村居住点。

乡村空间设计需要秉承地方文化，在建筑风格、建筑色彩、地标建筑、指示标牌标志等方面予以用心设计。

每个地方都有特色文化，文化是一个符号也是一类特征，需要加以提炼并设计，一旦形成文化符号，即可以融入建筑、标志标示、生活用品等各个方面。

除了文化符号，还需要挖掘当地的土字号乡字号品牌，通过品牌建设，实现对外输出。

基于乡村肌理，在居民点建设时，需要考虑活动空间、商业空间以及地标建设。地标是一个乡村的建筑灵魂，通过地标来展示地方独特的乡村魅力，也可以为地区树立指向标志。

∞

区域招商需要资源配置

地方政府需要改变传统的卖地招商模式，需要从大企业转向小企业，在明确产业
规划体系后掌握一定的资产"育商"，通过设立产业基金，以股权投资的方式"造商"。

近来有几位朋友找我做地方政府的招商代理，我会先问他们，地方的主
导产业是什么？有没有与主导产业相关的产业链，有没有做过策划和规划？

大部分地方政府确定的主导产业都是高大上的"机器人""人工智能"
等等，在他们的眼里，招商引资就是"熟人经济"，靠的是人脉，但他们忘了，
时代变了，招商引资的吸引力也在不断地变化。

城市化刚起步时，粗放的"卖地"是那个时代地方政府招商引资的主要
手段。

2000 年开始我就做开发区的招商，那时候我在原上海南汇区卖工业用地
的时候每亩地才 5 万元都没人要。但那时候有"三免两减半、七通一平"等
税收优惠政策及配套，这些都属于园区经济的时代。在城市群格局确定的新
周期，企业分布也产生了新的变化。

传统的招商类似于一种买卖关系，类似于一种交易形成，新时代的招商
需要创新，以育商和造商的方式拓宽区域开发的思路和空间，我将招商、育商、
造商的区别做了一个简易的示意图（如图 6-2 所示）。

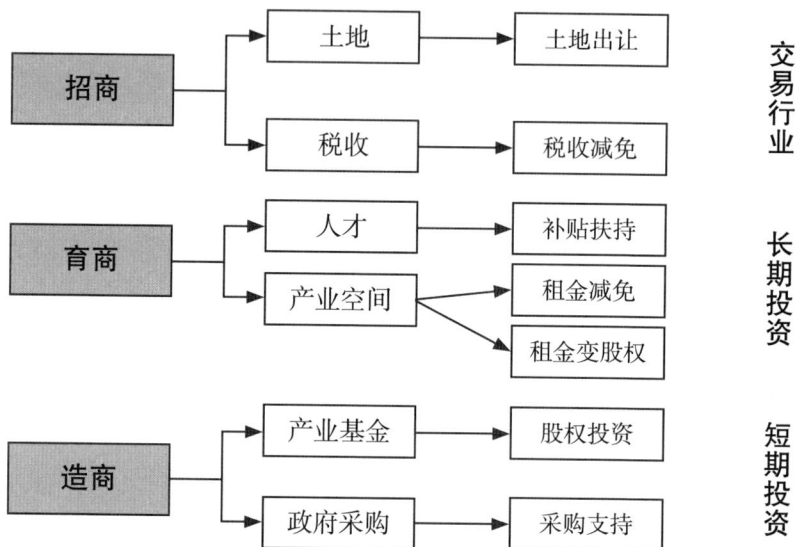

图6-2　招商、育商、造商的区别

大企业分布空间基本固化，小企业是重点培育对象

　　任何交易都是时间和空间的结合。现在的招商不同于2000年左右，那时候，属于城市化快速扩张的时期，地方政府的供地空间充足，对环保、投资强度、投资密度等还没有很高的要求。到了现在，呈两极分化的趋势。一方面，经济发达地区集中了大部分的总部经济和高端、高科技、高能级发展的企业；另一方面，经济欠发达地区急需制造业。事实上，城市化都是伴随着工业制造而兴起的，房地产业起来的同时压榨着工业的生存空间。所以靠卖地吸引大企业的传统招商会遇到困境。

　　工业会吸引大量的就业人口，从而制造居住需求，塑造起城市生活空间的基础。我们可以看到昆山、苏州等城市，大部分是因为制造业兴起而带动城市发展的，而并非教育资源和医疗资源。工业化时代是以各类工业园区、开发区、经济园区为空间载体的。有些农村地区则是以集体工业发展带动居住，如浙江的龙岗镇等。如此，在纷繁复杂的城市化进程中，劳动人口随着就业空间的地理分布形成了新的空间分布，传统工业分布的空间格局基本固化，很难去改变。

十九大报告提出了三条红线：耕地红线、生态红线和城镇建设边界红线。此时的政策转向非常明确。生态红线表明，我们不能再以工业化牺牲环境为代价发展城市。耕地红线表明，城市扩张危及耕地保护，我们不能厚此薄彼，作为国家战略要在发展城市化的同时保护耕地。城镇建设边界红线更是在固化现有的国土空间格局，限制城镇扩张占用耕地的欲望。如此，我们国家的产业导向正在推进结构化转型。

城市群发展形成的辐射作用加强

高铁、高速公路发展将城市间距离缩短，同城化趋势明显，从上海坐高铁到杭州就一个多小时，没有堵车，住在虹桥的人到杭州上班等同于在上海其他区域上班。

从城市发展的理论来看，城市间的空间交互会加强，住房价格差异会主导城市间的层级关系。人口随产业走是主要导向，城市的吸引力在于活动和就业。于是，各种新经济会在城市群产生，而城市群会有相对固化的产业空间布局，工业占比会逐步下降，服务业占比会增加。

在经济高速发展时期，对于招商来说，价格不是问题，地区品牌的价值高于各类政策，办公位置成为品牌和地位的象征。但到了经济下行期，办公物业会有一定的空置率，从招商的角度，财税政策和营商环境是吸引产业落地的诱因，为激活办公物业，创新创业、孵化器等新的空间业态会层出不穷。

产业转移需要区域协同发展

城市化必然导致工业成本增加，环境保护要求产业能级提升，传统工业在城市发展过程中必然会被淘汰，此时，区域协同发展是产业迁移的过程。记得有次江苏省有一家化工厂爆炸，有朋友就找我帮助推荐要认识江苏省化工协会的领导。西北地区的领导是在网上看到江苏省化工厂爆炸的报道的，他脑海中的第一反应就是江苏地区马上会有大整治。他们地区有化工区，拥有很完善的化工厂排污设施。江苏省化工企业完全可以搬到他们那里去。又如，上海前几年在推动拆违整治，有很多占用临时用地的工厂面临拆迁，上海也需要这些工厂迁移到适当的区域，安徽省某些地区也是抓住机会，建立长三角制造业承接园区，把那些企业引导到安徽境内建厂生产。这种将一个地区的企业向另一个地区集中迁移的过程属于产业转移。

任何地区的产业发展都有三阶段：即农业主导、工业主导和服务业主导。区域协同可以从省份和省份、城市与城市、县域与县域之间建立合作发展的关系。从贸易的角度，通过产业发展的合作互补机制，产业转移的联动机制等互相促进，互相帮助。

新型城镇化推动城郊融合发展

城市化进程过程中，城乡差异导致城乡居民收入差距和地区性收入差距。随着集体土地的改革和乡村振兴的有序推进，城乡融合发展是必然，城市是吸铁石，具有虹吸效应，各类资源集聚，社会分工明确。但对于农村地区来说，由于居民居住分散，农地分散，使得农村生产力无法提高。收入低，生活不便利等因素导致农民离开家乡背井离乡去城市"漂泊"求生存。

城镇化是提高农民收入，摆脱贫穷的一条重要途径。但农村地区要发展就需要和城市功能形成互补，以人为本，以特色形成差异化。为此，也需要相对的居住集中，要素集中。特色小镇作为重要的空间载体可以与城市建立差异化交互行为，利用"逆城市化"的社会需求，引导经济发展。

招商依据需要明确主导产业，转向小企业，打造产业集群

在我国推动结构转型升级的大背景下，各地方政府如若仅仅是为了招商，以便宜的土地和便宜的劳动力为吸引力，那么这样的吸引力则是很弱的。毕竟，很多农村地区经过四十多年的城市化后已几近空心化，年轻人都跑向城市去"淘金"，如果企业贸然投资，都害怕招不到人。

现实是，很多地方政府的招商对象大都雷同，基本围绕着制造业、新兴产业招商引资，一个热点词一出来，很快就可以传播各个角落，各地政府都会出台相应政策招商，举办各类招商会议，参加各类招商活动，虽然签了几个合同，落地的没几个。这时候大企业就变成了稀缺资源，地方领导争相追逐，大企业老板对接的行政级别也相应提高，见的都是市级、省级领导。而为了吸引企业落户，地方政府不惜重金给地给钱。而小企业一般无人问津，甚至很多地区摆出了很多条件，在单亩的投资强度、解决就业的能力等设置了门槛，把一些小企业拒之门外。他们不曾想过有很多影响世界的技术是小企业发明的。

地方招商政策大都雷同，就土地、税收两个方面。有时很感动地方政府的招商干劲，但同时在思考，除了土地和税收之外还有没有新的促进地方经济的方法呢？

此时，我们需要理解地方政府和企业的不同角色和行为。

我国的土地分为国有土地和集体土地。在一个行政区域内，国有土地是由地方政府代理的，由此，拥有财政专户的地方政府就如一个企业，有具备

了投入产出的特性。

在城市化高速发展期，以资产为特性的扩张，只要买入资产都增值，"没有卖不掉的房，只有找不到的地"，地方政府、银行、企业、个人都趋之若鹜。在后城市化时期，资产增值的速度慢了下来，原有的"快钱"慢了下来，以"技术、生态、健康"为发展方向，知识经济站上舞台，专业化分工更趋明显。

如此，多规合一的空间规划将明确未来区域经济发展的方向。区域经济也是城镇空间更新的表现形式，如果招商脱离了规划，就相当于火车脱轨，形成不了区域经济的核心竞争力，就会浪费很多财力物力。

企业也需要培育。"育商"也是县域开发的一项重要工作内容，"育商"离不开县域行政体系与社会创新创业主体的合作和相互影响。

区域经济会发生变化，企业也会不断成长或淘汰，对于地方政府来说这方面就需要有战略眼光了。也就是说，地方政府需要在开发建设的启动阶段自行投资拥有相当规模的资产用于未来的产业更新。这个问题，上海有过这类教训。

例如，上海地区的招商在刚开始也是卖地，出让产业用地引入企业。但土地总是有限量的，土地越卖越少，而产业会因为各种环境的变化需要更新，上海很多地方就出台了"腾笼换鸟"的政策，也就是政府出资将原来的企业迁移出去，再招引新的企业进入。这就导致地方政府要为原来的粗放式卖地招商方式付出代价，企业经营是市场行为，有些企业刚到上海时，上海地方政府给予了很优惠的政策，企业经营一段时间转行了，就成了二房东，不用干活，照样靠租金收入赚钱。有的企业干不下去了，卖了原来的工厂就赚了一大笔钱，只有那些租用厂房的企业是最不赚钱的。

上海的教训，其他地方也有。区域开发前期，地方政府需要有战略的眼光去看待产业更新这个问题。前期卖地很容易，但后期"腾笼换鸟"的代价很大。

美国在城市规划时设有一个产业优先发展区，这个园区的土地是由政府持有的，且政府规定，企业带动了多少就业，才可以享受一定的政策。这种产业导向的好处在于解决实际的就业问题，同时也有利于在产业更新的阶段政府调控。

"育商"的重要支点在于人才，美国的格林尼治小镇为了招引纽约市金融中心的人才居住到小镇上，制定了针对人才购买当地住房的税收减免政策以及个人所得税优惠政策，金融人才住到了小镇后，渐渐地把基金行业带到了小镇。

"造商"是科技新时代的要求

2019 年，我国的 GDP 增速备受世界关注，很多人认为，我国的 GDP 增速是不是破"6"很关键。而我在研究美、日经济的时候发现，日本在 1970 年代的 GDP 年平均增速高达 15.6%，后来 20 世纪 80 年代，日本的 GDP 增长率是 4% 左右，到了 20 世纪 90 年代很多年份只有 2% 或者更低。为避免 GDP 增速下行给经济带来的伤害，日本大力发展汽车业和半导体产业，在 20 世纪 80 年代超过美国，称霸世界[1]。

我在第二章也分析过美国经济在 1978 年如何通过资本收益税来促进社会股权投资的。美国经济在 1978 年是一个分水岭。美国在郊区时代（1950–1970）靠房地产和汽车行业来提振经济，后来通过降低资本收益税，社会长期积累的创新能力得到了激发，所有的创业型经济指数得到了大幅提升。很多实体企业在倒闭，而大量新的企业在产生，企业的倒闭速度与其说是经济衰退的表现，还不如说是产业变化的信号。从 1978 年资本收益税降低后，创办的企业数量快速增长，是 20 世纪 60 年代繁荣时期的 2 倍，是 20 世纪 50 年代的 6 倍，到 1987 年提高资本收益税后创办的企业数量才减缓。显然，是资本收益

① 野口悠纪雄. 战后日本经济史【M】. 张玲，译. 北京: 民主与建设出版社, 2018.

税激活了企业家创办企业的活力。

为激发股权投资的积极性，美国的股市为企业股权投资提供了便利的退出机制。从 1978 年开始，美国的股票价格开始了长时间的攀升，1978-1981 年，美国的 100 个股票指数增加了两倍以上。在这一轮经济主导的产业中，并不是地产和汽车，而是电子设备带动的①。

从美国、日本的发展来反观我国的现状，我国近年来的 GDP 增速回落，城市化日趋减缓，房地产、汽车产业将大量的实体利润挤干，很多实体也相继倒闭。在新的产业结构调整过程中，我国也势必需要新的产业引擎来拉动 GDP，来替代房地产业和汽车产业的经济动能。参考美国的经验，股权投资是有效拉动经济动能的重要手段。

2019 年，我国的金融业做了很大的改革，一方面金融业全面对外开放，一方面股市改革动力十足，设立了科创板，逐步推动注册制，并真正推行"退市"制度。这些都似乎和美国 1978 年的情形一样，通过股权投资来促进高科技产业的发展。毕竟，2019 年中美贸易摩擦给了我们深刻的教训。

我在金融行业也工作过，也做过创业导师，创业大赛的评委，在我国存在的一个很重要的现象就是 PE 很多，但是天使和 VC 阶段的投资人很少，天使投资人都不愿意做股权投资，基金也不愿意做股权投资，原因是什么？就是缺少退出机制。

我有个朋友正在管理 400 亿元的基金，他自己私人投资了一家 VC 阶段的企业的股权，之后，他就成了保姆，市场是好的，但企业经营总有风险，这家企业的老板总是打电话给他，要么让他介绍业务，要么借钱。因此我朋友头疼不已，真心说，还不如自己经营企业呢。

这不是个例，如果我国的股票市场和美国的股票市场一样可以激发股权投资的动力，那么未来股权投资对于拉动我国经济的动能也是巨大的。

① 吉尔德.重获企业家精神【M】.林民旺，李翠英，译.北京：机械工业出版社，2007.

　　既然个人和基金不愿意投资，国家就鼓励地方设立产业基金，虽然现在对于投资项目有严格要求，但对于区域开发来说，是一个很好的渠道和手段。

　　股权投资可以激发企业创新的活力，不仅可以帮助城市提升高科技创新水平，也可以帮助县域经济的乡村产业创新。

　　"造商"机制就是通过县级政府设立产业基金，以参与股权投资的方式吸引企业落户的一种方式。

∞

双循环背景下县域经济的开发模式及建议

> 区域开发需要滚动开发，建立合理的开发机制。区域开发的核心是让区域物业增值，需要专业的运营商。而产业基金通过将区域开发有机结合政府、运营商、开发商的力量，实现区域开发的社会分工。

在和众多地方政府打交道时发现，县政府缺钱，但却能借很多债。问题是，他们在县域开发的过程中没有优化投资，投资效率整体低下，缺乏科学性和合理性。

滚动开发还是一次性投入开发

目前，县域的开发一般有两种思路：一种滚动开发；另一种是一次性投入开发。滚动开发是指将部分财力、人力、物力集中投入特定区域，先打造部分重点项目，通过将前期项目的营收再投入开发其他项目，以取得后期收益，并逐步完成整个区域的开发的过程。一次性投入开发是指将全部资金、资产、资源一次性分散投入县域境内开发的过程。两者之间最大的区别在于资金投入量的大小和投入产出的计划性。滚动开发的投入量相对小，但投入产出的计划性强，是在前期投入有效益的基础上滚动的。一次性投入开发的资金投入量大，但只管投，不管收，容易出形象。

区域开发的目的是让区域内的物业资产增值。华夏幸福在区域开发方面的经验值得借鉴。

通常，华夏幸福在开发区内先选定一个启动区。华夏幸福的整个区的总投资额设定一个峰值，要求不能超过 7 个亿，在整个建设过程中，启动区作为整个项目的重点投资区域，采用滚动开发的方式。

其主要方法俗称"四菜一汤"，"一汤"是指一个生态湖，"四菜"指一条 24 米宽的干道、一个规划展示馆、一个住宅区和一个工业园（如图 6-3 所示）。

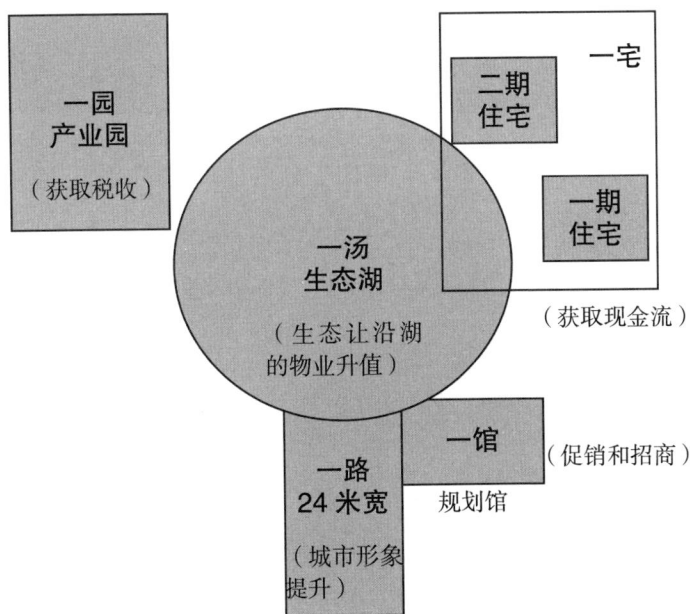

图 6-3　华夏幸福启动区滚动开发的范式

生态湖是为了提升周边住宅的价值，24 米宽的干道直通生态湖，是为了提升形象，形成地标和城镇意向，一个规划展示馆是为了展示区域未来的愿景，用来招商引资，等这些先干完了。第一期的住宅楼盘先建，住宅建成后，其住房价格一般都会因为周边生态环境的提升而比周边楼盘价格要高很多，也容易销售。住宅的目的是实现现金流的回款，完成区域形象的建设，等于是让购房的业主们出钱完成了第一期的建设。住宅建完后就建设工业园区，通过招商引资，吸引工业企业入驻。企业进驻后，长期的税收收入就是华夏幸福的纯利润了。这种"四菜一汤"的开发模式屡试不爽，华夏幸福在固安耕耘了那么多年，的的确确是干了实事的。

产城融合、滚动开发，启动区先行是一种策略，也是经过市场检验的成功模式，华夏幸福的老板王文学董事长不止一次地说过，企业和政府不一样，企业要先求生存，后求发展。而且，地方政府或开发商的开发资金不一定全部是自有的，很多是借的资金，资金也是有成本的，从银行借款借出来的那一天起，这机器就停不下来了，接下来就是为银行干活了。

如果把产业土地看作是骨头，把住宅土地看作是肉，则那些做纯住宅的房地产公司看中的是肉。他们往往只想着吃肉，剩下的都是骨头。也就是说，房地产公司通过商品房出售赚了钱就走了，地方政府赚了土地的钱，但这笔钱是短期收入，不是未来收入，住宅用地有限，卖完了就没有了。所以，对于县政府来说，持续性发展，必然是依赖于产业长时间不断积累的过程，而不是短期的卖地行为。

区域开发可大可小，对于县域开发来说，人才、资金等各方面受到限制，在整体规划确定的前提下，就需要确定启动区，将县政府投资的重点项目建设集中于一个区域，在短期内形成面貌一新的形象，并借势带动周边区域的发展。

树立正确的区域开发理念并建立合理的区域开发机制

一个地区的财力有限，而作为在任的地方一把手，肩负着区域开发的使命和责任，一方水土养一方人，一方领导更是决定一方百姓的命运。我做过区域开发的一把手岗位，对于一把手的重要性深有体会。由于地方一把手任期短，很容易造成后任不认前任的账，有的会全盘否定上一任的规划，所以，规划法定化、公开化很重要，要做到"一张图纸干到底"，就需要将规划图公开化，有些地方甚至将规划图做成展示馆，如苏州有一个规划展示馆，成都天府新区有一个规划展示馆，但凡有规划展示馆的地方，基本方向不会变。

土地的一级开发权是归国家所有的，地方政府是国家开发权的代理人，从这个角度，地方政府就是一个地产公司，要靠土地产出，还是需要在土地上动脑筋。

观念决定人的行为，一把手的开发理念非常关键。区域开发理念决定了区域开发的方向，国内外已经有很多的区域开发理念。日本在21世纪提出了"可持续发展的循环社会"，日本是世界上最早进行循环经济立法的国家，从20世纪"大量生产、大量消费、大量废弃"的浪费型社会，转变为21世纪"最佳生产、最佳消费、最少废弃"的循环型社会。美国也提出了生态的可持续发展理念，美国生态学家彼得·伯格提出了区域可持续开发理念——地域生命主义，包括实施、恢复、维持自然生态平衡系统的工程；构筑循环型系统工程亦即可持续零消耗产业系统（zero emission）；强化人力资源的作用，创造出新技术和新型商务系统，实现地域内协作（working together）；使用数码信息基础设施，实现以 SOHO 为代表类型的商住靠拢的商务形式，以及网络医疗系统和网络教育系统等。

国内的开发区则提出了全功能开发理念，"动土必有规划、出土必有设计，覆土必有绿化"等。浦东新区则提出了开发公司的理念，提出了"开发主体"

和"开发客体"两个概念，"开发主体"是指从事开发活动并享有法定权利和承担法定义务的个人和组织，包括决策者、投资商、运营商、服务商以及劳动者等。"开发客体"是指开发的对象，指从土地开发、基础设施开发、产业开发、企业开发、产品开发到社会开发的全部内容[1]。

浦东新区的开发基于国家改革开放的战略，其开发过程受到了国家领导人的高度关注，而其整个开发的逻辑基于五种生产要素，即：物流、人流、货币流、信息流和技术流。具体的开发进程可见图6-4所示。

土地功能很多，但凡能为地方财力带来贡献的，无非是两类地：一类是产业类的投资，也就是产业地产；一类是住宅类的投资，也就是住宅地产。产业类投资带来未来的税收收益，住宅类投资带来现成的土地溢价收益。

于是在这种逻辑下，浦东新区成立了"陆家嘴集团""张江集团""外高桥集团""金桥集团"四大国有开发集团公司，分别针对陆家嘴金融功能区、张江高科技开发区、外高桥保税区、金桥国际社区，并通过证券化运作，成功将四家国有开发主体推向股市，获得长期的战略发展。

创新区域开发模式：产业基金 + 资产 + 运营

区域开发模式是县域经济必然要思考的一个问题，国家提倡社会资本介入区域开发，在2016年提出的"特色小镇"时，大量的开发商、企业都纷纷涌入特色小镇开发，但成功的没有几个，毕竟区域开发是一项综合性很强的工作。华夏幸福的王文学董事长曾比喻，地产商是小学生干的活，产业小镇是博士生干的活。确实，做住宅开发，拿地、代建、销售都已经有了成熟的社会分工体系，只要拿了地，算得过来账，谁都可以干。但特色小镇不同，麻雀虽小，五脏俱全，且特色小镇既要懂体制内的语言，也要能实现体制外

---

① 李正图.浦东开发公司模式研究【M】.上海：上海人民出版社，2010.

的经济效益，这是一种能力。

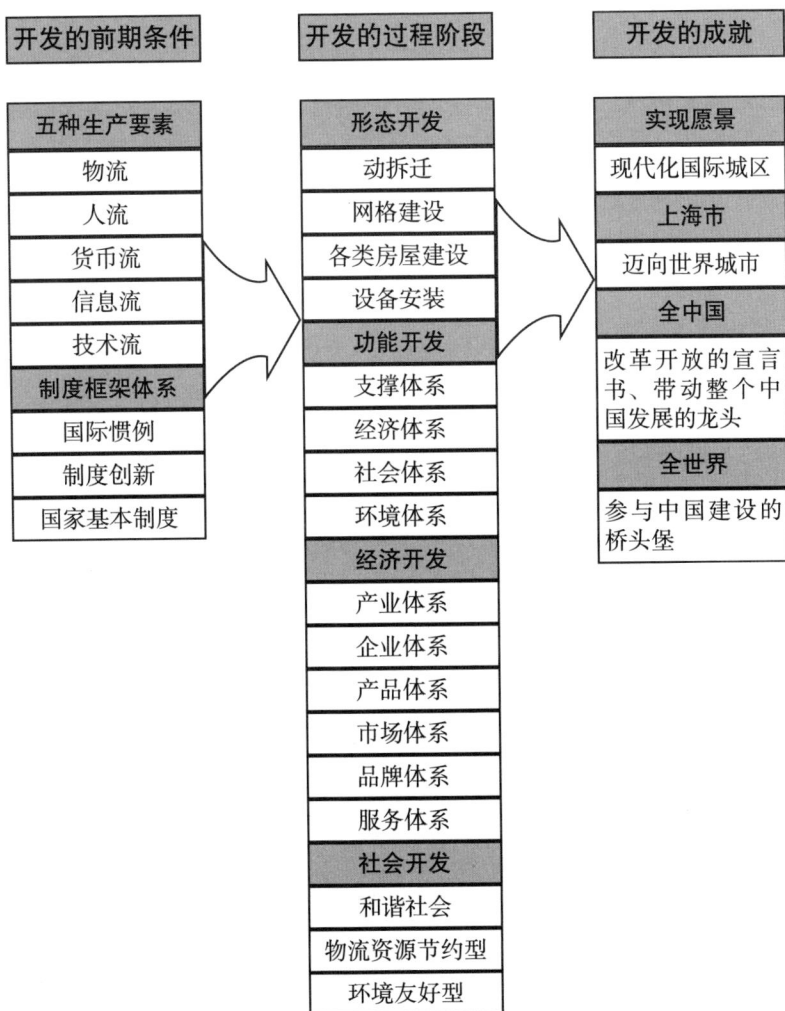

开发的前期条件	开发的过程阶段	开发的成就
五种生产要素	**形态开发**	**实现愿景**
物流	动拆迁	现代化国际城区
人流	网格建设	**上海市**
货币流	各类房屋建设	迈向世界城市
信息流	设备安装	**全中国**
技术流	**功能开发**	改革开放的宣言书、带动整个中国发展的龙头
制度框架体系	支撑体系	
国际惯例	经济体系	**全世界**
制度创新	社会体系	参与中国建设的桥头堡
国家基本制度	环境体系	
	经济开发	
	产业体系	
	企业体系	
	产品体系	
	市场体系	
	品牌体系	
	服务体系	
	社会开发	
	和谐社会	
	物流资源节约型	
	环境友好型	

（资料来源：李正图.浦东开发公司模式研究.上海人民出版社，2010年4月，P29）

图 6-4　浦东新区开发体系图

问题是"有能力的没钱，有钱的没有能力"。有一位老领导和我交流时说，确实，有很多一把手是从政府体系里逐步提拔的，行政经验充足，但开发经历、市场经验不足；而开发商的老板从事区域开发看中的是住宅地，都是短期行为，缺少产业基因；市场型企业的老板则只知道圈地，不懂得开发，也不明白体制语言；而能够懂得区域开发的，其中相当一部分有体制内外经历的运营主体有能力却没资金。如此，特色小镇的开发就陷入一种困境，现在缺的是运营商。

区域开发有规划、招商、基础建设、开发、运营和社会管理等主要职能，需要人才、资金、土地等要素，借助开发进程推动信息流、技术流的升级。对于县政府领导来说，首先考虑的是"权"，区域开发这些工作全部由县里完成的话，权力虽然大，但现在当领导权力越大越危险，既要高质量完成，又要确保安全，最好的办法就是找到能完成开发任务的主体。其次考虑的是"钱"，政府只要有地，就不会缺钱，但这些资金有限，要用在刀刃上，要有杠杆效应，撬动社会资本的投资。

"有钱的没能力，有能力的没钱"，区域开发的机制也是可以策划的。我经过多年的实践和思考，提出了"产业基金＋资产＋运营"的模式。

地方政府最需要的是产业能力，产业能力需要的是人才。但人才没有资金怎么办？地方政府可以找开发商一起成立产业基金，产业基金还可以吸引机构资金，开发商投入产业基金的话，还能够绑定开发商，产业基金可以委托运营商（团队）进行管理，运营商可以收取管理费，这样也解决了团队的日常费用。人才和资金解决了，土地还是政府的，这样，可以将原来由地方政府的事分拆为三个主体，政府负责基础建设和社会管理，运营商负责规划、育商（股权投资）和运营，开发商负责地产开发。这样，地方政府有三方面的收入：一是靠招引外部企业产生的税收收入；二是住宅地产开发获得的土地增值收益；三是住宅开发获得的相关税收。运营商有两方面收入：一是产业基金的管理费；二是物业、土地等资产出租所获得的租金收入，（开始时，

租金收益地方政府可以适当倾斜给运营商，后期区域开发成熟时，需要地方
政府和运营商商议一个分配比例）。而开发商则获得商品房开发后的住宅开
发收益。这个模式设计的好处是综合解决了区域开发的社会分工问题，具体
合作还需要根据实际情况再进行设计（如图 6-5 所示）。

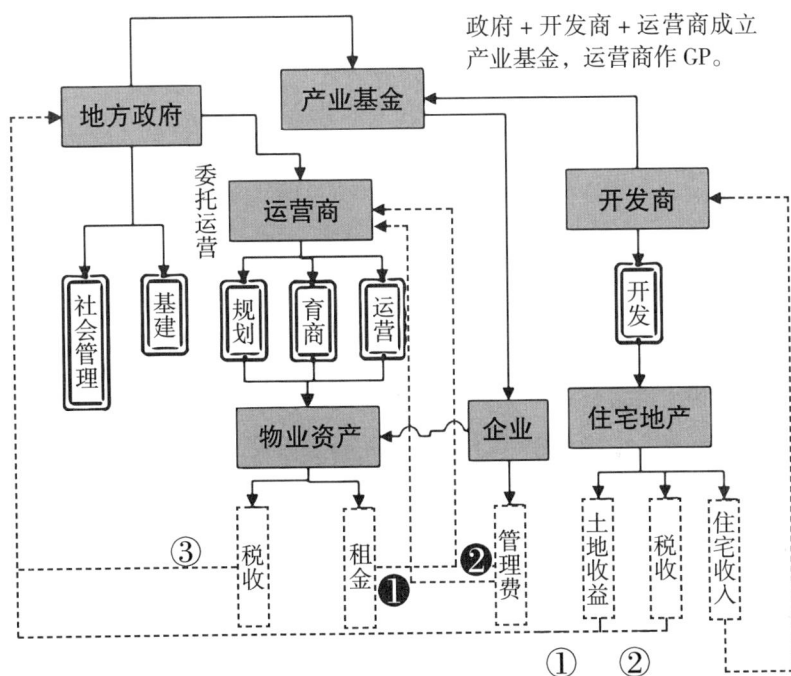

图 6-5　产业基金 + 资产 + 运营的模式

∞

PPP 模式还是 TIF 模式

PPP 模式和 TIF 模式都源于美国，旨在通过社会化资本推动地方区域的开发。我国地方政府负债已经设定了底线，在地方政府普遍缺资金的情况下，TIF 以区域物业增值为目标的税收融资模式值得借鉴，通过"税收财政"摆脱"土地财政"。

区域开发社会化是一种趋势，随着城市化进程趋缓，地方政府的"土地财政"收入也会随之减少，之前各地方政府大力借债推进城市化，近期国家已经对各地方政府的债务进行了清理，并限制了各地的债务规模，如此，地方政府不可能再像之前一样大规模举债了，政府的权力少了，对外寻找合作伙伴势在必行。

之前 PPP 模式盛行，PPP 模式是公私合营，公私合营本来的意思是双方共同承担投资的风险，但很多地方把公私合营当作变相的借债，很多项目采用工程总承包（Engineering Procurement Construction），俗称"交钥匙"工程，就是很明显的变相借债，私企看中的是工程，而政府只是借债，到期要还的。

华夏幸福的 PPP 模式得到了国家发改委的肯定，现在网络上传开了华夏幸福的商业模式，华夏幸福的模式根本上还是一个金融模式，但他们的模式开辟了区域开发公私合营的新商机。

华夏幸福的业务是"代政府开发"，和地方政府签约中明确，土地还是地方政府所有的，他们属于代政府开发建设和运营。其中，他们代政府请规划单位，收取服务费 10%。举个例子说，邀请的规划单位要 300 万元，这笔费用由华夏幸福代为支付，但后期要和地方政府结算，结算时要增加服务费 10%，也就是 33 万元。基础设施建设收取服务费 10%~15%，土地整理投资按上一年度土地整理费的 10%~15%，产业服务费按上一年度新增落地投资的 45%，园区综合服务收取服务费 10%~15%（如表 6-1 所示）。

表 6-1　华夏幸福的结算方式表

业务类型	委托内容	结算方式
规划	在委托区域组织有资质的规划单位进行产业规划、城镇规划、城市设计等项目	规划费，加成 10%
基础设施建设	在委托区组织道路建设及供水、供电、供暖、供气、通信基础、排水等"九通一平"及场站等项目	基础设施建设费（含税，以审计结果为准）加成 10%~15%
土地整理投资	主要参与土地征转计划及征转补偿方案的拟定，督导、跟进以政府部门为主体进行集体土地征转补偿以及形成建设用地的工作，并承担土地征转过程中的土地整理投资成本	上一年度土地整理费（含税，以审计结果为准）加成 10%~15%
产业发展服务	对委托区域内的工业园区进行宣传、推广、产业发展定位、进行招商引资的洽谈，以及对入园企业提供全程无忧式管家服务，协助企业快速实现生产运营	上一年度新增落地投资额的 45%
园区综合服务	负责在委托区域组织有资质的服务单位，承担物业管理服务，道路清洁及绿化等公共项目维护	上一年度园区综合服务费（含税，以审计结果为准）加成 10%~15%

华夏幸福的 PPP 模式有两大核心，即：排他性建设运营权与服务收益权，与传统拿地开发的模式相比，华夏幸福的拿地成本最低，也就是和开发区的公司模式一样，成为一、二级联动开发的开发主体。

所以，华夏幸福的 PPP 成功模式归功于三个：一是地方开发权的决策人不变，有持续性。很多地方政府领导三五年变一变，领导一变，投资方向也会改变，造成了地方财力投资的浪费。二是合理地划分了地方政府与企业之间的关系，双方互为信任，共同发力。三是王文学董事长本人的人格及能力，他具有超强的学习能力、意志力以及团队打造能力。

但是，我们也要理解，华夏幸福的模式是基于"工业经济 + 地产开发"，在我国实行结构转型的新形势下，对于"服务业、乡村产业"的合作模式，华夏幸福的模式可能就会受到考验。

美国在 20 世纪 50 年代推出了"TIF 模式"，TIF 是税收增额融资（Tax Increment Finance）的简称，美国是联邦制，当时各地财政收入有限，于是美国设计了一套新的融资手段，他们将税收增额作为融资的手段，用来募集开发落后或建设未完全地区所需资金，使其不必完全仰赖中央财政。TIF 主要内容是指地方政府以特定规划区域内未来开发建设所产生的土地财产价值增长所带来的税收，用其作为证券化后的还款来源。政府规划某一特定区域，并拟定一项完整开发计划，待计划执行时，将此区域内土地财产价值冻结起来，而未来因开发使其土地财产价值提高所产生的税收全部纳入特殊基金专户，并限制其专款专用，当政府开发此区域时，所需资金就能以此专户发行债券向外界融资，并以特殊基金作为偿债来源，等到 TIF 债务清偿完毕或计划期限届满时，整个计划即宣告结束，而区域内土地财产冻结也予以解冻，还原其价值，各地方也能重新计算应当缴纳的税额（如图 6-6 所示）。

简而言之，TIF 允许当地政府将未经开发或较落后地区土地财产价值冻结起来，并待开发建设后之价值增额税收，用其作为开发经费或举债的偿债来源。TIF 制度在本质上就是对土地及其附着物房屋增值征收不动产财产税（不等同于我国的房产税）[1]。

TIF 在美国盛行，在我国是否值得借鉴？当下，我国地方政府的债务已经积累得够高了，但这种以资产为逻辑，以税收增额为手段的方法是值得我们深思和研究的，毕竟，土地财政在城市化快速扩张的阶段是可行的，但是长

---

[1] 赵忠龙.税收增额融资的美国经验与中国借鉴【J】.2014，8（1）—.广州：暨南学报，2014—.

久来说，税收才是地方政府收入的正道。而 20 世纪 50 年代左右美国的城市
化率也和我国当下的城市化率差不多。时代背景类似，方法也是值得借鉴的，
但他们在实施 TIF 时，是针对当地有投资商愿意投资开发的前提下，也就是
类似于有华夏幸福这样的企业和地方政府合作开发区域的情况下，他们才会
推动实施。

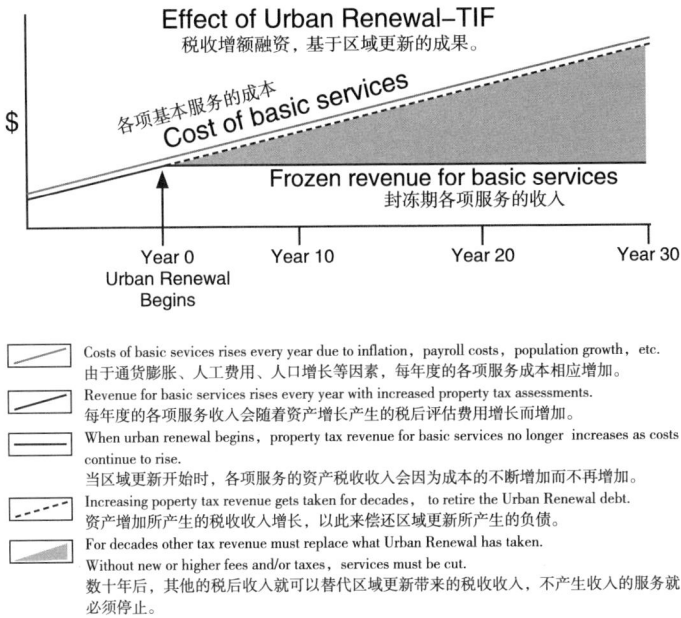

图 6-6　TIF 模式示意图

　　区域开发模式也可以理解为地方政府向社会融资并实施开发建设的方案。
华夏幸福的模式在工业经济为主导的县域经济开发是有借鉴意义的，假设我
国进入新一轮的"郊区城镇化"时代，TIF 的模式不妨借鉴。

　　本章通过系统阐述乡村规划的体系和内容，说明空间规划背景下，规划是城镇化的系统集成方案。本章提出了将传统招商改变为"育商和造商"的创新理念，创新提出了"产业基金＋资产＋运营"的模式，并以华夏幸福的开发模式为例，分析了 PPP 模式和 TIF 模式之间的区别。

💬 商机解读

产业基金的利用

很多地方都设立了产业基金，一般来说，产业基金都是由地方政府出资做劣后，由机构做夹层的一种金融模式，主要用来投资在当地政府所辖的行政区域内的企业。

从本质上来说，地方政府是想用产业基金吸引企业。因为，大多数企业都缺资金，现在企业到银行融资困难，上市更难，地方政府的产业基金确实能吸引企业落户。问题是，政府参与的产业基金，领导的责任太大了，现在都是领导终身追责制，企业经营有风险，谁也不敢随意担这个责任，即便有决策程序，但领导都不是行业专家，哪知道哪家企业有什么风险？所以产业基金的效用没有得到真正地发挥，一方面是产业基金躺在账户里出不来；另一方面是地方政府和企业谈判的筹码越来越弱。

这其中，打开产业基金的阀门，是要打开政府领导的心门。

∞ 案例：招商也要创新——大赛招商模式

科零科技（上海）有限公司是一家专业从事和地方政府合作科创大赛，通过科创大赛，帮助地方政府招商的公司。这也属于一种新型的招商模式。

科零科技公司拥有数千家科技企业数据库，他们给政府提供三次预赛，一次决赛的服务，每次提供政府产业要求的二十多家企业参与比赛。

每场比赛都邀请了专业的投资人参加评比，这些投资人本身就是基金管理人，他们具备专业的投资知识，每次比赛都有专家的评分，而每次比赛，对于企业来说，都是一次展示，是一场角力，而对于地方政府来说，这些比赛就等同于赛马，公开公平的赛马比赛，且通过比赛也能更好地了解到企业的现状。

比赛结束后，地方政府与愿意落地在当地的企业签约，政府产业基金入股企业。创业大赛与传统招商的区别有五个方面：一是以客户需求为导向提供项目方（如行业、企业性质、营收、团队成员学历等）；二是以落地为结果举办活动（对接有落地意愿的企业参赛，决赛当天获奖企业签署投资落地意向书）；三是有强大的项目数据库，确保项目的真实性与数量（每场保证提供30~40家企业供筛选）；四是引导产业基金入股获奖企业形式进行风险把控；五是高效（4~6个月完成赛事）。

科零科技（上海）已经与多家地方政府合作，这种方式既帮助企业完成融资，又能帮助政府招引到企业，一举两得。

商机点评

1. 给地方领导一个决策的理由

地方政府的产业基金的使用效率和地方政府领导有直接关系，虽然产业基金都有GP（普通合伙人），但一旦有政府资金发起，GP还得听地方政府领导。而地方政府领导需要确保国有资金不受损。科零科技（上海）按照地方主导产业筛选企业，同时，大赛形式相当于企业路演，而专家评审的意见，正好成为地方政府领导决策的一个客观依据，为此，科零科技（上海）的这种模式，正是给政府领导提供了安全的决策路径。

2. 企业都缺钱，招商要整合资源

山西长治有位领导到上海招商，我帮助他对接了一家企业，这家企业主一直致力于治理"白色污染"，研发、生产制造可降解易耗品的机器设备，随着国家对生态文明的重视程度加剧，各地陆续出台相关政策，目前上海、江苏等地已经出台了"禁塑令"，显然，禁塑令一出，这家企业的可降解设备则成为热捧的对象。

山西长治的领导邀请该企业前往长治投资落户，但这家企业还没有这方面的打算，我提出建议，山西有很多煤老板，他们有雄厚的资金实力，上海的这家企业可以出技术、出市场，山西的煤老板出资金，双方合作，也可成为一种新的招商形式。其实类似的商机很多，有些地方领导忙着招商，却忘了资源整合也是招商。

3. 委托招商，营商环境越来越重要

我去过很多贫困地区，真切感受到地方领导的市场意识对于地方经济发展的重要性。现在国家政策都很好，贫困县虽然财政收入少，但他们的转移性收入要超过财政收入。有些贫困县县城的建设远超乎想象，毕竟每年巨额的转移性收入不能趴在账上，工程项目最实在。此时，贫困的是百姓，不贫困的是政府，怪不得有些贫困地区天天想着挂着"贫困帽"。

贫困地区往往交通不便，但他们拥有独特的山地海等资源，拥有大幅的廉价土地和低收入的劳动力，他们这里的企业家和国有企业差不多，由于当地企业的数量少，他们容易得到地方政府的政策支持，但他们又缺少市场理念。

相对于农户来说，这些企业的发展很重要，农户顾不起人，他们种出来的农产品卖不出山去，他们没有像企业那样的市场能力。而当地企业家故步自封，也只是停留在向地方政府要支持、要政策的阶段，他们的发展何以为继？

我曾建议这些山区的企业联合起来到一二线城市设立市场办事处，以直接对接城市市场，如果县委县府在这方面有一些补贴，对于激发这些企业的活力是有直接帮助的，这些企业发展起来了，农户增收的希望越大。

招商靠人才。就如一家店的服务员，也是销售员，他的服务能力和态度决定了顾客对这家店的印象。地方政府的招商也可以委托第三方，通过第三方的招商能力来提升地方上的招商能力。当然，地方的政策、营商环境是最重要的招商引资要素。

∞

第7章

双循环背景下的新乡村新产业

城乡经济的核心是能带动就业和振兴地方经济的产业，如今的城市乡村和 1978 年之前的城市乡村已截然不同，1978 年前的乡村我国还处在农耕为主的时代，82.2% 的人还生活在农村，我国的城市化还没有起步，大部分的经济生活在农村。如今农村只剩下 39.6% 的人口，60.4% 的人口生活在城市，城市已经太拥挤，城市经济活动主要在城市，城里人不缺食物，缺的是健康、安全的食物；城里人不缺现代化，缺的是原生态；城里人不缺建筑和公园，缺的是大自然的本色和空旷的活动空间。

城里人没有被满足的欲望就是市场需求，消费是一种社会观念，生态、健康、自然是未来城市与乡村同生共长的消费诉求。时代改变，乡村的功能也已经改变，乡村产业不同于传统农业，也是新兴产业。

在我长期从事的涉农相关的工作经历中，我接触到了很多与乡村有关的新产业，这里，我们一起来感受一下他们对于乡村未来的改变。

∞

农田生态景观化

城里人缺少自然和生态，自然中的每一类要素都可以通过艺术设计改变农田的功能和价值。农田变体验的场景和拍照的背景，增强人与自然的互动功能，提升农田的观赏价值和娱乐价值。

在我们的脑海中，农田就是种地的，农民"面朝黄土背朝天"，人们赚的是辛苦钱，但他们不曾想农田在这个时代有了新的功能，"生态景观化"让农田变成了人们消费的场景，农田不仅有种植功能，更有了观赏的价值。

最开始实践农田"生态景观化"的是日本的田舍馆村，田舍馆村处于日本偏远的农村，他们当地的农民为了改变落后的面貌，设想种植有多种颜色的稻谷，将农田变成画，于是，他们就成立了稻种研究所，专门研究培育不同颜色的稻谷种子，"没有做不到，只有想不到"，他们经过不断的努力，真的培育出了不同颜色的稻谷，并付诸实施，在他们的农田里"种"出了一幅幅精美的图画。打破传统就意味着领先，他们的这一创举，全国绝无仅有，或者说，全世界绝无仅有，于是吸引了各地的人到田舍馆村观看，为了便于人们到达交通不便的田舍馆村，地方政府就专门为了田舍馆村修了路。从此，田舍馆村名扬天下。

国内安徽人翁仕宝在深圳创业时无意中看到了田舍馆村的故事，他觉得既然日本可以做到，自己是学艺术出身，他觉得这是一条新的道路，于是他决定转行，去拜访各地的稻谷专家学习与收集"彩色谷种"，学成之后，终于，他在广西南宁宾阳县古辣镇大陆村种下了有机天然的"稻田画"（如图 7-1 所示），第一幅有影响力的作品是湖南浏阳的《福娃》，在广西的成名之作是《大圣归来》，再往后才有的《八仙》《炮龙》等，项目现在已经覆盖 12 个省份二十多个项目地。

图 7-1　翁仕宝的稻田画

渐渐地，人们都明白了，原来农田还能变景观，成为吸引游客的"引爆点"，现在各地也有很多人开始从事同样的工作，这种稻田艺术，将会极大地改变原来的乡村面貌。

除了将农田变景观之外，湖南 80 后女孩卓琳动起了秸秆的脑筋，稻田收割后，传统的做法就是将秸秆焚烧后填土，但秸秆焚烧会污染空气，现在各地政府都要求禁止秸秆焚烧了。面对这些问题，卓琳想到了稻草艺术，她将这些秸秆编成了长颈鹿、马、老虎等各类形状各异的动物，并涂上了鲜艳的颜色。她将这些稻草动物做成了一个稻草人公园。深受周边市民的喜爱，而她也开始制作稻草人、稻草动物对外出售了（如图 7-2 所示）。

图 7-2　卓琳的稻田艺术公园

乡村的农田包括：基本农田和一般农田。基本农田只能种植粮食和蔬菜，但一般农田可以种花、草、树、木，这些都是生态元素和景观元素，例如，上海宝山区的顾村公园种植了大量的樱花树，每年的春天，市民都会纷纷到顾村公园观赏樱花，毕竟，城市太缺少这种大规模的自然景观了。河北省塞罕坝草原种植了 140 万亩的桦树林，如此巨大规模的林地也很快成为吸引全国各地游客趋之若鹜的休闲度假胜地。

乡村产业包括：农、林、牧、渔，各种自然元素、生态元素都可以成为乡村景观的重要组成部分。

要实现景观的功能，有两个原则需要把握的：一是要规模。规模化之后（空间长宽）能形成空间震撼力，可以使自然要素与其他区域形成差异。二是要创新。做别人没有做过的，形成特色，有了与众不同，才可能形成需求。

∞

丰富的农产品艺术节日

　　节日活动可以提升人气，帮助推广乡村特色，可以带动地方旅游。农产品作为艺术品的原材料可以做成景观，农产品也可以作为艺术节的娱乐用品，而农田植物艺术品可以作为特殊场景。

　　农田里种出农产品，农产品在农业社会是为了满足农民的温饱问题，但在工业时代和城市化时代，农产品可以作为食品或原材料，甚至是娱乐用品。

　　我在研究国外城市化的理论时，发现区域的活动和就业机会是吸引人口流动的两大主要因素。后来我收集了近百个国内外成功特色小镇的案例，并研究他们成功的要素，发现其中一条，每个成功的特色小镇总有大量的"活动和项目"，其中，节庆活动是必不可少的。

　　法国蒙顿小镇位于法国南部与意大利接壤的地方，四季如春，蒙顿冬季居住人口不足3万人，但在夏天的居住人口多达8万多人（不包括游客），它被称为法兰西的水果之城，法国的城市花园。蒙顿小镇盛产柠檬，并种有大量的鲜花，柠檬节的点子起源于一位当地的饭店老板，他在丽抚拉酒店（Hotel Rivera）的花园内做了一个展览活动，将柠檬和鲜花做成艺术品作为展览的主要内容，这次活动非常成功，于是这项活动扩展到了商业街，并增加了花车等项目，1934年，当地政府将这项活动命名为柠檬节，也就是以柠檬这个农产品作为节日的命名并开展节庆活动。

如今的柠檬节成为法国蒙顿的著名节日，人们将柠檬做成了各类高大的形象雕塑，如白雪公主、七个小矮人等等，这些主题每年可以更换，可以做成不同的场景，成为游客喜闻乐见的一种农业体验方式。柠檬还是柠檬，但已经是艺术作品的原材料，艺术源于生活，更源于艺术家的神奇之手，农产品与艺术的结合激活了地方的特色和活力，由于柠檬是金黄色的，这些艺术品将柠檬的颜色渲染成了整个小镇的底色，"金色之果"把蒙顿装帧得金光闪闪，五彩缤纷。

日本也有一个非常知名的农业节日，称之为越秀大地艺术节。越秀县距离东京约 4 小时车程，地处偏远地区，且常年积雪，人口稀少，但在近几年成为世界著名的旅游目的地，其成功之道，就在于这么一个节日。我有幸参加全国工商联农业产业商会的组团到了越秀，并和当地的主要领导进行了交流。

越秀市的市长介绍，越秀交通非常不方便，没有好的经济增长点，他很感谢北川富朗先生给这个农村地区带来了新的生机和发展机会。

北川富朗是日本的一位艺术家，当初政府为了激活当地落后的经济，让他想办法，北川先生最初的设想是举办三年一届的大地艺术节，把当地有价值的东西挖掘出来，但直接举办艺术节不是一件容易的事，需要一个酝酿的过程。首先，他们组织了有八万人参与的发现"当地美"的活动。让当地人和艺术家们通过拍照片的方式把当地美丽的场景记录下来，美的事物常有，发现美的眼睛不太有，通过"发现美"的活动激发当地人对家乡的热爱，同时也是一种低成本的宣传方式。之后，他们发起了县域内各村的人实施种花活动，用种满花的道路将各个农村地区连接起来，让乡村道路风貌在短时间有了巨大的改变。然后，再将原有的五个农村地区进行了不同特色的定位，如某个村区围绕农业展开活动，建立舞台，作为活动基地。有了之前的这些活动的预热，北川主持的大地艺术节才开始真正的启动了。

大地艺术节的第一个作品是一个艺术造型，北川先生将一个高大的夸张的门框树立在稻田中，用一条长长的白纱绕在门框上，在稻田中看到如此宏伟的造型属于第一次，也是具有足够的震撼力。而人们来观赏这个艺术造型并不是从游览的角度，而是为了把这个艺术造型和大田结合起来当作拍照的背景。

2000年第一届大地艺术节，北川先生组织了146个作品在稻田中展示，当年的游客量达16.2万，2003年组织了224个艺术品，游客达20.4万，2006年组织了329个艺术品，游客达34.8万人，2009年展出了369个艺术品，游客达37.5万人，2012年展出了367个艺术品，游客达48.8万人，2015年展出了378个艺术品，游客达50多万人。

越秀大地艺术节三年一届，其秘诀在于把大田当展示厅，将世界各地的造型艺术品布置在大田中展示，节日活动举办时间为每年的七月底至九月中旬（如图7-3所示）。如今，越秀的居住人口约7万，观光客约为50多万，游客中，男性占33%，女性占67%。越秀的领导笑称，是有艺术感的女性带动了男性游客。

图7-3 越秀大地艺术节的杂志

　　万事开头难，第一届艺术节的资金由县政府承担为主，市政府赞助一部分，加上一部分销售收入。第四届艺术节时，市里就不给补贴了，但由于艺术节的名片越来越响，第五届艺术节时，国家给了补贴，市里的补贴就少了，但门票收入每年都在增加。

　　刚推动大地艺术节时，由于大家都不理解，认为这地区和艺术没什么关系，对大地艺术节没有信心，为此，北川先生走访了当地的老百姓，告诉大家，"我们不是在举办艺术节，是想通过艺术节振兴地方经济"，他的真诚打动了大家，逐步启动了艺术节活动。

　　为推动大地艺术节，当地成立了大地艺术节委员会，执委会由市长、厅长、企业家、农协组织成员等参加，执委会作为决策机构，日本国家政府提供赞助，但不参与决策，为宣传大地艺术节，他们以首都大东京地区的客群为主，在东京地区有人气的商业设施等公共场所举办各类宣传活动，还有一些网络的宣传活动，旨在吸引各类人群到越秀来。

　　越秀的成功让我们看到了一个节日改变一个地方经济的可能，这里有三个要素值得关注：一是有"人"，因为北川先生作为引领在做这件事，他本身是艺术家，如果没有艺术界的资源，也办不成艺术节；二是有"创新"，把大田和艺术品作为展示品，之前没有人做过，从无到有，创造了特色；三是有"政府支持"，北川先生靠个人的力量是无法完成这么大一个活动的，基于当地领导的全力支持和北川先生的努力，也就是政府和市场力量双方面的结合，造就了越秀大地艺术节的成功。

∞

自然教育和食品教育

自然教育和食品教育的内容有很多，在这个领域内，充满了魅力和遐想空间。

"地势坤，厚德载物"，城市化带来了生活的便利，但缺少了自然的养育，道法自然，一生二，二生三，三生万物。我们住在城市里，离开乡村越远，离开自然也就更远，越是缺少的，越是需要的，在这种情况下，各种自然教育应运而生。我在做创业比赛的评委时，看到很多创业的年轻人开始从事自然教育这一个行业了，我为之感到高兴。

现在很多孩子知道吃米饭，但不知道米是从哪里来的，有很多城里人甚至不知道葱和大蒜的区别，于是，很多公司开始开设自然教育的课程。

自然教育的课程可以包括种植、昆虫、植物、家禽、泥土、冒险等。在上海孙桥农业科技园区工作时，我们做过类似的自然教育课程，那时候北京大学原校长许智宏院士是我们孙桥院士工作站的首席科学家，他建议，植物教育很有必要，例如我们种植的番茄，我们日常吃到的番茄可能就那么几种，事实上番茄还有很多的种类，各种形状，各种颜色，丰富多彩。显然，自然教育的内容可以设计得很丰富。只是现在我们的孩子都被埋在一大堆的课外教育里，学习压力都很大，而他们接触自然的时间和机会也实在太少。

我一直觉得做自然教育除了让孩子们走入田园之外，还要有食品教育。

药食同源，现在很多人不懂感恩，不懂营养，他们不知万物都是有生命的。农业是一门生命科学，需要从孩子抓起。

有次我去澳大利亚悉尼考察他们的农业博览会，他们的农业博览会不仅是展示展销，还是农产品大比拼，各地的农产品会在大会上参加质量评比大赛，大赛中被评为优质农产品的，就直接可以由大会推荐到当地的超市进入渠道销售。同时，他们的农产品还会被推荐到学校，农业博览会经常会将一些食物带入学校，编制教材，让孩子们了解农产品，了解农产品是食物的来源，体验如何做香肠、如何做披萨等食品制作的活动。

在日本的木酷木酷（MOKUMOKU）农场，我也了解到他们教孩子们观看蜜蜂采蜜，知道雄性蜜蜂的生命和雌性蜜蜂的生命是怎么一回事，他们也教孩子们挤奶，知道牛奶是从母牛身体里挤出来的，奶牛很辛苦，为人类的生长在做贡献等等。

食品教育不仅是告诉孩子们食物是什么，更需要告诉他们食物是来自于大自然的生命，他们怎么成长的，能做成什么，甚至可以让孩子们体验制作食品的快乐。

我们也可以让孩子们体验植物的生命力，我在孙桥工作时培育了一些含羞草，小朋友一碰到叶子，这含羞草就马上缩紧了身子，这种体验很直观地可以告诉孩子们，植物就像人类，是有生命的。

我们也需要告诉孩子们不是什么东西都可以吃，有些是人类可以吃的，有些是不可以吃的。

∞

美丽的建筑群落

> 建筑是一种文化，建筑群的整体风貌是地域的一类特征，通过建筑的色彩、图案、文字来表现建筑群的整体风貌也可以拓展新的产业。

城市高楼林立，被称之为建筑森林，属于楼多地少，而乡村空旷，乡村的建筑相对于城市来说，只能称建筑群落，属于地多楼少，但是，乡村建筑掩映在大田中却可以很好地衬托出地域的特色。例如，有很多地区将有历史风貌保护的古镇或古村落作为特色来打造，也是基于这些地方拥有整体风貌统一的建筑形态和色彩。如，安徽宏村、山西平遥、浙江乌镇等，这些地方既有古代的建筑风貌，又有历史文化底蕴，在国内已经是闻名遐迩。

但大多数的乡村和小镇的整体风貌都已经被现代化进程破坏了，怎么样让乡村有限的建筑群落发挥主体作用，则需要有绝妙的策划与设计。

在印度尼西亚中爪哇省三宝垄有一个"彩虹村"，"彩虹村"昔日只是一个破落的小村庄。当地政府斥资 3 亿印尼卢比（约合人民币 15.54 万元）[①]，用多彩的油漆粉刷整个小村庄，花一个多月就让村子旧貌换新颜（如图 7-4 所示）。

曾经犹如贫民窟的村庄内，232 栋房屋外墙面全部刷上了"彩妆"，明黄、

---

① 新华网：http://www.xinhuanet.com/photo/2017-06/02/c_1121074041.htm

亮紫、幽蓝，人们为此称这个小村落为"彩虹村"。

图 7-4　彩虹村的面貌前后对比图

我们平常了解的建筑是因为其形态、结构和材料而彰显不同，如传统建筑。随着现代建筑技术和建材的发展，建筑更倾向于统一的材料，更雷同的形态和色彩。现在我们到东京、美国纽约和中国的上海已经看不到建筑的差别。现代化，更多的是复制化。现代化造就了神奇的经济，也迫使人们承受了更多的审美疲劳。

彩虹村，曾经的贫民窟，用色彩更新了其整体的风貌，全新地展现在世人面前。你会发现，世界的美好还有色彩，建筑因色彩而变得更美。

建筑是乡村的主要空间载体，建筑的墙面也是可以改变村庄风貌的阵地。法国纪录片《脸庞，村庄》中摄影师驾驶小货车穿越法国村庄，一路上，他们拍摄下所遇到的人物，并把这些照片用特大打印机放大后张贴在墙壁上，以此来表达对这些劳动者的尊敬并改变建筑的风貌（如图 7-5 所示）。

无独有偶，国内有一家专业从事墙壁喷绘彩打的企业，他们的 4D 炫彩喷印机可以直接将设计的图片喷印在墙壁上。清晰度很强，美感十足。

上海奉贤区吴房村的建筑群全部恢复了江南建筑白墙黑瓦的风格，上海地区的农民住宅大部分装饰都采用西式的琉璃瓦和贴墙砖的方式，而且多数农民住宅的外墙色彩不同，吴房村这次的改造花了大力气，不仅是穿衣戴帽，而且有的是拆了重建的。

图 7-5　墙面人物照

在和地方政府领导探讨建筑风貌时，我一直觉得我们也要尊重历史，更要尊重社会现状，虽然"白墙黑瓦"是古代建筑风貌的一种象征，但那是封建社会时期的一种建筑风格，我在新场古镇工作时学习了一阵子古建筑保护的知识，了解到清代建筑色彩是分等级的，皇家建筑和寺庙的外墙可以用朱红色和黄色，当官的有琉璃瓦，普通百姓家的都是白墙黑瓦。近现代后，随着中西方建筑风格的融合，近代建筑的风格迥然不同，所以不一定刻意地去恢复到某个时代的建筑风格，但需要着重注意几点。

一是强调建筑周边的环境，建筑周边要干净整洁，这是人居环境的首要条件。例如，我在新疆洛浦县阔恰尔日克村看到新疆的建筑风格明显，当地村委第一书记要求当地农民整理前庭后院后，其建筑整体特色也就马上突显出来了。

二是强调建筑群落的"地标"（地理标志），建筑色彩可以统一。例如我去杭州市五牛农业科技园区时，西湖区将园区内的农民住宅外墙色彩统一了，虽然村里的建筑风格都是西式的，但建筑色彩统一了，格调也鲜明了。

三是强调建筑的"文化墙"，强化建筑外立面的"文化风格"，可以将建筑外墙作为文化阵地，可以利用地方特色的文化符号喷绘在墙上展示。例如，我去上海浦东书院镇帮助他们申报上海市市级示范村时，他们当地有"凿纸艺术"是浦东新区的非物质文化遗产，另外他们的马兰头产业已经在长三角市场上占有很大份额，我就建议他们将马兰头设计成一个特色的农产品文化符号，并用凿纸艺术的表现形式，采用建筑外立面喷绘的方式，将整个村落的外墙统一，这既可以强化建筑的"地理标志"，提升村庄的可识别性，又能够形成一种文化氛围，创新烘托农民居住的文化环境。

∞

生鲜电商、净菜社和中央厨房

城市综合成本的增加会延展出很多新的商机，除了中央厨房之外，人们对社区农业订单的需求也在增加，只要瞄准城市与乡村的差异，就能发现城里人的需求、降低他们的成本、体现乡村服务的价值，商机有很多。

农产品的销售一直是地方的难题。城市越来越大，市民离开农田越来越远，市民购买农产品的半径越长和途径越少。目前农产品的销售渠道主要有：农贸市场、超市、生鲜电商等。这三个渠道中，农贸市场占大部分，超市其次，生鲜电商最弱。

电商发展这么多年了，其他类型的电商催生了众多的巨头，生鲜电商似乎仍然还处于摸索阶段。虽然京东、阿里巴巴等巨头都纷纷进入生鲜领域，但在细分市场还没有一个龙头出来，不过，叮咚买菜近来也借势发展，大有抬头的趋势。

由于我在各地做新型职业农民的兼职讲师，在给学生上课时，我了解到，生鲜电商的问题在于三个方面：一是农产品不是工业品，受到保鲜问题的困扰，我国国内的冷链物流体系还不是很完善，所以有很多生鲜农产品无法跨省市长途运送；二是生鲜电商采购的量无法预计，但生鲜电商的竞争也很激烈，有些农产品的单品种植的产量有限，特色农产品的供应量也无法保证。据我一位在上海种植草莓的学生讲，他们家种了几十亩的地，供应给生鲜电商的量达到了三分之二，他同时也担心万一哪家生鲜电商倒闭了，他的农场就会受到影响；三是生鲜电商的产品质量控制问题，由于有些热销生鲜采购体系复杂，农产品种植端不是掌握在生鲜电商的手中，叶菜类本身的损耗也大，食品安全问题是个大风险。但经济都是在不断地试验中成长的，生鲜电商也在不断地调整和适应，例如有很多生鲜电商开始转向社区电商，有些生鲜电商也开始采用前置仓模式，前置仓是为了解决消费者的即时性购物需求设置的，例如，每日优鲜、叮咚买菜采用的就是"中央 + 前置仓"的模式，而盒马生鲜则是采用了"店仓一体化"的模式。

除此之外，我发现中央厨房的出现为农产品的销售带来了一个新的稳定渠道。中央厨房是在城市物业成本增加的情况下为节省空间成本而演变出来的新的餐饮产业分工。在城市里做餐饮，人工和店面租金占了大半部分，人员、租金和面积有关，厨房面积越小，成本越低，为此，很多餐饮店只要是连锁的，他们都能够将单个产品移到中央厨房做成半成品。如此，中央厨房在城市周边的功能和价值体现越来越明显。

有了中央厨房，就有了集中采购的需求，有了集中采购的需求，就有了"专业净菜公司"的发展。许静，原来是在普华永道工作，偶然机会遇到了农业，就在2014年勇敢地投入了"净菜"这个行业，净菜社很早就有了，但现在的净菜公司专业性更强，许静的净菜公司不仅对接餐饮行业，还可以对接各类便利店，如顶新集团的全家等。

许静在这个行业打拼很多年，她一直很想通过单品的净菜加工实现标准化、高科技化，而她这个行业正好是可以和订单农业很好地结合起来。

∞

深加工需要向西方的营养学学习

我国目前的深加工行业面临着提质升级，需要从质量、品类多方面努力，加工机械和加工技术在我国还有很大的空间。

农产品加工分为初加工和深加工，许静从事的净菜行业属于初加工，利润并不高，除非做便利店的"即食"业务，但"即食"业务的许可证很难申请。

农产品深加工行业在未来我国的发展机遇越来越大，从政策上看，2019年中央一号文件提出，支持主产区依托县域形成农产品加工产业集群，尽可能把产业链留在县域，改变农村卖原料、城市搞加工的格局。

显而易见，国家是高度重视县域发展农产品加工产业的。问题是农产品深加工现状如何，该往哪儿走？

数据显示，2017年，我国农产品加工业主营业务收入22万亿元，占工业总产值的19.8%，与农业产值之比达到2.3：1，规模以上企业达8.1万家，年销售收入过亿企业数超过3.7万家。国际发展的经验表明，人均GDP达到5000美元之后，健康性、营养性、便利性消费支出将大幅增加。2017年，我国人均GDP超过8800美元，到2020年，人均GDP有望突破1万美元，届时消费结构将加速升级，大众化、多元化、个性化、品质化的消费特征会更加明显。①

我曾担任公务之家——中农优汇的食品电商平台的执行总裁，和农产品深加工产业有了深入地接触，了解到很多企业也面临着诸多问题。

一是进口产品对国内深加工企业的冲击。大多数国内消费者认可进口产品，有消费需求，但宁愿花高价买进口产品也不愿意购买国内的产品。我在参加 2019 年进口博览会，在国际食品展位处，同样的维生素营养品，老百姓却都宁愿购买国外品牌，而不愿意购买国内产品，我问这些消费者什么原因，他们大部分人认为国外品牌的质量好，信得过。

二是深加工产品单一。从国际经验看，现代农业强国农产品加工转化率超过 85%。我国农产品加工技术装备水平比发达国家落后 15 年以上，农业产值与加工产值的比例是 1 : 2.3，与发达国家 1 : 3.4 的比例差距较大。同时，结构趋同，大路货居多，普遍产品单一，处在价值链低端。②

三是我国深加工产品品牌化弱，市场竞争力不强。我在参观国内品牌食品展会的时候，除了一些大的深加工企业，很多刚起步的国内深加工企业都只愿意做代加工业务（OEM/ODM）。为此，我和一些成功的品牌企业进行交流，了解到，深加工产品的品牌投入巨大，存在很大的风险，一方面，我国的大型商场超市大多数是国际巨头，有很高的进门费用，还有柜台费、仓库占用费等各类成本；另一方面，大多数有消费能力的老百姓喜欢进口商品或大品牌商品，如果是同类商品，竞争力相对薄弱，而新的商品品牌老百姓又不认可，企业起步时走品牌之路成本高，难度大。这方面需要地方政府和相关部门支持的。

四是农产品加工业的产品仍以初级加工品为主，产业链条短，副产物利用率低，加工增值能力尚有待提高。

---

① 中国政府网：http://www.gov.cn/xinwen/2018-12/04/content_5345523.htm

② 中小企业信息网：http://sme.miit.gov.cn/cms/news/100000/0000000071/2019/9/19/a39c757543a74d3d9952390aadde31b6.shtml

虽然农产品深加工行业存在着诸多问题，但国家仍然非常重视深加工产业的发展，农业农村部在 2019 年宣布，中央财政拟安排 100 亿元资金，重点支持发展农产品加工、建设特色产品基地等。农业农村部副部长余欣荣说，将推进农产品加工园区建设，引导龙头企业到粮食主产区和特色优势区建立精深加工基地，打造一批农产品加工强县，改变目前农村卖原料、城市搞加工的格局。

农业农村部乡村产业发展司司长曾衍德说，一方面产地初加工覆盖面扩大。全国近 10 万种养大户、3 万个农民合作社、2000 个家庭农场、4000 家龙头企业，建设了 15.6 万座初加工设施，新增初加工能力 1000 万吨，果蔬等农产品产后损失率从 15% 降至 6%。另一方面，加工技术水平不断提升，秸秆、稻壳米糠、果蔬皮渣等开发成新产品，一批具有自主知识产权的新技术快速应用。①

在和农产品企业接触的过程中，感受到深加工产业仍然面对着非常大的机会。

一是改变原有产品单一化的问题，我国的深加工企业很多，由于农产品有周期性，很多地方的深加工企业的厂房设备会有周期闲置，而对于一个地方（产地）来说，他们的农产品品种单一，加工种类、加工设备及加工能力就会受限，而各地的深加工企业拥有不同的深加工产品开发能力和加工能力，如果能够整合全国加工工厂的资源，以产地品牌为依托，推动"产业"品牌深加工产品的多元化，那么，以江西赣南的脐橙为例，就能委托各地的深加工企业加工成"维生素 C 含片""脐橙饮料""脐橙茶饮""面膜""香包"等快消品、生活日用品、化妆品等。改变深加工产品的单一化，也是增强农产品深加工产业社会化分工的一个方向。

---

① 中小企业信息网：http://sme.miit.gov.cn/cms/news/100000/0000000071/2019/9/19/a39c757543a74d3d9952390aadde31b6.shtml

二是营养化、功能化发展。城市化使人口密度越来越高，而一个城市的人口密度取决于食物供应，而食物供应又受制于自然资源以及可供利用的开发资源、运输和保存食物的技术。社会观念促进消费，老百姓从小接受中式的传统健康养生理念，便很容易接受传统意义上的农业保健品，如甘肃的枸杞、河南的红枣等不仅可以鲜食，且都已经被开发成各类保健品。但针对平时生活中食用的农产品，如蔬菜类、豆类、菌菇类农产品，除了开发成常用的调味料或粉类制品外，可开发的种类很少，很大一个原因是我们还没有利用好营养和功能这两个要素，我们传统的农产品一旦开发成深加工品，除了食用功能外，往往就是降三高、减肥、防癌等针对保健功能来打广告的。

药食同源，营养是西方传入国内的，很多老百姓对营养这个概念还没有完全搞明白，我曾学过营养学，也考了一个国家级营养师职业资格证书，对营养的概念有了很深的感受，我国的中医养生讲究"天人合一，道法自然"，但西方的营养学是经历工业革命不断进化发展的，他们视"人体如机器"。英国工业革命时期，新的产业工人吃的是脂肪、蔗糖和精白面粉组成的膳食，饼干和蛋糕这些廉价的且不易变质的食物被看作成劳动力的"燃料"，就如汽车需要汽油一样，直到 1900 年前后，人们发现自己开始变得比祖辈矮小，这便导致了蛋白质的发现，蛋白质是生长的食物要素，糖用来供应能量，蛋白质用来建造肌肉，按照这个概念，才孕育出了高糖、高脂肪和高蛋白的西方型膳食结构。后来，经过不断地研究发现，人体是由大约 63% 的水、22% 的蛋白质、13% 的脂肪和 2% 的其他物质（维生素、矿物质）组成[1]。身体的每一个分子都是来自所摄入的食物和水。所以，西方的营养学和工业化、城市化息息相关。

所以我们可以理解，西方食品工业的发达来自"营养工业化"的理念，从工业革命至今已数百年，我国真正意义的城市化进程是从 1978 年开始的，

---

[1] 帕特里克·霍尔福德 . 营养圣经【M】. 范志红, 译 . 北京: 北京出版社 .2007.

是从 1998 年左右开始快速扩张的。而英国的城市化早在 1750 年的工业革命时期就已经开始。所以之于农产品深加工，我们需要向西方发达国家学习，学习他们的技术和装备，为人类健康提供能力（体力和智力）、无疾、长寿的功能。

我在食品行业中也接触到了一些做营养功能性食品深加工的企业，如冻干技术的发展，冻干技术在我国发展已有十多年，相对于传统的普通干燥而言，冻干技术基本是在零度以下的温度进行，也就是在产品冻结的状态下进行，冻干技术不会损失食品的营养成分，如蛋白质和微生物之类的不会变性或失去生物活力。而普通干燥为了保持物质不会腐烂变质，采用晒干、煮干、烘干、喷雾干燥和真空干燥等方式，在零度以上的温度下进行，普通干燥的食物一般体积缩小，物质会氧化，营养变质，微生物会失去活力。

冻干技术可以促进蔬菜零食化的一种新型消费趋势，三只松鼠、来伊份等零食消费红火，说明城市居民对零食消费需求有潜力，而大多数出差的商务人员也需要有健康、即食的营养食品，如果冻干技术能够生产出更多丰富的功能性营养冻干零食，也将极大地促进这一产业的发展。

∞

改变乡村产业的是"人""理念"和"技术"

> 乡村产业是新兴产业，是突破传统农业农村思维的产业，需要创新，需要技术，更需要执着的创业精神。乡村产业不是靠现有的农民，乡村产业需要返乡、下乡的"新农人"，常华星和任艳婷在老家和城市之间架起了桥梁，将自己的事业建立在城乡融合的关系之上。赵奇龙、蒲加兴、陈伟将技术带到了乡村，没技术可以引技术，乡村产业的空间很大，需要更多的人才参与。

城市化促进人口涌向城市，人口密度的提高源于食品获取、运输和保存的能力，城市离不开乡村，乡村也离不开城市。

在乡村振兴国家战略提出之后，感觉到各级政府开始重视乡村建设，我在近两年经常被邀请到各地政府做乡村振兴的报告，和各个地方政府领导进行交流时，也能亲身感受到，地方领导都开始在思考乡村振兴的事，但都面临着同样的问题，乡村产业缺人。

习总书记提出"产业振兴、生态振兴、组织振兴、人才振兴、文化振兴"五个方面的振兴 ①，为地方推动乡村振兴指出了落地的途径和方向。

乡村不缺人才，缺的是提高收入的机会。如果乡村有更多的赚钱商机，更多的人就会流向乡村，投入乡村产业。

在本章中，我们看到翁仕宝做的"稻田画"、卓琳做的"稻草人艺术"，

---

① 中国政府网：http://www.gov.cn/xinwen/2018-04/27/content_5286307.htm

许静做的"净菜业务",他们只是许许多多新的乡村产业的代表人物,在实际生活中,我们还有更多的人从事着不同的产业。其中,最重要的是他们能够发现商机。

乡村,逐渐会成为一个流行的词汇,代表着城市所缺少的"健康""自然"和"生态"的代名词。而乡村更多的是孕育着浓厚的本土的乡情和商机。在这里,我想介绍我所认识的五位代表人物:常华星、任艳婷、蒲加兴、赵奇龙和陈伟。

常华星,山东菏泽人,20世纪70年代出生,在年轻时就从山东老家到北京创业,在北京打拼了二十几年,曾和刘强东一样在中关村从事电脑及周边用品的销售,后来做安全信息技术服务等业务。虽然身在北京,但他一直不忘家乡。后来偶遇国内知名的芦笋专家陈光宇博士,就全心投入芦笋的种植和开发,他在山东老家种植上千亩地的芦笋,为推广家乡的农产品,还在北京成立了老乡会,让老乡们一起推广老家的农产品。他说,老乡们在全国各地的城市里都有做生意的,他们既有闲钱,也有人脉,更有老乡的情怀,通过他们,也能带动老家农产品的销售。常总这种就属于在城市打拼,在农村做事业的城乡纽带人的典型。虽然他没有住到老家农村,但他把事业带到了农村,更把老家和城市的感情纽带连接了起来,既带动了农村经济,也不改变当下个人的生活轨迹。

任艳婷,河南洛阳偃师市人,20世纪70年代出生,年轻时从河南老家到北京创业,刚开始在传媒行业,后来自己做了老板,从事品牌策划和宣传,在北京让她开了眼界,更增长了人脉。十多年的文化传媒行业让她拥有了全国性的视野和对文化策划的深刻理解。2002年,任总偶然接到了一个家乡偃师市小县城的文案策划项目,那时候在这么一个小县城做房地产,没有精彩的策划显然是很难销售的,任总提出了"文化社区"的概念,她认为,一个舒适、有温度的社区,就不是一堆建筑物的堆砌,住户也不仅是一群购房者,它更应该是一个公园,一个有美感和设计感的建筑,一群有共同社区文化追求的业主组成，社区文化包含了邻里文化、亲情文化、县域独有的乡亲文化。但当时的开发商不认同任总的想法，甚至想放弃，但任总坚持自己的理念，并且自己出资介入了这个 25 万居住项目的开发，从此任总由文化策划人转型成了房产开发商。为做好这个项目，她找北京的高端设计师出手做好建筑设计，找北京的销售团队来策划销售文案，第一个项目一炮打响，在当地引起了轰动。自此，任总便深耕偃师，她坚持自己的理念，用北京的居住理念来打造县城的项目。任总常年在北京和河南两地飞，虽然是房产开发商，但现在也在逐步转向区域运营商，她热爱自己的家乡，想通过自己的人脉和知识来参与到家乡的建设。她是城乡纽带的代表，将城市的理念、知识、人脉带到了家乡。这里都蕴含了根深蒂固的家乡情怀。

常总和任总是城市和乡村之间的纽带，常总将城市的市场带给了乡村老家，任总将城市的先进理念和知识带到了乡村老家，他们也属于乡村振兴的代表人物。

我在培训各地的新农人时，发现很多人都是因为家乡情怀到老家从事农业的，有很多人也是在上海、深圳、北京打工或创业有积累后回到老家从事农业的，他们也有理念、有人脉、有知识，但往往缺的是技术。

这对我的震动挺大的，大家都在从事着传统农业，说起来身份变了，是新型职业农民，但缺少技术的支撑，大家做着同样的事，科技含量低，市场竞争激烈，和传统的农民没有区别。

偶然机会，我接触到了德国的一些技术企业，我之前和美国、英国、日本、澳大利亚、以色列等国家的农业科技部门都有接触过，德国技术在机器制造方面是绝对领先的，有家德国企业在天津投资了耕种、收割的机器生产工厂，但他们在国内的销路并不是很好。而实际上，国内很多"新农人"（新型职业农民）对农业科技的认识也很有限。而如果没有机械化的助力，农业的生产力无法提高，乡村产业则无从谈起。我有一位朋友用机械化解决农业用地土壤修复的问题，就受到了地方政府的大力支持。

赵奇龙，20世纪70年代出生，安徽人，他之前在上海做投资，偶然发现有一项机械化的土壤修复技术，他就放弃了投资人的身份，开始做土壤修复机器的创业者。土壤修复在我国有广阔的市场，目前国内大多数的土壤修复是用微生物和炭化技术，他的自动化、机械化技术效率高、效果明显，深受市场的欢迎。他的工厂现在被招商到安徽的芜湖市。芜湖市领导给予了他们很高的优惠政策，赵总就把工作和生活都安到了芜湖。赵总从一位投资人转型成为机械化行业的生力军，是他看到了我国农机在土壤修复行业的机会，而另一位同样也看到了乡村土壤修复的商机。

蒲加兴，1978年出生，安徽人，毕业于吉林大学计算机应用软件，之前在上海做弱电工程，后来发现我国农业用地的板结化严重，就想着从事土壤修复行业，刚开始没技术，就引进了国外的炭基肥土壤修复技术，后来自己成立了研发团队，研发出了公司自有的炭肥技术，2019年获得了上海市技术发明三等奖。他始终以技术作为公司的核心竞争力，公司业务也蒸蒸日上。目前，该公司定位于农业生态服务商，以新的商业模式不断拓展农业用地的土壤修复业务。

蒲总从事农业生态行业是因为看中了这个行业的前景，没技术可以引技术。我的另一位朋友辽宁的陈伟从一位房地产老板转投于农业种植行业，他投资蓝莓行业，看中的不是蓝莓种植，他更看中的是蓝莓的健康功能，蓝莓花青素含量高，抗氧化能力强。刚开始他也没有技术，于是，他就找到国内权威的蓝莓专家，开始从种植端做起，并展开与贵州麻江县的蓝莓基地合作等扩大规模，提升产业能级。

　　本章通过分析新时期乡村产业出现的新现象、新技术和新业态，来分析新乡村产业中存在的商机，同时提炼了相关的创新方法，最后通过讲述五位从其他行业转型的代表人物的故事，分析了城市与乡村如何相融，乡村产业如何引入技术等方法。

　　乡村产业也是新兴产业，城乡经济，乡村产业创新是方向。书中不可能囊括全部的内容，但只要是方向对了，就不会有错。

商机解读

职业教育的春天

唯一不变的是变化，面临着疫情对世界经济的冲击，我国提出了双循环的经济发展大格局，经济发展的变化也会迎来就业机会的变化，传统行业在不断转型升级，新兴行业不断兴起，职业教育成为求职入门的敲门砖。

国家虽然取消了很多职业资格证，但不代表企业不需要员工的职业能力，There is never too old to learn（活到老，学到老），我们需要终身学习。

职业教育的方向很多，从 IT 的"码工"、月嫂培训、驾驶培训、办公软件培训以及乡村产业中出现的新型职业农民培训等。

一些新的职业都需要培训，例如，随着乡村振兴的兴起，农业合作社的会计都要规范，后期也会有相应要求；生物多样性兴起，对于微生物的知识需求增加；全民健康意识增强，营养知识的培训需求也会兴起；运动强国，人们对人体功能的知识学习的需求也会增加。

∞ 案例：黑马程序员培训每年 4 万 "码工"

传智播客是一家新三板的上市公司，2015 年销售额 1.97 亿元，2016 年销售额 5.3 亿元①，2017 年销售额 7 亿元，2018 年销售额 7.91 亿元。从主营业务收入占比来看，2018 年传智播客线下 IT 培训业务贡献超 90% 的收入，线上模式收入占比不足 2%②。上市公司达内是它的主要竞争对手，2016 年，达内营收超 15 亿元，是传智播客的 3 倍。

---

① 黑马网：http://www.iheima.com/article-164939.html

② 黑马网：https://www.jiemian.com/article/3146230.html

　　黑马程序员是传智播客旗下的高端 IT 教育品牌，2010 年，黑马程序员在中关村软件园开设第一个 Android 培训学科，现已开设 JavaEE、产品经理、HTML&JS+ 前端、C/C++、新媒体＋短视频直播运营、Python+ 人工智能、大数据、UI/UE 设计、软件测试、Linux 云计算＋运维开发、拍摄剪辑＋短视频制作、智能机器人软件开发、电商视觉运营设计等培训学科，直营分校遍布北京、上海、广州、深圳、武汉、郑州、西安、长沙、济南、重庆、南京、杭州、成都、石家庄、合肥、太原、厦门、沈阳、天津等城市[①]。

　　2014 年，黑马程序员采用传统的营销方式，也就是把上课的视频上传到网上做影响力，但这种缺乏转换率的营销方式效果不好，于是黑马程序员将营销方式转向"吸粉＋运营＋转化"的模式[②]，上课视频继续上传到网上，但多了两个功能，即建立自媒体和粉群，所有的项目都是围绕着将我们的目标用户吸到粉群当中，并运营粉群、转化招生。这种运营的转化方式让黑马程序员获得了大量的客户。

　　一是建立吸粉渠道。通过自媒体，以视频内容吸引关注度，什么内容火，就传播什么内容；以活动嵌入营销，创立"1024 程序员节"和双 11 活动一样，通过促销，赢得众多的粉丝。

　　二是分类运营。通过活动和自媒体作为吸粉入口，这些扫码进入粉群的人员会被分类，按照兴趣和职业或学校等分类，分别通过不同的个性化自媒体号传播教材等资料，获取对方的信任。

　　三是客户转化。用不同的方式把人圈到粉群里，不是一个具象的群，而是一种生态圈，粉丝通过资源、活动等与公司产生交互，产生一种信任感。公司要增强的就是他对公司的信任感。当客户明确表示想来学习时，就把他的信息转到咨询部门。他报名后，如果对公司有充分的信任，他可以直接把

① 百科：https://baike.so.com/doc/1630929-1724134.html
② 黑马网：http://www.iheima.com/article-164939.html

人介绍给公司，公司转咨询，咨询转化，就形成了整个闭环。

商机点评

1.职业教育市场方兴未艾

我是在浦东航头镇的一个工业园区里认识黑马程序员的，上海的很多工业园区大多是在转型，而我很惊讶这家公司竟然掩藏在工业园区里，而且这家公司竟然也是园区的大租户。我和这个教育机构的负责人交流时，他告诉我，他们很想造自己的学校，但审批很难，觉得现在的空间还不够，还要扩张。

在他们的墙上，挂满了某某学员毕业后拿到万元以上薪资的海报。

而在浦东的另一个工业园区内，负责招商的朋友告诉我，他们园区里最大的客户也是职业教育公司。显然，在大城市里人们对技能的渴求有着巨大的潜在市场。

2.招生渠道和方式发生了转变

从黑马程序员这个"码工"品牌的营销模式来看，现在的招生渠道和方式正发生着巨大的改变。我一直对他们的招生方式很感兴趣，毕竟，黑马程序员很低调，很少看到他们在外面发什么广告，通过研究才理解，他们是纯网络营销，通过吸粉不断巩固他们的客户市场。

∞

第8章

双循环背景下的区域运营新理念

城乡经济落位在区域，区域项目的运营需要有新的理念和方法。前文我们看到了"新农人"的情怀，分析了乡村产业的创新方法，但本章要论述的，是区域项目，不是指单个产品或服务，而是指从本土地域的区位运营获得的收入的项目。

∞

"生态理念"的木酷木酷（MOKOMOKU）农场

"生态理念"不仅仅是保护生态，而如何利用生态实现"经营"，木村修用生态理念来实现他的农场经营，既提升品质，又降低成本，值得借鉴。

网上有很多把木酷木酷（MOKUMOKU）农场当作是一二三产业的典型来分析的文章，没去过之前，和大家一样，我也觉得它在一二三产融合方面是很成功的，直到我到了木酷木酷农场和创始人木村修先生见面交流之后，让我真正改变了对木酷木酷的看法。木酷木酷农场的成功是他坚持的生态理念。

木村修先生提到，他的农场仅21公顷（315亩），停车场8公顷（120亩），自己的种植面积为19公顷（285亩），外围合作的农户种植面积约150公顷（2250亩）。如此，木酷木酷农场的总面积为2970亩。

其面积占比分别为：

农场10.6%、停车场4.06%、自种面积9.5%、合作面积75.7%。

其中合作面积占了四分之三的面积，显然，木酷木酷农场的生产面积利用了周边农民的种植土地，但这些土地不用木村修先生付租金。他是这些土地的组织者，他发订单给这些土地的所有者（农户），以相对市场较高的价格收购，目的是要求农民不打农药不用化肥，按照他们的标准生产，就是为了确保品质，保护农场周边的生态环境。

但 315 亩观光农场的土地是木村修自己持有的，他在 315 亩土地上建有很多体验工坊、餐厅、住宿用的圆形小屋，还有温泉等。在国内来说，其用地性质应该是一般农业用地和建设用地。这些用地，就是用来为游客提供服务的核心区。

从产业角度，木酷木酷农场经营的是他的特色农产品——猪肉香肠。为提供更好的服务，农场把农事体验作为一大卖点。这种具备地域特色的观光型服务业态就属于乡村产业。

观念决定行为，木村修用他的生态理念经营农场也是经过很长一段时间的摸索总结出来的。

生产思维"变"经营思维

开设农场是件有风险的生意，任何生意都有风险，更何况农场主干的活靠"天"吃饭，天有不测风云，一旦遭遇坏天气，地上种的作物的收成就会受影响。我们的农场主经受的不仅是"天"变，还得经受"人"变。由于农业生产的农产品需要保鲜，还不知道市场供需情况，往往今年收成好了，价格上去了，明年跟风的人多了，价格往下跌了，所以，我们的农场主也得变。

农业生产不会考虑终端的需求，在种植过程中很容易和传统农民竞争。但农场主和农民不是一个级别，农民可以不算人工，但农场主是雇主，两者是完全不同的角色。而且，我们的农场主还没种植就已经要承受土地成本（也就是流转成本，一般每亩地每年在 1000 元左右，视地区而定，一般按每亩地种植小麦的收成衡量），所以农场主不能埋头在生产，而在于经营。

木酷木酷农场位于日本三重县伊贺市，离东京约一个半小时车程。

木村修先生运营这家农场已有 30 年。他提及刚开始的猪肉生意不好做，所以就从事猪肉加工生意，但国际经济不好，日本经济也不好，一度滞销。

为推广香肠，他经常举办一些活动让市区的一些女士体验制作香肠，强调生态、健康，渐渐地，这些女士带来了口碑，销路开始打开。

木村修有两个心得：消费和吃。

人的消费观念很奇怪。人们出来观光时会带钱，平时不会装现金。原来木村修用日常商品的零售思维去销售，如果日常人们拿了工资是 30 天的预算，日常生活不会买这么多东西，但观光是去某一个地方消费，人们去观光时目的很明确，就是花钱去买东西的，这时候买东西就不会有预算。

木村修认为在观光时，人们买东西和吃占消费支出的 60%。比如人们在东京市内看到一样好吃的东西，他们在观光时不会买，但在超市看到同样的东西会去买。

木村修谈到，木酷木酷农场附近只有 9.8 万人，买农场东西的是方圆 20 公里的人。而以观光为目标，农场的观光客户在 100 至 200 公里之间，车程 1 小时。这样计算，农场的观光客市场就可以约 3000 万人。农场仅仅出售食品不如加上观光。也正是这样的认知，才会打造木酷木酷农场的品牌。

木村修的成功正是将他的思维由生产思维转向了经营思维，将濒临倒闭的养猪场变成了闻名遐迩的观光目的地。

农业经济"变"粉丝经济

农业经济属于单向的销售行为，缺少客户互动与体验，在品牌打造过程中，粉丝是最具有黏性的一个群体，可以产生多次的持续性消费行为。

木酷木酷农场很大一个特色是教育。他们称之为"食育"，也就是吃的教育。吃也是一门科学。他们用奶牛挤奶来实施"食育"，但挤牛奶需要一大早进行，就考虑建民宿。食育的目标客户是孩子。

木村修介绍："我们和孩子说，母牛不是 24 小时出奶的，不生孩子没有奶。而人类母亲为了给孩子喂奶，在生孩子前后会有产假。奶牛不仅为孩子，还为人类的营养，可是很多母牛生产后会站不起来。这样教育孩子们，是告诉孩子们生命，我们的生活需要从蔬菜、牛奶里获取生命。大多数日本人看到蔬菜时，是通过价格了解农业的，但孩子们通过挤牛奶的体验后就会知道农业知识，而不是价格。我们在推动'食育'活动时，很容易受天气的影响。于是在2至3年前，我们开始把产品菜单寄到客人家里。

"为考虑客户的黏性，我们建立了会员俱乐部，会员不交入会金不能买东西，一次性交2000日元。大家花钱就会考虑是占便宜了还是吃亏了，我们就给客人讲有什么好处，给他们赠送优惠券，还有免费体验，寒暑假给大家送入园券，每次送20张价值500日元的。人是吃了饭就忘记的动物，在放寒暑假时，我们给他们送入场券，他们就会来看看。虽然入园票赚不了钱，但买东西是赚钱的，包括餐饮、购物等消费。每年35万人次入场，其中5万人是免费入场。

"到农场来消费一定是需要有体验活动的，例如做饭团。"

木村修介绍："我们自己种大米，做一个3日元，在店里要130日元，同样的东西加工后价值就不一样。我们23年前开始加工业，有两个理念：一是让游客看到工厂生产的过程，让客人放心，做好的东西马上送到店里卖，新鲜度就高；二是体验，让游客体验增加了解在我们公园里有各种各样的餐厅。明天早晨吃自助餐时，所有的东西都是在这里加工的，这样客人也会买一些带回去作为礼品送人。在中国也有试吃，一般企业在超市免费体验，在我们这里是在餐厅里试吃，试吃包括在早餐费里。在吃自助餐时，有些菜会看上去不好，而我们的加工就没问题。我们研制新产品通过问卷调查，来开发产品。"

木酷木酷农场还开发一些农产品体验的活动，如草莓采摘等。在日本采摘草莓都是规定时间的，为做草莓采摘，整个周期花了一年，做各种说明，例如，在草莓的棚子里，他们用蜜蜂授粉，他们会在棚子里设计一些谜语。蜜蜂在跳舞时会传递语言，还有如何分辨雄蜂和雌蜂等等，增加趣味性和知识性。

单个农场"变"产业体系

农场是基地，是根据地，也是堡垒，但光靠农场带动销售是有限的。产业链的延伸此时会产生优秀的作用。一种是往前延伸，开直营店，通过直营店形成连锁化品牌体系，扩大销售渠道。这种有很多采用餐饮或生鲜店的形式。另一种是向后延伸，往深加工去发展。深加工的好处是可以将农产品转化成商品，这需要持续研发新产品。

农场一般都是在农村，消费市场一般都是在城市，要把农产品卖到城市去，才可能把农业生产变为现金。木酷木酷农场也建立了丰富的产业体系，使他实现了多元的持续性收入。

木村修在东京、内良等大城市开办自助餐店，这些都是直营店，不仅是售卖农场的产品，还可以宣传自己的农场，共 9 家店，销售额达 21 亿日元，有近 100 万人次消费，有 5 万家庭客户，销售额 14 亿日元。木村修还在市区开了 6 家生鲜直销店。农场的游客约 35 万人，消费额 17 亿日元。这种复合型的产业体系让他收益甚多，经营稳定。

激发农民个人荣誉感的"生态机制"

日本已进入老年社会，留在农村的很多劳动力大部分都已经是 60 岁以上的老人家，人老了，总会觉得个人对于社会就不那么重要了，木村修为了鼓励当地农民种地的积极性，在他的农场和直营店里都会出售"农民种的菜"。

在日本，农民种植的农作物可以出售给日本的农业协会或其他渠道，木村修出的价格比日本农业协会的收购价要高很多，这样，这些农民就愿意长久地和木村修合作。但木村修的条件是不能用农药和化肥，这样，他可以使农场周边的土地保持生态、有机。这也是他出售有机农产品的法宝，他在出售这些农民种植的农产品时，在包装袋上会印上种植的农民的名字。这样，也是人与人的一种信任，而对于这些农民来说，他们更乐意木村修这么做，当这些农产品销售出去时，他们内心会有一种收获，会有对社会作贡献的荣誉感。

∞

"自然理念"的霍比特人村

自然美是上帝赋予人类的最珍贵的礼物，本来新西兰就没有霍比特人村，但导演喜欢这里的自然环境，创造性地将这里打造成一个地标性的自然景区，"自然"也需要故事，通过"故事"去传播、去经营。

很多看过电影《指环王》的人都很向往电影中非常美丽的"秘境"，现实中的场景却是在新西兰奥克兰市的玛塔玛塔（MATAMATA）小镇，从奥克兰市区到霍比特人村需要开车约 2.5 小时。小镇占地面积 506 公顷，一块巴掌之地，让霍比特人村的年营业额竟然高达 600 万新元。这其中的奥秘就在于电影故事点燃了这里的自然美景。

我一直很喜欢新西兰，这个国家的生态治理特别好，他们本身有大量的矿产，但他们选择了保护这些自然资源，并让这些自然资源成为整个国家的核心产业动力，吸引了世界各地的游客。

精心的策划

霍比特人村虽然占地面积不大，但整个旅游路线是精心策划过的，每个环节都能够环环相扣，且通过合理的分区规划促进消费。

1. 促进消费

整个霍比特人村分两个区域：一个是服务区，一个是观光区。服务区就是把停车场、接待中心、餐厅、购票服务、旅游纪念品店等功能集中在一起，服务区和观光区分开，要从服务区坐观光巴士统一进入。

在设计停车场时，他们分两个停车场：一个是停放景区自己的观光巴士的，另一个是停放外来车辆的。在服务设计方面，他们将旅游接待中心的餐厅、等待区和商店设计在一起，游客等待坐巴士的时间，正好也是去逛商店或买咖啡休闲的时间。

整个服务区的建筑非常简单，体量很小，很好地将建筑融入了周围的自然环境中，最大化地减少了人工的痕迹。

2. 确保休息时间

霍比特村的人性化设计还在于合理地安排了景区的休憩时间。在观光景区内走一个多小时，大家都会觉得累，此时，景区还提供最后一个景点，也就是村里的啤酒屋，在啤酒屋内，导游就成了服务员，给每个游客提供一杯啤酒，大家可以在啤酒屋内休息、观赏。

3. 确保巴士的班次间隔

景区与服务区的距离也就几分钟的车程，但景区就是不让你走进去，而是让你坐巴士体会这种场景，每辆车可以坐 40 位游客，车上有一位讲解员，班车间隔为十分钟，整个旅游时间也就一个小时不到，真正吸引游客的是霍比特人村的美景，霍比特人矮矮的屋子和他们的生活场景。

虽然是偌大一个 500 多公顷的景区，但实际上供游客旅游的核心区，仅仅是几百亩的外景地而已。地球已经阻止不了手机拍照和抖音一族了，每个过来的人，不仅是为了一看电影中的场景，更是为了让自己站在霍比特人的生活场景中留个影，发发照片。

走心的美景

景区就是摆拍区，拍照是客人最好的体验。外景地景区大概走路一个小时的时间，开车刚进入景区的外景都是草地和羊。

进入景区，看到一个很小的区域，所有的景点都集中在这一个区域。霍比特外景地建造了 33 个霍比特人小屋。每个小屋就是一个生活场景，有做奶酪的，有打铁的，有做木匠的（如图 8-1 所示）。

图 8-1　霍比特人村实景照

每个小屋子装扮成了一个个小花园。游客们听了导游的解说词，知道了大概是电影中的哪个场景，就纷纷拍照。所以讲解员在整个观光过程中成了导演，而游客则成了演员，在各种场景中，留下自己的照片。

据讲解员介绍，原来这个地方是纯自然纯生态的无人区，当时导演发现这个地方以后，为了拍摄指环王这部电影，决定铺建现在的这 1.5 公里长的村里小路，并建设完成了这 33 个霍比特小屋。

如果没看过电影，你或许无法体会其中的各种场景。但美景都一样，所以看到很多中国游客在其中，虽然大家不一定理解他们的文化，但拍照的热情不减。

热心的服务

讲解员即服务员，她是充满激情的员工。进入景区需要坐上景区巴士，开巴士大叔的着装看上去就是个霍比特人。上车后，讲解员在车上播放电影《魔戒》的影片介绍，让游客了解这个景区是电影的外景地。

讲解员的解说很风趣，很有激情。到了景点，讲解员的敬业精神更让人感动，由于我去参观的那天下雨，景点边上有一个雨伞租借处，游客撑着伞，导游却没有打伞，雨下得很大，而讲解员讲解得更认真。因此我忍不住给她打伞。

或许是充满着那种服务的热情，她的身体语言很丰富，尤其是在讲解着每个景点的故事时，她的激情更让游客们听得兴致盎然。而到了啤酒屋时，她又成了啤酒屋的服务员，临别时，她还和大家礼貌地告别。

丰富的旅游纪念品

旅游纪念品是每个旅游景点必备的服务，霍比特人的旅游纪念品也很丰富，毕竟有电影《指环王》的内容，衣服、首饰、办公用品、生活用品等各式各样，这些旅游纪念品在其他地方也是买不到的。

∞

重塑小镇的"精神理念"

巴伐利亚小镇拥有丰富的林木自然资源，自然资源需要被利用，巴伐利亚的建筑风格之所以受到周边居民的喜爱，是因为"建筑＋森林"的场景结合，德国是世界知名的森林城市，美国人通过巴伐利亚建筑风格和莱文沃思小镇森林资源的结合实现理想的消费场景。但这一切，始于当地 11 名妇女重塑小镇的精神理念支撑。

小镇的发展也是一场变革，在一次次变革中不断形成居民的统一意识，人们才可能坚定不移地推动小镇的发展。

在我阅读众多文献中，我意外翻到了一个讲述巴伐利亚镇的故事，巴伐利亚是位于德国南部的一个州，但美国却凭空打造出一个翻版的德国巴伐利亚小镇，这个美国小镇居民能改变他们的传统观念，得益于一部分居民重塑小镇的"精神理念"支持。

美国的巴伐利亚小镇原名莱文沃思镇（Leavenworth），这个小镇位于国家森林公园的山区中，早先这个小镇以伐木业为主，拥有一条铁路、一个伐木厂和 5000 多人的镇区。小镇在 20 世纪 60 年代前产业兴旺、人丁兴旺。只是后期产业结构调整，伐木业开始衰落，铁路公司离开了小镇，很快，这里的人口从 5000 人缩减至 1100 人。

推动这个小镇发展的是 11 个妇女，她们属于小镇的一个维斯塔青年女子俱乐部。她们眼见小镇的衰落，年轻人不断离开小镇，留在小镇的人渐渐只剩下了老弱妇残幼，因此很想为小镇找到一条出路。1962年，她们找到华盛顿大学，请大学给她们提供智力上的帮助，希望大学能提供一个好的解决办法。然而令她们很失望的是他们没有能够给出答案。

但是，在和大学讨论的过程中，她们发现巴伐利亚风格的建筑似乎能吸引周边的人到莱文沃斯小镇消费。因为，之前小镇有个年轻人在镇里的一个角落建了一栋巴伐利亚风格的建筑做餐馆，而且竟然有些人会从大老远赶到小镇来吃饭。于是，这11位妇女认为这能让小镇从事旅游业，可以重振小镇的经济。很值得兴奋的是，小镇的议会很快同意了这个建议。

然而她们的想法并未得到小镇百姓的认同，大家认为，凭什么要做德国人的建筑，毕竟这是美国。有人说，"钱从哪里来？""你们都没做过，你们敢保证能成功吗？""你们这么做只会浪费钱""旅游赚不了钱。"

显然，这个想法无疑是一场变革。没有人经历过，更不敢去想象。俱乐部的11个妇女中，有个叫普利斯的下定了决心，她带领大家筹集了3万美元收购了六栋老房子，并着手改建成巴伐利亚风格的建筑。这六栋房子改完后，渐渐地被传播出去，很多人知道了这里有巴伐利亚风格的建筑群落。

到了20世纪60年代中期，她们又改建了20栋。很快，她们的做法受到了市场的良好反应。1968年，莱文沃斯小镇被美国《Forecast》杂志评为最卓越的小镇。渐渐地，莱文沃斯小镇被人们称为"巴伐利亚小镇"，每年可以吸引150万游客。在莱文沃斯小镇身上，我们可以感受到重塑小镇的精神理念，也可以学习他们可以成功的一些可贵经验。

一是莱文沃斯小镇拥有11个志愿者，她们深爱家乡，愿意付出并推动变革。即使有那么多的不同声音，她们依旧能够下定决心，全力以赴地推动。而且，在这一过程中，没有使用过国家的一分钱。

二是她们选择的巴伐利亚风格建筑虽然不是策划出来的，但确实是误打误撞的产品设计。巴伐利亚风格建筑在森林中才能显示出建筑群的魅力。莱文沃斯本身位于森林公园的山区，选择异国他乡的德国建筑风格，本身是具备美国人喜欢的核心吸引力。

三是她们的带动性，一群人带领了一帮人，将一个衰落的小镇重新点燃了希望。在一年又一年的建设过程中，逐步积累，她们的坚强意志代表了她们的信心。反观我们国内的很多小镇，似乎缺少了这种精神，有时候，小镇的发展并非金钱能解决的问题。就如我们很多投资商在感叹的，他们缺运营。而运营靠的是感情，靠的是情怀，靠的是创意，靠的是坚持。

∞

"娱乐理念"的特色小镇集群

一个小镇一个产业，小镇集群，也是产业集群，小镇提供了丰富的人类娱乐空间，通过不同的娱乐方式形成有序的自然空间分布，并且娱乐、休闲小镇可以提升区域的整体印象，增加区域影响力。

新西兰的皇后镇是世界知名的旅游目的地，皇后镇的附近有好多个小镇，包括玩具总动员小镇、射击小镇、飞行小镇、迷宫小镇、湿地小镇、水果小镇等。皇后镇作为小镇群的中心，其他几个小镇则分散在周边形成一个集群。

皇后镇是度假胜地，小镇围绕着小镇中心的瓦卡蒂普湖而建，小镇居民傍湖而居，商业街沿湖而设，瓦卡蒂普湖边上的丘陵地带使得小镇的低矮的民居显得高低错落有致，小镇与湖水掩映，山体与小镇成为一体，满眼是周围的山景、湖景。皇后镇吸引人的不仅是满目的自然美景，更多的是他们提供的各类娱乐项目。到了皇后镇的小镇中心，各种宣传旅游娱乐项目的小册子塞满了服务台边上的框子，不仅是小镇中心，只要在新西兰的各个酒店或机场等场所，都能随时发现塞满宣传小册子的框子。他们无处不是在推广他们的自然美和娱乐项目。

皇后镇的特色项目有缆车和滑滑车项目、飞机跳伞项目、湖中蒸汽船游轮项目、湖中仿真鲨鱼驾驶项目、喷气艇项目等十几个项目，这些项目的特点都是"玩个心跳"，新鲜、刺激，在其他国家都是很少见到的。每个项目的价格不菲，但游客只要到了皇后镇，大家总想花点钱体验一下。

距皇后镇一两个小时的车程，还有一个特色小镇集群。每个特色小镇都有各自的特色。

一个小镇是一个人的梦想

玩具总动员小镇的核心是一个交通博物馆，这个交通工具博物馆源于一位收藏家，他收集了各种交通车辆 600 多辆，玩具 3000 多种。他的交通汽车博物馆小镇停放着坦克、挖掘机、汽车、飞机等各类交通工具，游客可以走入他的收藏世界尽情欣赏他的收藏品。

小镇的介绍很简短，但其中写到他用了五十多年一直精心打造时，我不禁为此触动。只有真正拥有梦想的人，他才能不断坚持和投入一项事业，而不会放弃。

四十多年的迷宫世界

玩具总动员小镇的不远处是一个迷宫小镇（Puzzle world），小镇的路口建有迷宫小镇的标志，一个倾斜不倒的小塔（如图 8-2 所示）。小镇由一个服务中心和一个木板制成的迷宫组成。迷宫世界的创始人是一位视觉艺术家，他创造的迷宫世界是为了教育孩子们思考视觉艺术，包括凹刻的脸像，你走到哪里，脸相的眼睛就盯到哪里；还包括斜屋，走到斜屋里感受错觉；还有全息投影等。服务中心里可以购买丰富的旅游纪念品，我仔细看了一下，大多数的纪念品都写着 Made in China（中国制造），内心不由得为自己的祖国小骄傲了一下。迷宫世界不大，但从 1973 年至今已经有四十多年了，在昂他沟（ONTAGO）地区，这个小镇仍然经久不息吸引着各地的游客。

图 8-2　迷宫世界入口处的景观小品

空中娱乐的飞行小镇

附近的瓦纳卡（wanaka）飞机场的特色是开飞机，这里就是飞行的天堂。这里主要是开飞机和跳伞运动两个项目，开飞机一人一次人民币 1000 多元，跳伞一人一次人民币 3000 多元。

我是第一次开飞机，本来是想自己踩油门、踩刹车的，但我想错了。原来和在国内学车是一回事，操作杆都在教练手中，飞上空中，他就让你摆动方向盘，有点像碰碰车那样，左右上下，飞了半个小时，看看风景就降落了。

最刺激的是跳伞，我们团里有五个人参加，跳下来很紧张，一个教练带一个人，跳伞整个过程就 3 分钟，玩的就是心惊肉跳，看着脸都是变形的，拍的照片和视频都是服务项目，收费也很高。

大众娱乐的射击场

飞机场的对面就是射击场。正确的称呼法应该是射击娱乐场地。我们认真听了服务人员的介绍，这里的射击有六种，包括射飞碟、来福枪射击、家庭棉球弹射击等。我选择了来福枪射击项目，和国际锦标赛差不多，20元新币25发子弹。

家庭棉球弹射击就是亲子活动，用丝网圈了一个场地，一家人就用棉球弹互相射击，纯粹是逗孩子玩的。

湿地公园格林诺奇小镇

格林诺奇小镇整齐洁净。这个小镇很迷你，但拥有骑马场、橄榄球场、学校、救火队、警察署。在骑马场边上的一个小路，竟然掩藏着一片美丽的自然天地。

走进生态湿地公园，满目都是自然的色彩，背后有着阿尔皮纳（ALPINES）冰山作背景，眼前虽然都是荒芜的茅草地和枯枝败叶，但最显眼的竟然是呈现在我们面前的一条曲径通幽的木栈道。

路旁的指示牌上刻着 2014 年，是当地镇上的人出资出力修建的羊肠小道，他们用这个木栈道把这个生态湿地串成了一个圈，人们可以在这个湿地公园里绕圈步行 30 分钟。

尤为感叹的是他们保护湿地的理念，为了防滑，他们在木栈道上用钢丝网罩住。木栈道穿透在整个湿地的田园中，狭长的木栈道留了几个休憩的座椅，修了几座桥。湿地里有大片的草地和古老的树林，还有湖泊，移步换景，到处是美景。湿地公园的外部道路使用的是小石子铺路，田地里修的是木栈道，山坡上则是利用现有的地形开凿的小路，每一处都体现了他们尊重自然、融于自然的理念（如图 8-3 所示）。

图 8-3　格林诺奇小镇的木栈道

羊肠木栈道的修建是生态湿地的锦上添花，木栈道给了人们能够走入湿地深处的机会，但木栈道没有喧宾夺主，他们掩藏在湿地的大自然中间，用不同的角度去展示大自然的美景。这里就是住着一群爱护自然的人。

有艺术感设计的水果小镇

附近还有一个水果小镇，水果小镇的标识特别显眼，因为他们在空旷的路边建设了一个水果的标志。为了迎接各方游客，他们在小镇中心竖立了一个地标性的水果雕塑，旁边是一大片的绿草坪和停车场（如图 8-4 所示）。

镇上有一家知名的水果店，水果店的水果都是当地生产的。周边的农场都种植着大量的果树，这些果树种植得整整齐齐。水果种植也使用机械化，沿路有专业的机械合作社。

沿路不同的果树农场都竖着招揽顾客采摘的标牌，与国内不同的是，他们的标牌设计特别显眼和独特，也更有艺术感。总结了一下，他们的设计着重于文字、形状、色彩、图案四个方面，外部识别性强。

图8-4 水果小镇的景观小品

我发现这些小镇都集中在皇后镇的周围，距离皇后镇约60分钟车程左右。而且每个小镇的定位都不同，特色鲜明，形成了一个特色小镇的集群，围绕着皇后镇，与世界知名度假胜地皇后镇形成互补。

∞

不要把他人数十年的成果当作自己一两年内的目标

特色小镇的打造，需要有匠心精神的耐心和毅力。通过提升生态、自然、健康的
经营意识，通过自然资源的保护和利用，以先进娱乐设备为基础，创新发展。

我从事区域经济有近 20 年，自从 2016 年我国提出建设 1000 个特色小镇，我就从体制内走向体制外，从上海走向全国，从实践走向研究。社会上很多人把特色小镇看作是一个短暂的社会现象，而作为一个实践者，一个研究者，在我周游世界反观国内区域经济的"一股风"现象时，我在不停地反问自己，特色小镇出了什么问题？

我渐渐明白，大多数的小镇"把他人数十年的成果当作了自己一两年内的目标"，是心态问题。欲速则不达，特色小镇是"虚"是"实"，关键在于运营特色小镇的本身。

投资特色小镇的大多数是资本或政府领导，而非个人。资本是吸血的，需要快速回报和扩张，所以经常以"快周转，可复制"为名。政府领导是有任期的，有思想的领导可能一段时间后就离任了。为了追求任内政绩，他们也希望自己所在的小镇可以一夜成名。

所以，无论是哪一路，都是急于求成的，要么求财要么求名。

而如若我们去国外看看那些成熟的小镇，往往都会在小镇的标志上看到

"since 年代"（自……年代以后），有的农场甚至写上了 since 1876（起源于 1876 年）。那一块块牌子上积淀的是历史，是一代人甚至是几代人不断努力的成果。

人家都是两三百年一代又一代形成的特色小镇，我们怎么就可以在短期内做成？我们哪里来的底气？

我们国内成熟的特色小镇不少，尤其是浙江地区，但那些小镇成熟也不是一蹴而就的，此次国家级的特色小镇重点在于培育。培育的重点是"人"，运营商是核心，而投资商和地方政府领导也需要消除一夜成名和一夜暴富的心态，要以实现梦想的心态去做特色小镇，倾注个人的心血，才能做到成功和极致。

同时又在想，我前前后后跑了很多贫困地区，我们国家贫困地区的美景不比皇后镇差，可为何那么多国人要不远万里跑到国外度假，而不去自己国家的贫困地区旅游消费呢？

特色小镇是值得我们去探索的一条发展道路。

环境保护、自然保护、生态保护意识要增强

观念决定行为，综合比较日本、新西兰、美国、德国的那些小镇，他们在环境保护、自然保护及生态保护方面的意识特别强，每一处都强调自然，即便是有人居，也强调人居融入自然，尽量减少人为的痕迹。

我们国家的小镇在这方面还有待提升，我国地大物博，各地的地理条件不一，虽然不能统一标准，但理念相通。

环境保护的理念需要我们注重"人居环境"的打造，从民生的角度，更加关注饮用水的安全、空气质量的安全、生态环境的保护修复以及植树造林等。

自然保护的理念需要我们树立"绿水青山也是金山银山"的理念，尊重

自然，以自然为本体，减少人为的痕迹，所有的建设要根据自然本色，利用自然规律，而不是以破坏自然为代价，就如新西兰格林诺奇小镇的湿地公园，铺设木栈道是在湿地生态系统里融入人类活动的部分空间，而不是喧宾夺主。

生态保护的理念需要我们树立"山水林田湖草是生命共同体"的系统思想。山水一般代指自然生态，由山水林田湖等要素组成；山是水之源，水是生命之基，地是财富之母，均是人类生存和发展不可或缺的支撑条件。我们前往德国时，德国就将草坪作为重要的生态保护措施，凡是露土的地方全部要求种草，让这个国家处处充满了绿色的生机。

娱乐意识、服务意识要增强

乡村是健康、生态、自然的代名词，但也可以是娱乐空间，城市的娱乐生活多种多样，但所有的娱乐是依附于建筑，但乡村的娱乐方式依附于自然要素，娱乐方式可以更加丰富多彩。

例如在皇后镇上的缆车运动项目，利用山体的高低落差，策划成让游客坐缆车上山，坐滑轮车滑下山坡的娱乐活动，他们制造了简单的类似于碰碰车一样的滑轮车，就一个手刹车，下山的坡度不陡，连三岁孩子都可以自己滑，但大人小孩皆宜，玩的人不少。

设备要先进

娱乐需要机器设备，世界最知名的主题公园迪士尼的娱乐项目靠的是游乐设备，一个设备一个项目，设备和场景结合，就成了主题公园。在新西兰的皇后镇，为了让游客充分感受自然环境下的娱乐，他们发明了喷气船（jetboat），驾驶员是受过专业训练的，在山底的一个小的湖面里，故意冲向湖边上的山岩，但又能巧妙地避开，玩的就是刺激和心跳，游客在玩的时候，没办法拍照，这个全过程拍摄就由景区提供的无人机替代，走出景区门口时，可以挑选自己的相片或视频购买后带回家。

为了让游客体验鲨鱼在水中自由冲浪的感觉，皇后镇发明了世界上绝无仅有的鲨鱼冲浪机，外形和鲨鱼一模一样，在游玩时，只允许一位游客坐入舱室，然后就可以在瓦卡蒂普湖自由地享受鲨鱼在湖水中跳跃的感觉。

∞

城乡融合的产业运营体系的构思

区位是决定县域区域运营基本理念，以上三种不同类型的区域思考基于我多年的实践和总结，以上构思只是理想化的状态，还是需要根据具体情况具体谋划。

县域不是一个个体，而是多个小镇的组合。城乡结合，需要将县城与周边小镇形成紧密的联系，这种联系，不仅体现在道路交通的相连，更是体现在经济与产业的紧密相连。

区域经济绝对是和区位有关，我在上海孙桥农业园区接待全国各地的领导时，特别是偏远和贫困地区的领导都会说，好山好水好产品，缺人缺钱缺市场。也确实，由于地处偏远，交通不便，没有工业，自然和生态保护得就好，当地种植的农产品质量也会更好。但由于山高路远，离开城市太远，年轻人都奔大城市找机会去了，留下的留守的都不知道怎么销售。

有次区里安排做对口扶贫，我们要帮扶红富士苹果的原产地，陕西某县的贫困村落，他们有的家庭年收入不满3000元，可他们是红富士苹果的原产地，红富士苹果价格一直挺贵的，他们怎么还成为贫困地区了？

这个问题一直在我的脑海中徘徊，直到我作为院士专家工作小组前往河北某县做扶贫服务时，和当地的领导，和镇长、村长交流才理解，有些贫困山区不仅要扶贫，更需要扶"智"，由于当地缺乏人员，地方的一些领导在思想理念、个人见识、人脉资源等方面还很欠缺。

2019 年中央一号文件是乡村振兴纲领性文件，在其中，需要根据不同区位来策划他们的产业体系。经过我多年的研究和实践，针对三类不同的地区，提出了城乡融合的产业体系解决方案。

贫困地区靠山吃山，建立基于自然生态理念的产业体系

农村地区，以农为本，山区存在山多地少的特点，有些地方甚至存在"七山二水一分田"的窘境，山、水宜保护，但地少之处，农耕之地尤为稀缺。类似于红富士苹果原产地、江西赣南脐橙等这些本来就有特色农产品原产地的地区，需要根据当地的实际地理条件及水利条件，发展有利于当地的农产品。山珍海味，"民以食为天"，山区虽然交通不便，但自然景观好，山区的作物丰富，对城里人来说，有相当程度的吸引力。

贵州黔西南地区拥有很多奇特的自然景观，我受邀请参加过他们州政府在上海召开的招商会议，黔西南拥有万峰林、万峰湖、马岭河峡谷等自然景观，但上海人很少知道，虽然黔西南州已经建设得很好，但他们的重点产业是工业。事实上，只要是山区，旅游就应该是最初的主导产业。就如习总书记说的，"绿水青山就是金山银山"，拥有这么好的自然资源，拥有这么好的独特优势，旅游开发的基础优势要比工业基础强。

问题是游客从哪里来？怎么建设？中国到处是山水，最稀罕这些自然资源的是城里人，城里人天天生活在钢筋水泥堆砌的建筑森林里，他们最需要的就是山水，需要新鲜的空气，需要健康的食物。我国很多游客喜欢出境游，就是去国外享受那些国家的农村，享受他们那里的山水自然风景。

自然已经成为发达国家的"特色名片"。由于不断地宣传他们国家的自然资源，我们国内的百姓对他们国家的农村留下了美好的印象。就如一个符号，类似于一提到新西兰，人们就会想到猕猴桃和皇后镇的美景，一提到德国，

就会想到黑森林。而我们国内的很多山区，虽然拥有非常美丽的自然景观，但还没有充分地挖掘和宣传。

对于拥有优质自然资源条件的贫困山区，最大的游客市场来自北京、上海、广州以及地级市的城市人口。这些城市的人有消费能力，但最大的阻碍是城市与县域的距离，根据空间交互的原理，始发地至目的地之间的人口流动规模取决于两地之间的交通工具、时间及成本等因素。如果要吸引这些城市的游客，那就需要减少他们的时间成本，最好的方式，就类似于他们坐飞机去国外旅游一样，在县城内建立机场，实现游客所在地城市与县城机场的直飞（如图 8-5 所示）。

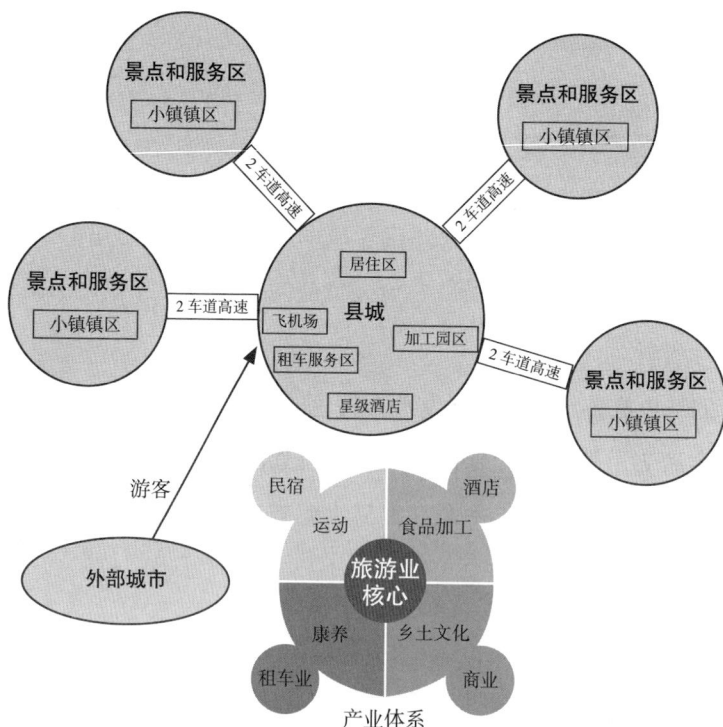

图 8-5　贫困山区的县域功能分布体系和产业体系构思

　　解决两个地区之间的交通方式之外，还需要解决区域内的交通方式。现在有越来越多的自驾游，所以对于贫困山区来说，县域内的道路交通是重要的旅游基础，县城作为整个县域的中心区，可以将资金重点投入连接县域与其他乡镇的高速公路。县域的高速公路不一定需要高等级的高速公路，这方面可以向新西兰的乡村高速公路学习，他们在建设乡村高速公路时，就设置了两车道，中间一条白线，车速限定在100公里／小时，到了转弯处或敏感区域设有警示标志。这种乡村高速公路能够将道路两边的自然景观呈现出来，让游客在自驾游的同时，体会野外自驾车的悠闲和自由。自驾游需要租车公司，所以在机场附近可以提供租车服务。

　　旅游业作为贫困山区的主导产业，也是基础产业，通过旅游产业衍生一系列相关的产业，如食品加工业、运动产业、康养业和乡土文化创意产业等。食品加工业需要基础设施配套，为降低投资成本，需要集中建立在县城的城区中，实现产城融合，便于对外的运输；运动产业是指利用山体、山坡或田野小道等特殊地形，组织马拉松、自行车骑行等运动活动或比赛，这些活动需要安排在县城外的其他小镇内实施；康养产业需要利用自然资源如山、水、林、草等要素，提供休养生息的服务，可安排在县城外的各个小镇内；乡土文化创意产业也是需要利用不同小镇的地方乡土文化提炼小镇的文化符号，开发小镇的特色旅游纪念品，开发地方特色的文化娱乐项目。

　　基于旅游为主导产业，其核心产业是自驾游，食品加工、运动产业、康养产业、乡土文化业为衍生产业，则另需要酒店、民宿、商业和租车服务作为配套产业。现在的游客对于酒店住宿的要求还是挺高的，高星级酒店需要集中建设在县城内，民宿集中于其他小镇。

偏远的平原地区打造原产地，建立基于功能定位的产业体系

偏远的平原地区与贫困山区最大的区别是土地辽阔，自然资源相对缺乏，且与城市间的距离较远，但平原地区的好处是地势平坦，有利于机耕化，以提升生产力作为优势。

区域经济的流动要素包括：人口、资金、商品、信息、技术，偏远平原地区与其他地区的区别在于地势的平坦和规模化的农田，但缺点在于交通不便和人口密度低。由于大规模的农田面积占用了大部分的县域面积，传统农作物的产值和经济价值低，如果仅仅种植传统农作物，那么经济效益也低，所以，一定要在保障粮食生产的基础上发展附加值较高的特色农业，如花卉、水果等。之后是在规模化农产品的基础上发展深加工。其次，由于地域广阔，为避免同质化竞争，需要将其他小镇的功能定位与县城的定位错开，县域内有很多小镇，但在功能上大致可以分为五类，即：农业类、交通类、旅游业、商贸类和工业类。

偏远的平原地区需要确保商品要素对外输出便利，除了高速公路之外，火车是最重要的货物运输交通工具。借助火车，还可以建立以交易市场为功能定位的商贸小镇，交易市场可以选取当地的特色农产品作为交易对象，逐步沉淀，渐进式发展（如图8-6所示）。

同时，可以选择一个相对有特色的小镇作为旅游产业打造，将县域内的各种资源集聚，以点带面，培育县域境内的旅游产业。

都市乡村区域基于农产品配送的产业体系

都市乡村区域最大的优势在于距离市中心比较近，离市中心越近，离市场越近，市中心的居民需要大量的时令农产品，日常的蔬菜类和水果类农产

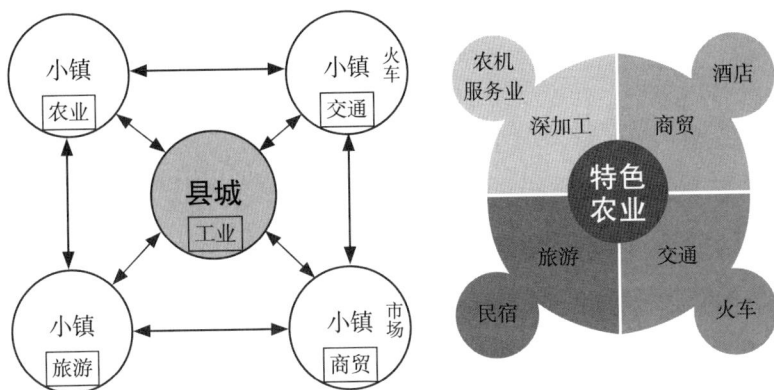

图 8-6　偏远平原地区的县域功能分布和产业体系构思

品需求量大。由此，都市乡村区域的主要功能是提供城市居民的日常饮食保障。

2019 年，我国的城镇化率已达 60.4%，城区的综合成本增加，城郊结合区域的成本优势显现，由此，一些大城市的居民开始往城郊接合部集中，居住在城郊的好处在于既可以享受到城区的公共资源和工作机会，又可以享受到较低的生活成本。

在城区工作的人们选择郊区的理由是成本和时间，公共交通类似于轻轨和 BRT 可以降低他们的交通成本，缩短出行时间。由此，城郊的小镇空间布局应该是线形为主的分布形态，类似于以城区为中心，郊区的小镇以公共快速公通（如轻轨、BRT）为指引，由城区出发形成一条串，这一条串上的每个交通节点都会有大量的客流经过，在这条串上的小镇可以以商贸功能和居住功能为主。城区成本增加催生的中央厨房已经是城市必不可少的功能，中央厨房连接着城区中的各个餐馆，由此需要有直通城区高速公路的小镇上来承担这样的功能。

乡村的主体还是农田，大都市的乡村土地成本不同于偏远地区，所以，在某种程度上，乡村产业的体系更需要对应城市的需求，融入城市的功能体系。

由此，都市乡村在农产品种植方面，需要明确一镇一品，各个不同品类的农产品可以由三种渠道：一种是为净菜初加工，由净菜初加工后销往城区的超市、餐饮企业或企事业单位；一种是销售至中央厨房；还有一种就是由深加工企业进行加工。我在工作中和一家国内专业从事纤维素加工的企业合作过，他们可以把农产品直接做成纤维素，用于食品加工业的营养添加剂和食品原料。

都市乡村产业的核心是一镇一品，由此衍生出净菜、冷链、旅游、中央厨房等产业，而商贸、深加工和民宿则作为配套产业构建成完整的都市乡村产业体系（如图8-7所示）。

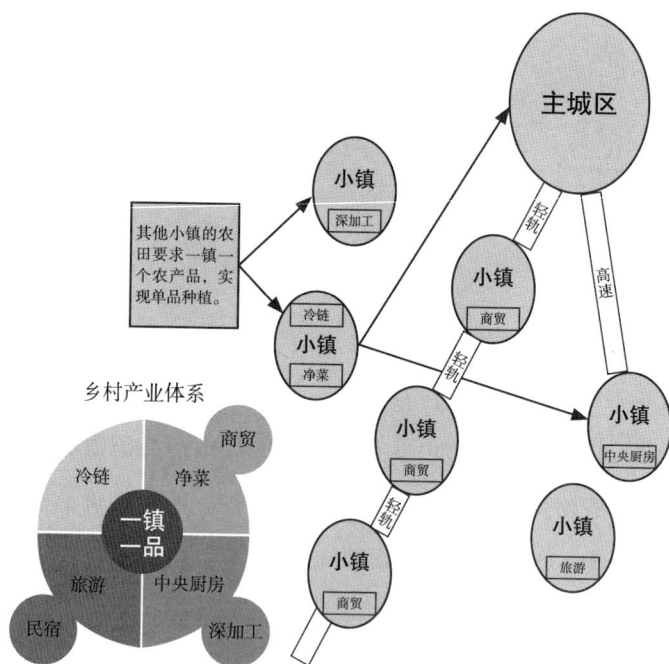

图8-7 都市乡村区域的功能分布和产业体系构思

∞

区块链在农产品销售的应用

农产品销售不稳定，农户的收入无法提高，传统种植业已经发生改变，需要利用现代技术和信息技术手段改变农业的困境，区块链技术在县域农产品的应用可以实现信息采集的精准化，可以稳定市场的供求关系，更可以利用贸易方式稳定农民的收益。

"民以食为天"，但农产品一直因为其市场供需信息的不稳定，导致其价格的波动很大。2019 年，非洲猪瘟导致了猪肉价格的猛涨，由此带动了羊肉、牛肉、鸡肉等其他商品的价格上涨，对普通老百姓的生活造成很大的影响。

全国 1335 个县如果能够各自选择自己县域的优势农产品，错位竞争，那可能就是一种理想状态了。所幸区块链技术应用得到了国家的重视，有待于在未来的农产品领域中得以应用。

农业产业是我国当代所有产业中信息化建设最薄弱的区块，缺乏数据支撑的现代农业在战略储备、产业升级、产能调控、稳定物价、抗灾抗险、质量监督、食品安全、环境保护等一系列问题上均存在先天不足。

基础农产品存在的问题

基础农产品关系国家生计，但由于基础设施差、产业碎片化严重、数据收集滞后，长期以来监管难度极高，导致关系民生稳定的基础农产品属性金融化，例如这几年"蒜你狠""姜你军"等投机倒把、奇货可居的现象屡见不鲜，危害市场稳定。

造成上述农业及农产品发展现状的主要原因可归结于以下几点：

1. 农业产业信息及数据基础差，官方数据缺乏，容易以舆论为导向产生信息误导。生产端与需求端以及中间环节易出现信息不对称，数据误导导致无法形成有效的供给和需求；小品种和特色农产品易受农户及生产者跟风种植养殖影响造成供需失衡。

2. 信息及数据基础差为投机倒把提供空间，导致基础农产品属性金融化。农产品价格易受到供需失衡等内外部多重不确定性因素冲击，容易受到资本市场和中间商的操纵和推动。

3. 天然弱点受自然环境影响大。供给端受土地、自然环境和规律、宏观政策影响，波动较大。如气象数据不匹配无法提前预警并做出应对。

4. 流通环节较多流通成本高、时效性差。我国农产品流通成本占总成本40%左右，鲜活产品及果蔬产品占60%以上，运输、包装、装卸、搬运、储存和加工配送等环节，多个节点企业，运输成本储存加工保鲜成本、流通中介费用等偏高。

区块链技术的优势

区块链是记录信息和数据的分布式数字账本，该账本存储于对等网络的多个参与者之间，参与者可以使用加密签名将新的交易添加到现有交易链中，形成安全、连续、不变的链式数据结构；从数据的角度来看，区块链是一种不可能被更改的分布式数据。因此区块链特征包含：分布式、多节点共识、公开透明和不可篡改。

区块链技术进入人们视野已经过去了十余年，在区块链技术发展的十余年中，区块链行业大致经历了三个阶段。按照应用范围与发展阶段，区块链应用划分可为区块链 1.0、2.0、3.0，分别是数字货币阶段、智能合约阶段和应用探索阶段。1.0 数字货币阶段从 2009 年开始完成了数字货币、比特币系统公布、区块链技术起源等。2.0 智能合约阶段从 2014-2017 年，完成了智能合约、以太坊、超级账本等区块链开源项目的发布，区块链协议层和框架层优化。3.0 应用探索阶段从 2017 年至今，实现了去中心化，商业应用项目爆发出现，区块链在不同行业的应用探索。

2016 年我国将区块链写入"十三五"规划以来，国家不断出台支持区块链行业发展的各项政策，鼓励区块链技术在各行业进行应用。习总书记在 2019 年 10 月在中共中央政治局第十八次集体学习会议上强调，区块链技术的集成应用在新的技术革新和产业变革中起着重要作用，要把区块链作为核心技术自主创新的重要突破口，明确主攻方向，加大投入力度，着力攻克一批关键核心技术，加快推动区块链技术和产业创新发展。国家政策频发为区块链行业的发展提供了充足的动能。[1]

事实上，区块链在金融、物流等方面已经有应用（如图 8-8 所示），区块链技术在行业的应用就是一种方法，在产业的每个环节通过区块记账方式达到信息的公开和共享。

数字乡村的现状

根据农业农村信息化专家咨询委员会发布了《中国数字乡村发展报告（2019 年）》[2]，截至 2018 年底，我国行政村通光纤比例已从电信普遍服务试点前的不到 70% 提升至目前的 96%，行政村 4G 网络覆盖率达 95%。贫困

---

[1] 人民网：http://politics.people.com.cn/n1/2019/1025/c1024-31421401.html
[2] 农业农村信息化专家咨询委员会.中国数字乡村发展报告（2019 年）.

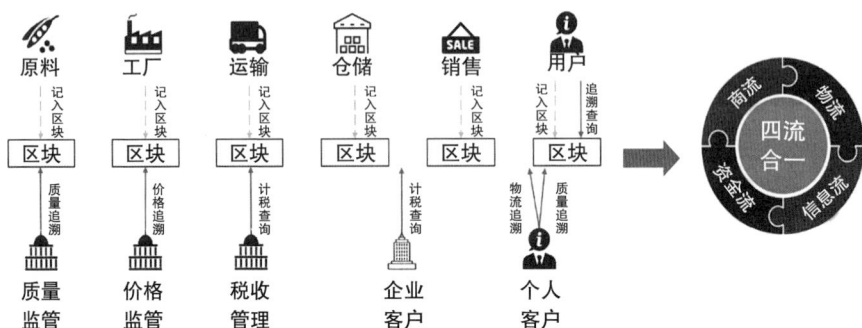

图 8-8　区块链在物流行业中的应用

村通宽带比例提升至 97%，其中固定宽带用户数增至 4522.9 万户，移动宽带用户数增至 16854.6 万户，已提前实现《"十三五"国家信息化规划》提出的宽带网络覆盖 90% 以上贫困村的目标。我国农村网民规模达 2.22 亿人，农村互联网普及率达 38.4%，较 2017 年提升 3 个百分点。农村网民数量逐年增加，农村及偏远地区宽带网络基础设施的不断提升，为乡村振兴和打赢脱贫攻坚战提供了坚实的网络保障。

区块链在农产品销售中应用的构思

乡村数字基础设施建设的完善为区块链技术在农产品销售中的应用奠定了坚实的基础。2019 年，我曾和一些基金公司、区块链公司等一起探讨过区块链技术在农业中的应用。在探讨过程中，我们受其他国家和地区的农业组织启发，认为可以借助中国农民协会这样的民间组织来推动农业的整个产业环节。虽然，这件事还没能落地，但其中的思路和方法值得有志于此项业务的企业家共同推动。

县域中的区块链应用主体在县，借鉴日本的农协会运作机制，可以由县一级农协会作为县域区块链信息的分站，设立县域账本，然后再下沉到镇一级，再由合作社作为信息采集终端。

县域一级的农产品信息采集可以直接汇总到全国的区域链总账本。

农产品的经营体系则以县级农协会作为主体单位，对内负责种子种源的发放、生产服务的指导、技术的研发、机械服务以及各种生产资料的组织等，对外负责农产品的销售。

这种体系的好处在于将原来分散的农民生产方式区域化、数据化、品牌化、贸易化，核心是增强农产品的贸易订单能力。

由于区块链技术需要借助现有的数字设施，最大的难点是数据的采集，所以不仅是需要依靠农协会，更需要网络设备的运营商及区块链技术服务公司等共同实施（如图 8-9 所示）。

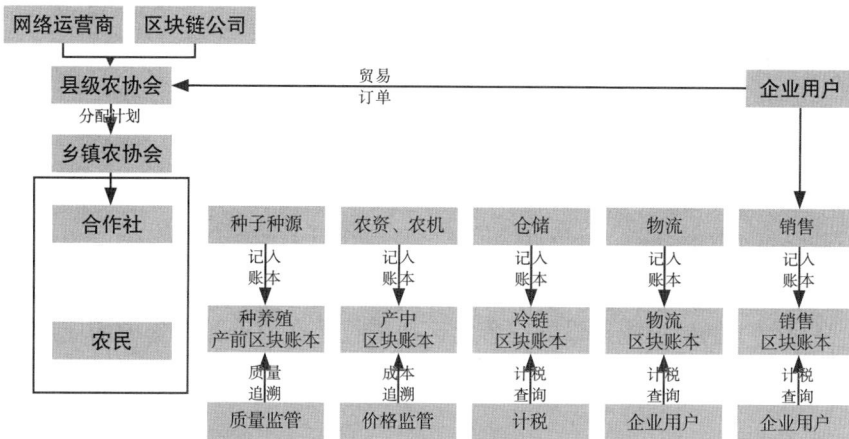

图 8-9　区块链技术在县域农产品销售中的应用

其中，每年的销售订单由县级农协会统一汇总后下发给各镇级农协会，再下发到农民合作社。

☞ **本章小结**

　　本章从区域项目整体运营角度，以案例分析的方式为读者提供可值得借鉴的成功理念与方法，"生态理念""自然理念""精神理念""娱乐理念"都需要从自然生态资源的保护和利用入手，同时提醒区域项目的管理者和开发者，要具备耐心和匠心，从历史的角度去打造"特色"，增强保护意识，拓宽娱乐空间，要强化设备意识。

　　不同的区位需要用不同的理念去定位与运营，本章提出了三类不同区位的区域运维构思，并提出了区块链技术在农产品销售中的应用。

💬 **商机解读**

理念也是生产力——大健康产业

传统理念是以治病为中心，但"治未病"要求的是以健康为中心，一个观念改变一个行业。

大数据时代，医疗服务已经发展了很多年，必然留下了很多临床的治疗路径和方案，如果有大数据研究治疗和管理的标准化，那必然会为临床治疗带来更为精准的治疗方案。

不仅是临床治疗，大数据也可以应用于慢性病的私人医生，将健康管理植入人们的生活场景中。同时，在线医疗、远程医疗现在也已经有资本开始青睐。

"治未病"正在成为这个时代的共识，中医开始复兴，中药中医领域结合养生也正成为新的商机。

偏远地区利用高原气候和土壤特质开始种植拥有疗效的中药材，森林康养、养生度假等旅游产品也开始逐步兴起。

大健康正在形成新的商机。在此，我也举些例子以给大家一些启发。

一种是医院体系的信息服务。包括健康数据云托管，随着医院的信息量增加，医院关于病患的数据保存以后也是需求，需要有专业的数据云企业代存管理。

一种是个人的实时健康管理。每个人都有数据，通过各种检测手段，将数据实时更新到健康管理中心，并由远程的医师帮助指导营养等。

一种是康复机械和医疗设备研发。现在的医疗设备大多数从国外进口，随着国内国外双循环的开始，国内的医疗设备制造商迎来新的商机。

一种是体育运动服务。全民运动，除各类运动服装之外，需要各种健康数据的传感器，以监控个人安全。

一种是膳食营养师。帮助指导各种不同个人的营养摄入方案，药食同源，人们对食物的要求也越来越个性化。

∞ 案例：同化膳食纤维打开肠胃道健康之路

上海同化新材料科技有限公司创始人张楠创业的时候是上海同济大学环境科学与工程学院的大学生。

2005 年寒假，张楠回山东淄博过年，无意间发现当地居民因为废弃物堆放污染问题引发纠纷。"可否将废弃物处理后变成有效利用的资源？"张楠问自己。

说干就干，张楠回到母校，借用高中实验室动手做起了实验。经过反复实验，居然真让张楠取得了成功——废弃物降解后得到了无害的有机材料纤维素。让一样新材料从实验室成功转化成为产品也是一件难事，当时，她找了一家山东当地的小型化工厂合作尝试，成功申请了专利，并成功让这一次的实验品真正地实现了产业化。

大三时张楠有机会到美国学习，在美国，她发现之前自己在实验室提炼到的纤维素在美国已成为炙手可热的研究方向。它性质独特，在自然界大量存在，科学家希望能用它替代石油基等污染性传统材料。

回国后，张楠重新进行市场调查，写创业计划书，并以有机材料纤维素项目成功申请到上海市大学生科技创业基金同济大学分基金。2009 年，张楠凭借赚取的第一桶金和同济大学分基金支持，用 50 万元资金成立上海同化新材料科技有限公司，实现了从学生到企业创始人的转变。

刚开始，同化在合成革有机材料纤维素市场如鱼得水，进展顺利。2010 年，合成革市场出现萎缩的迹象，张楠开始寻找新的领域，她们的产品应用着重向复合材料增强、有机助滤、生物营养、食品医药等多领域拓展。在团队的共同努力下，同化陆续开发出微晶纤维素（mcc）、纳米纤维素（ncc）、纳米原纤化纤维素（nfc）、饲用粗纤维、疏水纤维、纤维助滤剂等多项技术及材料。同化的眼光转向了大健康领域，她们的纤维素恰好是现代健康新材料，而与此同时，同化的核心竞争力很明确，成为国内唯一一家专业从事天然有机纤维机理及其应用研究的高新技术企业，也是国内唯一具备纳米纤维素产业化基础的公司。公司拥有多项自主知识产权，现有专利16项，每年新增20%。

企业端（To B）市场和个人端（To C）市场是不一样的，同化站在大健康的风口端，她们更关注市场需要什么，她们便研究什么，大健康时代给她们带来了新的机遇。

商机点评

1. 这是个创新创业的大时代

从张楠的身上，看到了我国大学生在创业机遇面前的机会和挑战，我国一直在推动大学生创新创业，大学生还年轻，能摔能站，而且，大学生要有利用本身的科技知识和技能，去改变这个世界的决心。当然，大学生创业缺的是经验、管理技能和市场的积累，这些还是需要从社会多方位地给予大学生创业者多维的指导。

2. 大健康行业受大资本青睐

同化新材料定位于大健康，她们生产的膳食纤维完全可以作为饼干的原材料，作为饮料的营养素添加剂。健康食品这几年已经广受消费者的关爱和注目。健康领域已经受到资本大鳄的青睐。

"治未病"，就是预防在先，如今阿里巴巴也借道美年大健康进入大健康领域。据报道，阿里巴巴于2019年12月收购美年大健康9.39%的股份，美年大健康目前是中国最大的预防医学门户平台，至今已在55个城市设有125家专业体检机构，2019年服务近700万人次的健康检查，每年增长不低于30%。

后　记

写这本书整整花了我两年多的时间，期间经过不断地提炼和修改。这是我的第三本专著，我特别用心，多年的多行业实践经历和理论研究给了我丰富的知识体系和实战能力，但我发现，国内对于区域开发和区域运营方面的书籍特别少，大量的书籍成了快餐书，有一个热点就会有一大堆的书籍出现。

在我第二本书《特色小镇：田园综合体的政策、行动与方案》出版后，我发现随着热点的转变，读者的兴趣点也在不断转变，信息时代，获取知识的渠道太多了，人们更容易关注热点词，而不是背后的知识和原理。在我两年间奔波于全国演讲时，我发现，其实大多数人对区域开发的知识还是非常渴求的，虽然"城镇化"这个网络热词已经被用"烂"了，但大家都不理解背后的机理和未来的趋势，甚至对"区域"这个概念还很陌生。

城镇化始于英国的 1750 年的工业化革命，英国的城镇化已经走过了 350 年，凡是发达国家，都会将城镇化作为主要的经济增长手段，西方的城镇化研究学家和区域经济学家很多，而我们国家从 1978 年城镇化起步至今也就 40 年，而且，我国的体制优势在城镇化进程中充分展现，但是我国特有的区域理论研究专家不多。

城镇化是人口从农村向城市的迁移，是城市和农村空间格局的再调整，城镇化涉及经济、人口、社会、城镇管理、开发建设的方方面面，虽然我是一个跨专业、跨行业、跨界的综合型研究人员，而这种复合型的经历和综合性知识体系让我拥有多维的角度去思考和研究。

区域经济学属于应用经济学，我国在区域经济方面的研究还不够。为此，我在两年间不断地总结方法论，方法论是实践到理论的升华，希望写出一本具有中国特色的区域经济学理论书籍。

我很感谢中国农学会园区分会的秘书长冀献民，全国工商联农业商会的秘书长郭树，中国城镇化促进会城乡统筹委会长李兵弟。中国农学会园区分会让我充分接触到全国各地的科研机构和农产品专家，学会也提供了很多次跟着院士专家团队去扶贫的机会。全国工商联农业商会拥有大量的龙头企业，让我有更多的机会和龙头企业进行交流，也跟着企业一起到贫困区域扶贫，期间让我有机会收集了不少的案例。中国城镇化促进会城乡统筹委一直致力于全国的乡村规划，让我接触到了很多城市规划、乡村规划的领军人物，如中国城市发展研究院副院长李宁，"农道"创始人、三瓜公社的孙君先生等。

在撰写本书期间，也很感谢家人对我的支持，让我无须分心，致力于研究和写作。同时，我也要感谢多年来一直支持与关心我的朋友们，谢谢你们！

参考文献

[1] 理查德·T·勒盖茨.城市读本【M】.张庭伟,田莉,主编.北京:中国建筑工业出版社,2013.

[2] 周其仁.城乡中国【M】.北京:中信出版社,2017.

[3] 郭建龙.中央帝国的财政密码【M】.厦门:鹭江出版社,2018.

[4] 邱永汉.附加价值论【M】.海南:海南出版社,1999.

[5] 曾国安.城乡居民收入差距的国际比较【J】.2008,10(1)—.济南:山东社会科学,2008—.

[6] 刘志广.我国地方政府财政收入来源及其规模【J】.2010,4(1)—.沈阳:地方财政研究,2010—.

[7] 袁一泓.从沸腾到癫狂——泡沫背后的中国房地产真相【M】.太原:山西经济出版社,2011.

[8] 吉尔德.重获企业家精神【M】.林民旺,李翠英,译.北京:机械工业出版社,2007.

[9] 李璐颖.城市化率50%的拐点迷局——典型国家快速城市化阶段发展特征的比研究【J】,2013,3(1)—.上海:城市规划学刊,2013—.

[10] 徐绍史,胡祖才.国家新型城镇化报告【M】.北京:中国计划出版社,2015.

[11] 崔功豪.中国小城镇发展之路求索【J】,2018,9(1)—.北京:

小城镇建设，2018—.

[12]董文艳.地产另类华夏幸福【J】.2017，14（1）—.北京：财经，2017—.

[13]候耀晨，李和炳，沈志荣.浙江欧诗漫集团董事长"平民珍珠"成就"美丽企业"【J】.2012，12（1）—.北京：中国商人，2012—.

[14]赵迪.资本的崛起——中国二十年风云录【M】.北京：机械工业出版社，2011.

[15]罗伯特·费什曼.超越郊区：技术郊区的兴起.城市读本【M】.北京：中国建筑工业出版社，2013.

[16]王春艳.美国城市化的历史、特征及启示【J】.2007，6（1）—.北京：城市问题.2007—.

[17]金斯利·戴维斯.人口城市化.城市读本【M】.北京：中国建筑工业出版社，2013.

[18]野口悠纪雄.战后日本经济史【M】.张玲，译.北京：民主与建设出版社，2018.

[19]杰克·舒尔茨.美国的兴旺之城：小城镇成功的8个秘诀【M】.谢永琴，译.中国：中国建筑工业出版社，2008.

[20]赵忠龙.税收增额融资的美国经验与中国借鉴【J】.2014，8（1）—.广州：暨南学报，2014—.

[21]李国祥.农民进城落户了，承包地要不要保留【J】.2019，23（1）—.北京：半月谈，2019—.

[22]刘志彪，吴福象.新中国60年江苏工业发展的基本轨迹和基本经验【J】.2009，12（1）—.南京：南京社会科学，2009—.

[23]邹轶男.国内外区域主导产业选择理论研究综述【J】.2016，43（1）—.石家庄：商情，2016—.

[24]李玲.市镇在城乡关系中的角色分析——费孝通早期城乡关系理论的再探索【J】.2014,7（1）—.襄阳:农村经济与科技,2014—.

[25]刘文生.当今中国小城镇镇域职能类型与分类指标体系研究【C】//全国博士生学术会议论文集.北京:中国建筑工业出版社:和谐人居环境的畅想和创造,2008:118.

[26]欧内斯特·W·伯吉斯.城市的生长:一项研究课题的导言.城市读本【M】.北京:中国建筑工业出版社,2013.

[27]伯格P,莫里B,朱克曼S.旧金山湾区城镇绿色城市计划【M】.旧金山:行星鼓基金会,1989.

Berg P, Magilavy B, Zuckerman S. A Greeen City Program for San Francisco Bay Area Cities and Towns [M], Planet Drum Foundation, 1989.

[28]李正图.浦东开发公司模式研究【M】.上海:上海人民出版社,2010.

[29]帕特里克·霍尔福德.营养圣经【M】.范志红,译.北京:北京出版社.2007.

[30]农业农村信息化专家咨询委员会.中国数字乡村发展报告（2019年）.

让我们一起读书吧，智读汇邀您呈现精彩好笔记

—智读汇一起读书俱乐部读书笔记征稿启事—

亲爱的书友：

感谢您对智读汇及智读汇·名师书苑签约作者的支持和鼓励，很高兴与您在书海中相遇。我们倡导学以致用、知行合一，特别打造一起读书，推出互联网时代学习与成长群。通过从读书到微课分享到线下课程与入企辅导等全方位、立体化的尊贵服务，助您突破阅读、卓越成长！

书 好书是俊杰之士的心血，智读汇为您精选上品好书。

课 首创图书售后服务，关注公众号、加入读者社群即可收听/收看作者精彩微课还有线上读书活动，聆听作者与书友互动分享。

社群 圣贤曰："物以类聚，人以群分。"这是购买、阅读好书的书友专享社群，以书会友，无限可能。

在此，我们诚挚地向您发出邀请：请您将本书的读书笔记发给我们。

同时，如果您还有珍藏的好书，并为之记录读书心得与感悟；如果你在阅读的旅程中也有一份感动与收获；如果你也和我们一样，与书为友、与书为伴……欢迎您和我们一起，为更多书友呈现精彩的读书笔记。

笔记要求：经管、社科或人文类图书原创读书笔记，字数 2000 字以上。

一起读书进社群、读书笔记投稿微信：15921181308

读书笔记被"智读汇"公众号选用即回馈精美图书 1 本（包邮）。

——智读汇系列精品图书诚征优质书稿——

智读汇云学习生态出版中心是以"内容＋"为核心理念的教育图书出版和传播平台，与出版社及社会各界强强联手，整合一流的内容资源，多年来在业内享有良好的信誉和口碑。本出版中心是《培训》杂志理事单位，及众多培训机构、讲师平台、商会和行业协会图书出版支持单位。

向致力于为中国企业发展奉献智慧，提供培训与咨询的**培训师、咨询师，优秀的创业型企业、企业家和社会各界名流**诚征优质书稿和全媒体出版计划，同时承接讲师课程价值塑造及企业品牌形象的**视频微课、音像光盘、微电影、电视讲座、创业史纪录片、动画宣传**等。

出版咨询：13816981508，15921181308（兼微信）

— 智读汇书苑 101 —
关注回复 101 **试读本** 抢先看

● 更多精彩好课内容请登录 智读汇网：www.zduhui.com